“十四五”新闻传播学融媒体系列教材

北京师范大学“十四五”期间高等教育领域教材建设重大专项经费支持

Intelligent Communication

智能传播学

技术原理与应用研究

张洪忠　王袁欣◎著

Technological Principles and Applied Research

北京师范大学出版集团
BEIJING NORMAL UNIVERSITY PUBLISHING GROUP
北京师范大学出版社

图书在版编目（CIP）数据

智能传播学：技术原理与应用研究/张洪忠，王袁欣著. —北京：北京师范大学出版社，2024.6（2025.8 重印）

（“十四五”新闻传播学融媒体系列教材）

ISBN 978-7-303-29612-5

Ⅰ.①智… Ⅱ.①张… ②王… Ⅲ.①传播学－高等学校－教材 Ⅳ.①G206

中国国家版本馆 CIP 数据核字（2023）第 234555 号

ZHINENG CHUANBOXUE：JISHU YUANLI YU YINGYONG YANJIU

出版发行：北京师范大学出版社 https：//www.bnupg.com
北京市西城区新街口外大街 12-3 号
邮政编码：100088

印　　刷：北京盛通印刷股份有限公司
经　　销：全国新华书店
开　　本：787 mm×1 092 mm　1/16
印　　张：16
字　　数：275 千字
版　　次：2024 年 6 月第 1 版
印　　次：2025 年 8 月第 2 次印刷
定　　价：59.80 元

策划编辑：李　明　　　　责任编辑：李　明
美术编辑：李向昕　　　　装帧设计：李向昕
责任校对：段立超　陈　民　　责任印制：马　洁

第一章　绪论：　什么是智能传播

人工智能的发展正在引爆新一轮技术革命，也深刻影响着信息传播生态格局。习近平总书记在 2018 年 10 月 31 日十九届中共中央政治局第九次集体学习会议上指出，“人工智能是新一轮科技革命和产业变革的重要驱动力量，加快发展新一代人工智能是事关我国能否抓住新一轮科技革命和产业变革机遇的战略问题”。2019 年 1 月 25 日习近平总书记在十九届中共中央政治局第十二次集体学习时的讲话中指出，“从全球范围看，媒体智能化进入快速发展阶段。我们要增强紧迫感和使命感，推动关键核心技术自主创新不断实现突破，探索将人工智能运用在新闻采集、生产、分发、接收、反馈中，用主流价值导向驾驭‘算法’，全面提高舆论引导能力”。2022 年，党的二十大报告强调：“教育、科技、人才是全面建设社会主义现代化国家的基础性、战略性支撑。必须坚持科技是第一生产力，人才是第一资源，创新是第一动力，深入实施科教兴国战略、人才强国战略、创新驱动发展战略，开辟发展新领域新赛道，不断塑造发展新动能新优势。”2023 年 4 月 28 日召开的中共中央政治局会议指出，要重视通用人工智能发展，营造创新生态，重视防范风险。

在人工智能技术不断发展的浪潮中，新闻传播领域也不断强化和深化人工智能技术在信息生产、内容分发、社会传播等各流程中的应用，充分抓住人工智能技术创造的新机遇，不断推动媒体深度融合。

第一节　人工智能的含义与发展

一、人工智能的含义

1956 年达特茅斯的“人工智能夏季研讨会”（Summer Research Project on Artificial

Intelligence）首次提出了当前普遍认可的“人工智能”概念，麦卡锡（John McCarthy）、明斯基（Marvin Minsky）、罗切斯特（Nathaniel Rochester）和香农（Claude Shannon）提出了关于人工智能的7个方面的问题：自动化的计算机、如何通过编程让计算机使用一门语言、神经元网络、计算的规模理论、自我提升、抽象概念、随机性与创造力。① 罗伯特·斯滕伯格（Robert Sternberg）曾把“智能”定义为个人从经验中学习、理性思考、记忆重要信息以及应付日常生活需求的认知能力。② 后来，美国斯坦福大学人工智能研究中心的尼尔斯·约翰·尼尔森（Nils John Nilsson）教授从学科角度将“人工智能”定义为一门“关于知识的学科——怎样表示知识以及怎样获得知识并使用知识的学科”③。综合已有定义和当下人工智能的发展来看，人工智能是一门科学，它是基于大数据、算法和云计算等多项技术基础，开发用于模拟、延伸和扩展人的智能的理论和方法，让机器像人类一样拥有解决问题的智慧和能力。

二、人工智能的发展

人工智能在近70年的发展中涌现出许多重要的技术，从不同视角可以描绘出不同的人工智能发展史。

从技术实现的路径来看，人工智能的发展可以从符号系统（Symbolic Systems）、机器人技术（Robotics）、神经网络（Neural Networks）3个重要研究领域展开论述。符号系统在20世纪60年代最为流行，通过遵循特定的方法和规则实现与人类进行相对简单的对话。机器人技术则在80年代蓬勃发展，对制造业和自动化技术产生了重要影响。以“学习”为特征的神经网络一直是人工智能的核心，80年代出现的“反向传播多层”技术，进一步提升了神经网络的监督学习潜力。21世纪初，神经网络技术的性能水平得到大幅提升。④

就人工智能受关注程度而言，一些学者将人工智能的发展分为5个关键节点：20

① McCarthy J., Minsky M., Rochester N., et al., “A Proposal for the Dartmouth Summer Research Project on Artificial Intelligence,” *AI Magazine*, 2006, 27(04), pp. 12-14.

② ［美］史蒂芬·卢奇、［美］丹尼·科佩克：《人工智能》（第2版），3页，北京，人民邮电出版社，2018。

③ 贾同兴：《人工智能与情报检索》，15～103页，北京，北京图书馆出版社，1997。

④ Cockburn I. M., Henderson R. & Stern S., “The Impact of Artificial Intelligence on Innovation: An Exploratory Analysis,” in *The Economics of Artificial Intelligence*, Chicago, University of Chicago Press, 2018, pp. 115-146.

世纪 50 年代提出人工智能的定义，60 年代末至 70 年代专家系统是主导的研究领域，80 年代初期第五代计算机技术发展迎来高潮，80 年代后期神经网络的研发迅猛发展，并在技术应用领域大显身手，继而在 90 年代又迎来一波研究热潮。① 有学者用谷歌(Google)N-Gram 评估从控制论诞生至今的人工智能发展情况，提出人类社会存在两次技术发展高潮：第一次高潮出现的时期为 20 世纪 80 年代，即专家系统的广泛使用和日本第五代计算机项目研发，第二次高潮是进入 21 世纪后开启的计算机及互联网时代。② 与此同时，还有学者提出人工智能的发展分为两大类别，分别是弱人工智能和强人工智能，这两个类别大体归属于两大学派。③ 前者是以麻省理工学院为代表的学派，认为任何表现出智能行为潜力的系统都可以视作人工智能，从这一定义来看，它强调判断人工智能的唯一标准就是程序是否能够正确执行，并得到令人满意的执行结果，但这种程序被认为是弱人工智能；后者是以卡内基梅隆大学为代表的学派，他们更多关注生物可行性，具有某些生物特征的程序被认为是强人工智能，其目标在于通过模拟人类听觉系统来成功帮助机器获得听觉。两者的区别主要在于，弱人工智能只通过考察系统表现来衡量系统是否成功，而强人工智能则是关注构建系统的结构是否无限趋近于人类。④

本书综合技术发展历程和社会关注度，将人工智能的发展浪潮划分为 4 个阶段。第一次浪潮兴起于 20 世纪 70 年代。这一阶段许多人工智能的新领域和新发现不断涌现，如发明感知器等，但此时人工智能数学模型存在先天缺陷和技术瓶颈，计算也存在诸多问题，很多算法只停留在理论层面，无法落地。第二次浪潮开始于 20 世纪 80 年代后期。随着专家系统、第五代计算机、多层神经网络、反向传播算法(Backpropagation，BP)、高度智能机器、自动识别机器等新技术的出现，新一轮人工智能发展浪潮出现，但这一轮浪潮很快淹没于几年后发展起来的个人计算机的普及之中。第三次浪潮兴起于 21 世纪初。新数学工具、新理论、新计算框架等新工具的出现带来了新的解决方案，尤其是 2014 年启动的“阿尔法狗”(AlphaGo)计划。计算机程序“Alpha-

① Song N.，Ma Y.，“Discussion on Research and Development of Artificial Intelligence，” International Conference on Advanced Management Science，IEEE，2010，pp. 110-112.

② [美]尼克：《人工智能简史》，222 页，北京，人民邮电出版社，2017。

③ [美]史蒂芬·卢奇、[美]丹尼·科佩克：《人工智能》(第 2 版)，11 页，北京，人民邮电出版社，2018。

④ [美]史蒂芬·卢奇、[美]丹尼·科佩克：《人工智能》(第 2 版)，11 页，北京，人民邮电出版社，2018。

Go”在人机大战中战胜李世石和柯洁，带来了广泛的社会关注。互联网及互联网公司推动了第三次人工智能浪潮的形成，其在生产经营过程中提供大量数据资源，使整个商业社会都开始重视数据价值；同时，云计算带来大数据存储和计算的可能，这让算法不像第一次浪潮那样仅仅停留在理论模型层面，而且可以直接被用于现实测试和应用中。所以，第三次人工智能浪潮是“从互联网到人工智能”的演进过程，很大程度还需要归功于大数据资源、智能算法的创新和算力的提升。① 至此，机器写作、智能分发系统、语音助手等开始在信息传播活动中得到大量应用，甚至成为普通民众可以使用的技术。第四次浪潮是大模型(LLM)时代的人工智能。大模型是指具备超大规模预训练语料、拥有超千亿规模模型参数的深度学习模型，标志是 2022 年 11 月由美国开放人工智能研究中心(OpenAI)研发的 ChatGPT 推出。基于大模型的人工智能产品 ChatGPT 被认为是人工智能技术的新突破，推出仅两个月后月活跃用户就超 1 亿，成为历史上用户群增长较快的消费应用，并引发大模型开发热潮。

第二节　智能传播的含义与应用

一、智能传播的含义

智能传播是指将具有自我学习能力的人工智能(Artificial Intelligence，AI)应用在信息生产与流通中的一种新型传播方式。② 具有代表性的智能传播事件是 2011 年《洛杉矶时报》(*Los Angeles Times*)推出自动化新闻生成机器人“Quakebot”和 2014 年美联社(AP)开始使用“Wordsmith”机器写作技术。我国媒体也积极推进智能传播建设与发展，从中央媒体到地方媒体，开始针对机器写作、AI 主播、智能大脑、智能终端等人工智能技术的应用进行大范围探索。例如，新华社 2017 年推出首个人工智能平台“媒体大脑”，2018 年升级为“媒体大脑 · MAGIC 智能生产平台”，2019 年推出 25 款“智能新闻机器人”；2019 年 9 月，人民日报社联合百度公司成立“人工智能媒体实验

① 阿里云研究中心、埃森哲：《人工智能红利渗透与爆发》，见《中国企业 2020》系列报告第二季，20～21 页，2020。

② 张洪忠、兰朵、武沛颍：《2019 年智能传播的八个研究领域分析》，载《全球传媒学刊》，2020(01)。

室”，赋能媒体报道策划、采访、生产、分发等全新闻链路，打造更高效的媒体生产平台；在 2019 年两会期间，封面新闻 AI 合成主播“小封”直接对话代表委员，用多维度的视角对两会热点内容进行展现，获得了广泛关注。①

目前，智能传播的研究主题已经从智能传播的媒介伦理、智能传播对媒介生态的影响、智能传播的法律法规、智能传播时代的新闻教育等问题延伸至社交机器人的舆论影响、算法实践中的用户参与、人机关系以及人工智能技术的治理路径等领域；智能传播研究开始从观察和观点表达转向科学性的实证研究，研究视角也从宏观向微观转移，更加重视技术实践中用户的能动性。同时，我国新闻传播学者的智能传播研究与国外同行相比基本是同步的，从一定程度上看可以说我国的新闻传播学者对智能传播的实践与理论观照的敏感。② 但我国尚缺乏大量的实证研究文献，对问题的研究不够深入，还需要更加科学与系统的研究来补充与完善对智能传播的认知。

二、智能传播的应用

当前，算法推荐、自然语言处理等人工智能技术已经被广泛应用于信息传播中。从拉斯韦尔的“五 W 模式”中的传播者、传播内容、传播渠道、受众和传播效果 5 个环节来看，每一个环节都有人工智能的应用。

第一，在传播者环节，一方面，人工智能作为传播者参与社会对话；另一方面，它协助传播者进行信息传播。许多客服聊天机器人承担大量购物网站与商业机构的客服工作；Siri 等聊天机器人通过社交媒体或智能终端与人类产生交互；ChatGPT 基于大语言模型和海量数据预训练，具备了解决通用性问题的对话能力；在社交媒体中，数以百计的社交机器人以人的身份与用户进行交流、参与传播活动；算法推荐由人工智能承担了信息分发系统中“把关人”的任务。

第二，在传播内容环节，人工智能改变了内容生产方式，提高了内容生产效率。机器写作分担了原本由人独享的内容生产能力。美联社早在 2014 年就开始用“Wordsmith”机器人写稿系统进行财经报道；国内的腾讯财经频道于 2015 年 9 月推出的自动化新闻写作机器人“Dreamwriter”发布了关于居民消费价格指数的报道；新华社在 2015

① 赵蓓、张洪忠：《2019 年人工智能技术在中国传媒业的应用与思考》，载《新闻与写作》，2019(12)。

② 张洪忠、兰朵、武沛颍：《2019 年智能传播的八个研究领域分析》，载《全球传媒学刊》，2020(01)。

年 11 月投入使用的机器人写稿系统“快笔小新”供职于新华社体育部、经济信息部。此外，媒体机构依托人脸识别、自然语言处理、深度学习等技术，在传播内容环节实现了部分自动化，生产效率得到进一步提升。例如，自动剪辑技术能根据用户提供的文本、链接、关键词来检索相关视频素材，并对其进行初步的线性编辑，通过文本自动生成影像、配音等来合成视频。这既可以节省大量时间，提高内容处理效率，又降低了技术门槛，即便是普通用户也可以用它来制作视频。

第三，在传播渠道环节，VR/AR/MR 技术、智能音箱、可穿戴设备已经打破以报纸、广播、电视以及互联网时代的个人计算机(PC)、手机等传统的传播渠道为主的传播格局，丰富了新的传播媒介，重塑新的传播格局。例如，由 VR/AR/MR 技术模拟产生的虚拟世界，为用户提供视觉、听觉、触觉等身临其境的感官体验，从而使内容与用户的“交互”关系变为“交融一体”关系；智能音箱是基于自然语言处理技术和智能音响技术研发的，各类智能音箱产品已经有较为广泛的市场应用，可以实现语音点歌、新闻播报、天气预报、家电控制、日程安排等功能。

第四，在受众环节，人工智能已经成为信息接收的一个节点。以社交机器人为例，在社交媒体中，社交机器人既是信息的扩散者，也是信息的接收者，会收到其他用户的点赞、评论和转发等互动回应。而拥有实体的社交机器人在现实场景中往往被动等待“唤醒”，主要是人类用户的信息接收者。

第五，在传播效果环节，一方面，人工智能的应用使信息传播效率得到极大提升，例如，算法推荐可以将内容推荐给感兴趣的目标用户，实现信息的个性化传播；虚拟主播可以 24 小时不间断工作，实现信息稳定、高效传输；智能终端设备满足随时“在场”的功能，使信息的接收和传播更加高效。另一方面，人工智能逐步被应用到传播效果研究中。自然语言处理、深度学习、神经网络等技术在内容分析、情感分析和社会网络分析中的应用，提高了人类处理海量信息的能力和效率。

总之，从纵向时间线来看，最近几十年互联网的快速发展虽然改变了传媒业，但还只是渠道与内容在“量”上的叠加，而人工智能的出现却是从“质”的层面改变了传媒生态，打破了人在传播生态中的垄断地位，使人与人工智能的关系成为关注的焦点。

三、智能传播的发展

从苹果的第一代智能手机到智能语音助手 Siri、亚马逊(Amazon)的 Alexa，再到

DeepMind 公司研发的 AlphaGo、Open AI 公司开发的 ChatGPT、波士顿动力公司(Boston Dynamics)的动力机器人，人们对于“智能”的认知由抽象向具象转变，智能传播从概念到实践的发展路径逐渐明晰。智能传播阶段是人类发展数字技术的必经过程。智能传播是构建数字社会的先驱力量，对人类交流、生活、生产等各个方面产生了深远的影响。

智能传播的应用大致可以归结为 3 个阶段。第一个阶段主要是基于大数据的程序应用展开，也就是我们熟知的算法阶段，如各类程序中的推荐算法、人机对话技术开发等。第二个阶段是渠道拓展阶段，人工智能技术逐步与终端设备结合，建立智能传播的新渠道，如自然语言处理技术和音响结合的智能音箱，以及基于 VR 终端的多种人工智能技术的交互应用。第三个阶段是人工智能创作阶段，也就是以 ChatGPT、Midjourney 为代表的人工智能生成内容(AIGC)阶段，如基于人工智能技术的绘画、音乐、语言艺术、文字等创意大量涌现，形成新的内容供给形态。

从传媒产业角度来看，我们对智能传播要有积极的态度和冷静的思考。一方面，人工智能对整个信息传播行业的影响是颠覆性的。人工智能在媒体行业全流程的应用，不仅可以有效提高新闻生产力，还可以降低生产成本，增强媒体的综合竞争力。传媒业要积极采用人工智能技术进行新闻采集、生产和分发，同时培养适应智能传播的人才队伍。① 另一方面，对待智能传播应有客观和准确的判断，不能对其盲目崇拜抑或盲目恐惧，以为人工智能是万能的，会取代人类所有的工作，或以为人工智能高不可攀，干脆放弃接受新事物。

从学术研究角度来看，智能传播还是一个新兴领域，是传播手段迭代的升级方向。换句话说，智能传播正带来媒介生态的全面变革，每一步发展都提出了与技术、内容、人机关系、道德、法律、教育等相关的新问题。因此，这个领域不仅是新闻传播学研究的一个重要前沿、是社会亟须学者智慧的领域②，也是一个有待挖掘的研究富矿。

---

① 赵蓓、张洪忠：《2019 年人工智能技术在中国传媒业的应用与思考》，载《新闻与写作》，2019(12)。

② 张洪忠、兰朵、武沛颍：《2019 年智能传播的八个研究领域分析》，载《全球传媒学刊》，2020(01)。

第三节　智能传播学对大众传播学研究范式的挑战[①]

智能传播学是围绕智能传播活动的理论、方法、应用开展的研究，对由大众传播学主导的研究范式提出了挑战。2019 年，伊亚德·拉万(Iyad Rahwan)等 20 多位学者在《自然》(*Nature*)上发表了一篇名为“Machine Behaviour”的文章，向学界正式介绍了“机器行为”这一新兴研究领域。在智能传播学中，机器行为指基于人工智能技术的智能传播活动。信息传播活动中的机器参与已经成为普遍现象，而已有的大众传播学研究范式只围绕“人”与“人的行为”展开，未将“机器”作为具备自主能动性的行动者加以考虑。从生态系统理论的视角来看，“机器”作为一类具有特定行为模式和生态的行为体[②]，已然嵌入原本主要由人构建的传播和社会环境之中，不但作为一个新兴变量影响着人与人、人与社会之间的关系，而且构建出“人—机器”“机器—机器”“机器—社会”等几组新的关系。具体来看，机器行为在研究对象、理论与研究方法 3 个层面对已有的传播学研究范式提出了挑战。

一、智能传播下的机器行为丰富传播学的研究对象

机器广泛参与信息传播活动，人和机器共同构建了信息传播的主体，使传播生态中的主体构成更加复杂。传播学研究不仅要面向“人的行为”，还要兼顾“机器行为”。当前，人工智能技术不仅在互联网传播实践中扮演着信息的传播者、接收者[③]等主体性角色，还在人们的日常生活中以各类智能助手的形式陪伴人们并与人们之间展开互动。对此，学者陈卫星认为，技术不只是媒介，人工智能的活动也不只是客体性或直观性的形式，它们更多是在扮演着一个感性的人、一个新的传播主体。[④] 与此同时，

---

① 本节内容参见张洪忠、王競一：《机器行为范式：传播学研究挑战与拓展路径》，载《现代传播(中国传媒大学学报)》，2023(01)。

② Iyad Rahwan, Manuel Cebrian, Nick Obradovich, et al., “Machine Behaviour,” *Nature*, 2019(7753), pp. 477-486.

③ Hermann E., “Artificial Intelligence and Mass Personalization of Communication Content: An Ethical and Literacy Perspective,” *New Media & Society*, 2022(05), pp. 1258-1277.

④ 陈卫星：《智能传播的认识论挑战》，载《国际新闻界》，2021(09)。

还有一些实证研究表明机器本身具有社会性①，能与自己的同类之间进行相互传播。有学者在对 2016 年基于全球三大事件建立起的在线社交网络中的社交机器人参与情况进行研究后发现，3 个网络中的机器群体内部传播均具有比人类内部传播高的平均边缘权重(如图 1-1 所示)，这意味着社交机器人可能比人类更加想要寻求持久的联系。②

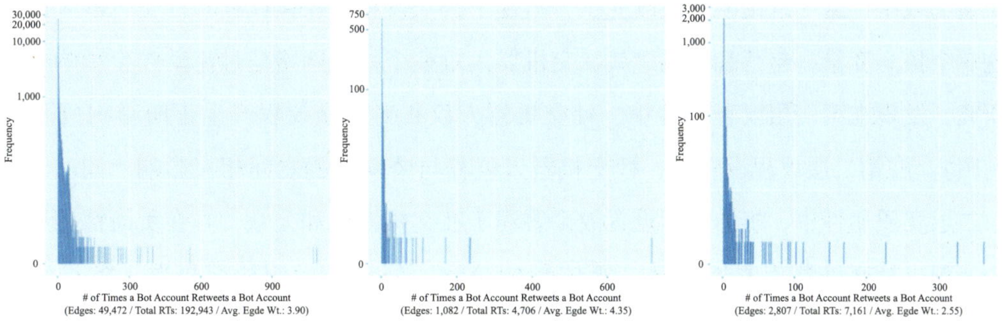

图 1-1　代表性研究示例③

更进一步看，机器的自我学习能力使研究者无法继续使用对人的研究思维来对机器进行研究。尽管机器依赖人类操纵，但人类只为机器设定了一个行为的边界，而未规定它具体要如何演进。机器本身的独立性、自主性和能动性使其能够按照自身发展规律成长和进化，进而表现出和人类用户并不相同的行为规律④，有时甚至可能超出人类的控制。以 2016 年微软在推特(Twitter)上推出的聊天类社交机器人"Tay"为例，工程师只对"Tay"设置了规则，但在与人类具体交流的过程中，它能够按照机器逻辑建构自己的话语体系，不到一天，"Tay"就被恶意网友操控变得不友善，使微软不得不紧急将其下架。

---

① Andrea L. Guzman, Seth C. Lewis, "Artificial Intelligence and Communication: A Human-Machine Communication Research Agenda," *New Media & Society*, 2020(01), pp. 70-86.

② Schuchard R., Crooks A., Stefanidis A., et al., "Bots in Nets: Empirical Comparative Analysis of Bot Evidence in Social Networks," International Conference on Complex Networks and their Applications, Springer, Cham, 2018, pp. 424-436.

③ Schuchard R., Crooks A., Stefanidis A., et al., "Bots in Nets: Empirical Comparative Analysis of Bot Evidence in Social Networks," International Conference on Complex Networks and their Applications, Springer, Cham, 2018, pp. 424-436.

④ 张洪忠、斗维红、任吴炯：《机器行为特征建构：传播学视野下社交机器人识别方法研究》，载《苏州大学学报》(哲学社会科学版)，2022(02)。

二、智能传播下的机器行为拓宽传播学的理论边界

基于“人”这个主体来建构的传播学理论，在面对“人+机器”混合主体时解释力会受到挑战。在社会事实范式中，以议程设置理论为例，媒体议程影响公众议程是该理论体系的基础，两个核心变量分别是媒体议程和公众议程，但在有社交机器人加入的舆论场域中，这一理论模式被改变了，出现了公众议程、媒体议程和社交机器人议程这 3 个核心变量。赵蓓和张洪忠就社交机器人对整个社交网络信息流动产生影响进行研究，发现在第一层议程设置中，社交机器人议程对公众议程产生正向影响(图 1-2 左图)。在第二层议程设置中，社交机器人议程与公众议程之间相互影响。同时，在第二层实质属性中，媒体议程设置效果要弱于社交机器人和公众，且在负面情感属性中呈现出社交机器人影响媒体、媒体影响公众、公众又影响社交机器人的循环互动(图 1-2 右图)。① 还有一项基于沉默的螺旋理论的研究考察了社交机器人对公众舆论产生的影响，结果发现，在高度极化的环境下，根据它们的网络位置和整体网络密度，一个通信网络中只要有 2% ～ 4% 的社交机器人参与，就足以将舆论方向转向社交机器人所支持的观点，并能引发一个螺旋式的沉默过程，最终导致社交机器人的观点被视为多数意见。②

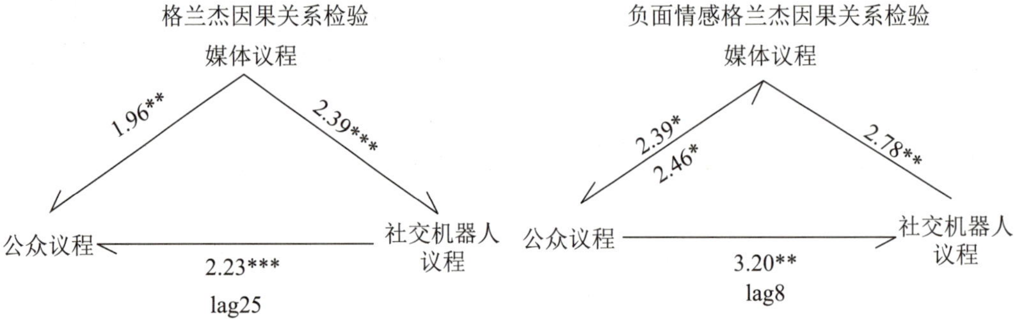

图 1-2　代表性研究示例③

① 赵蓓、张洪忠：《议题转移和属性凸显：社交机器人、公众和媒体议程设置研究》，载《传播与社会学刊》(香港)，2022(59)。

② Ross B., Pilz L., Cabrera B., et al., “Are Social Bots a Real Threat? An Agent-Based Model of the Spiral of Silence to Analyse the Impact of Manipulative Actors in Social Networks,” *European Journal of Information Systems*, 2019(04), pp. 394-412.

③ 赵蓓、张洪忠：《议题转移和属性凸显：社交机器人、公众和媒体议程设置研究》，载《传播与社会学刊》(香港)，2022(59)。

在社会行为范式中，以说服理论为例，一项人机交互研究显示，与人类互动不同，机器人扮演同伴角色而非权威角色、提供奖励而非惩罚时更具说服力。① 在社会释义范式中，查尔斯·霍顿·库利（Charles Horton Cooley）的“镜中我”理论主要探讨人际互动和社会交往过程中人们如何从“他人”这面“镜子”中认识自己，进而调整和改变自己的社会行为②，然而虚拟现实和数字孪生技术的出现使这一过程变得更加复杂。现实中的人能在虚拟空间中通过“化身”生存和活动，能延伸自身有限的现实生活空间，发展出自己存在的新世界，同时还能与其他“化身”之间展开交往，从而建立起新的社会关系。③ 当虚实交织的社会中的“镜子”数量越来越多、属性越来越多元，“镜中我”理论将会在哪些新要素的影响下产生哪些新的发展和变化呢？这是过往传播学研究范式无法解决的新问题。对于社会批判范式，它将批判的对象由“人”拓展至机器，这在目前的技术批判相关研究中已有涉及。

三、智能传播下的机器行为推动传播学研究方法的创新

传播学研究方法以量化研究和质化研究为主，传统的问卷调查法、内容分析法、访谈法、观察法等在面对基于人工智能技术的机器行为时显得无能为力，需要予以创新。这一方面是由于机器行为产生的大量数据超出了人类自行处理的能力范围，人们既无法用传统的研究方法获取到这些数据，也不能根据简单观察的数据统计来分析数据背后的行为意涵，更多时候需要依靠在线爬取工具或以合作方式从在线平台中提取数据④，并利用大数据挖掘的方法来分析数据中内含的特点以及总结人类行为规律。另一方面是由于传统的研究方法是立足于“人”的传播现象、针对“人”的行为特征而建立的，但机器行为和“人”的行为逻辑不一样，研究者无法将过往的研究方法直接挪用至对机器行为的研究中。

无论是采用自然主义还是人文主义立场，要对人工智能技术在传播中的行为表现和深远影响有更清晰和完整的认知，就必须对其运作的基本原理和内在逻辑有一定了

---

① Saunderson S. P., Nejat G., “Persuasive Robots should Avoid Authority: The Effects of Formal and Real Authority on Persuasion in Human-Robot Interaction,” *Science Robotics*, 2021(58), eabd5186.

② 柯泽、宋小康：《从“镜中我”到“雾中我”：虚拟现实中社会互动的畸变与理论危机》，载《新闻与写作》，2021(08)。

③ 王競一、张洪忠、斗维红：《想象的可供性：人与元宇宙场景关系的分析与反思》，载《新闻与写作》，2022(04)。

④ 张伦：《计算传播学范式对传播效果研究的机遇与挑战》，载《新闻与写作》，2020(05)。

解，明确机器如何产生行为、机器行为如何发生变化并如何与人类意图相连等具体问题。这要求研究者们掌握计算机科学、机器人学等学科的相关知识，在已有的传播学研究方法基础上进行优化和革新，并建立起一种算法方法论，让一个程序研究另一个程序的运行特点、让一台机器分析另一台机器的行为规律。

第四节　本书各章内容及结构框架

本书共分为 9 章，每个章节都涵盖了当前智能传播的重要技术、应用和前沿研究发现，具有很强的跨学科属性和较为全面的学科视角。本书基于人工智能技术发展、算法的底层架构以及不同类型的智能技术在人类社会生活、传媒领域中的应用，详细介绍智能传播的基本知识和研究现状。

本书采用统一的编写逻辑，每一章节详细剖析一项具体的智能传播技术、应用和实证研究观点，从 4 个维度详细拆解相关智能技术的含义与应用、技术原理、研究模式及分析观点：第一个维度主要介绍相关技术的概念、发展历史和应用现状；第二个维度重点阐述技术原理，将抽象的技术用具体的案例进行抽丝剥茧的阐释；第三个维度介绍研究模式，将与该技术相关的高质量的实证研究文献进行分类归纳，画出不同研究模式的变量关系图，便于读者理解和掌握国内外最新研究进展；第四个维度着重梳理和归纳国内外学者关于此项技术或者应用的相关观点。

第一章绪论作为开篇章节，主要介绍了人工智能与信息传播以及智能传播的含义，作为本书的背景性知识发挥导引作用。第二章介绍算法及其在新闻传播领域的应用。第三章以社交机器人作为研究对象，围绕社交机器人对其应用、技术、实证研究等进行梳理。第四章聚焦方兴未艾的虚拟数字人技术及其应用，从更加全面的视角来回顾当前学界、业界有关虚拟数字人的讨论。第五章详细介绍模式识别技术的原理，及其在社会生活、传媒领域的主要实践，以及国内外研究者对于模式识别的讨论。第六章分析深度伪造技术并解释深度伪造概念的由来，对其应用、实证研究的发现及相关研究者的看法进行梳理。第七章是详细讨论智能传媒领域的机器写作，从智能技术对新闻生产端的变革和影响作深入探究。第八章进一步对成体系的智能采编全流程中涉及的技术和应用场景进行一一解析，从内容生产到内容分销来完整地窥探智能技术在新闻领域对构建全媒体传播体系的作用。第九章介绍被喻为人工智能技术皇冠上的“明珠”——基于自然语言处理技术的“智能语音”，从日常工作到家居生活，从教育到医疗，处处存在智能语音应用的身影。

本书囊括了近些年国内外学术研究和产业发展中在写作过程中涉及的国内外各类新闻机构、新媒体平台的最新进展，力求为新闻与传播学研究的新范式开拓智能传播方向的视野。

第二章　算　法

算法是人工智能技术的核心组成部分，是当前互联网平台的常用技术，不断推动新闻行业和信息传播领域的实践革新。学术界对算法的实证研究和批判性思考都有较多关注，其中受到较多质疑的是推荐算法是否会造成“信息茧房”等问题。

第一节　算法的含义与应用

一、算法的含义

人工智能领域的算法(Algorithm)是指计算机通过模拟人类行为获得技能，并能够自我完善的过程，在操作性层面指用数据或以往经验来优化行为、作出判断的计算机语言，是一种利用数据训练出模型，然后使用模型进行预测的方法。① 信息传播中的推荐机制就是运用算法原理的技术搭建，通过对用户行为数据的分析来判断用户偏好，进而向用户推荐有针对性的内容。

“算法”作为术语出现可以追溯到公元9世纪左右，数学家花拉子米(Al-Khwarizmi)提出了算法的概念，并将“Algorism”一词引入西方世界。②

现代算法真正发生演化是在工业革命中后期。19世纪，算法的演进取得了一系列重大成就，英国数学家乔治·布尔(George Boole)撰写了《思维规律的研究》(*An Investigation of the Laws of Thought*)并创立了布尔代数。他将逻辑与计算统一起来，形成了二

① 郭福春：《人工智能概论》，3页，北京，高等教育出版社，2019。

② Nabirahni D. M., Evans B. R. and Persaud A., “Al-Khwarizmi (Algorithm) and the Development of Algebra,” *Mathematics Teaching Research Journal*, 2019(01-02), pp. 13-17.

进制代数，成为当今计算逻辑的基础。随后，朱塞佩·佩亚诺(Giuseppe Peano)使用带有符号的方程来获得计算结果，后来这些公理成为现代数学和算法所依据的规则。① 到了20世纪30年代，算法借助艾伦·图灵(Alan Turing)的图灵机和阿隆佐·丘奇(Alonzo Church)的Lambda演算，逐渐成为计算机科学的基础。算法随后从二进制操作演变为更高级、更人性化的编程语言。1943年，斯蒂芬·克利尼(Stephen Kleene)建立了"算法理论"，确立了当今算法遵循的规则——独立的、自我维持的计算函数，用有限的指令集中执行操作。② 20世纪50年代之后，算法便与人工智能的概念紧密相连。随着决策树、朴素贝叶斯、神经网络、支持向量机等算法技术的出现和应用③，算法深度融入人工智能的概念，并成为人工智能的三大要素之一。

二、算法在新闻业中的应用

作为数字时代海量信息汇聚与流散的中心，网络平台日渐依赖算法技术，以实现信息的整合、分类与过滤的自动化管理。

算法已经成为新闻内容生产的一个重要手段，常用于计算新闻、数据新闻、调查性新闻等不同类型的新闻报道中。这些不同类型的新闻报道的一个共同点是应用算法作为底层数据处理手段，但侧重点和说法有所差异。

1. 计算新闻

汉密尔顿(Hamilton)和特纳(Turner)将计算新闻定义为"算法、数据和社会科学知识的结合，认为其能补充新闻业的问责功能，同时使记者在搜索新闻线索时探索越来越多的结构化和非结构化的信息"④。科丁顿(Coddington)认为计算新闻是一种技术导向的新闻，其核心在于将计算和计算思维应用于新闻实践的过程中。⑤

---

① Souvik Das, "The Origin and Evolution of Algorithms," https://www.digit.in/features/general/the-origin-of-algorithms-30045.html.

② Souvik Das, "The Origin and Evolution of Algorithms," https://www.digit.in/features/general/the-origin-of-algorithms-30045.html.

③ Cormen T. H., Leiserson C. E., Rivest R. L., et al., *Introduction to Algorithms*, Cambridge, MIT Press, 2022, pp. 27-35.

④ Hamilton J. T., Turner F., "Accountability through Algorithm: Developing the Field of Computational Journalism," Report from Developing the Field of Computational Journalism, Center for Advanced Study in the Behavioral Sciences, Summer Workshop, Stanford, CA, p. 2.

⑤ Coddington M., "Clarifying Journalism's Quantitative Turn: A Typology for Evaluating Data Journalism, Computational Journalism, and Computer-Assisted Reporting," *Digital Journalism*, 2015 (03), pp. 331-348.

在全球新闻业的实践中，监督学习算法是常见的算法应用。监督学习算法是先对一组数据标记，作为训练数据来推断其他学习任务。阿根廷报纸《民族报》(*La Nación*)采用监督学习算法，通过卫星图像获取数据，使用人工智能来绘制该国太阳能发电场的地图，并监控它们的发展，同时使用计算机可视化方法来进行大面积的农场检测。① 监督学习算法还被用在一些环境监管机构的日常工作中，如通过地图读取算法，帮助环境监管机构识别潜在可能造成污染的农业设施和动物养殖场的位置。② 斯坦福大学的研究团队使用深度学习算法框架来识别太阳能光伏板的位置和尺寸，利用其高精度和可扩展性，构建了一个全面的高保真度的美国太阳能部署数据库，帮助新闻机构更加精准地报道太阳能农场的运作原理。③ 新闻机构依托科技团队，利用算法获取更加精准的数据，以此增强数据新闻报道中数据的精确性、详尽性以及新闻数据对未来趋势的预测性。

美国一家名为“JustNews”的非营利性新闻组织与记者合作进行计算新闻设计。“JustNews”团队成员的配置与传统新闻业团队配置迥然不同，其团队成员包括数据记者(负责数据的搜集、核查与写作)、开发记者(负责数据分析和维护新闻 Web 应用程序界面)、算法记者(负责应用机器学习等)和编辑(负责检查故事可行性和数据准确性)，每一位成员都要精通数据分析和算法逻辑。虽然有些新闻中的故事可能基于单个数据集，但其他故事可能需要记者捕获和整合多个数据集。④⑤⑥ 有时算法记者

① Dymaxion Labs, “Tracking Solar Farms with Satellites in a 2.7M Square Kilometers Area,” https://dymaxionlabs.medium.com/tracking-solar-farms-with-satellites-in-a-2-7m-square-kilometers-area-85b1ab6010a6, 2020.

② de Witte M., Stanford Scholars Show How Machine Learning can Help Environmental Monitoring and Enforcement, Stanford, 2019.

③ Yu J., Wang Z., Majumdar A., et al., “Deep Solar: A Machine Learning Framework to Efficiently Construct a Solar Deployment Database in the United States,” *Joule*, 2018(12), pp. 2605-2617.

④ Showkat D., Baumer E. P., “Where do Stories Come from? Examining the Exploration Process in Investigative Data Journalism,” *Proceedings of the ACM on Human-Computer Interaction*, 2021(CSCW2), pp. 1-31.

⑤ Sean Kandel, Andreas Paepcke, Joseph M. Hellerstein, et al., “Enterprise Data Analysis and Visualization: An Interview Study,” *IEEE Transactions on Visualization and Computer Graphics*, 2012(12), pp. 2917-2926.

⑥ Michael Muller, Ingrid Lange, Dakuo Wang, et al., “How Data Science Workers Work with Data: Discovery, Capture, Curation, Design, Creation,” in Proceedings of the 2019 CHI Conference on Human Factors in Computing Systems, ACM, 2019, pp. 1-15.

还需要使用几个高级 Python 库来处理监控不同文件格式的数据。① 因此，程序员正在被引入新闻编辑室从事数据驱动的新闻计划，传统新闻机构开始思考新闻演化进程与组织结构。②

2. 数据新闻

数据新闻是指通过数据抓取、挖掘、分析等数据驱动方式获取和处理材料，以可视化方式呈现，具有交互性的新闻报道类型。数据新闻具备数据驱动、可视化和交互性 3 个要素。数据驱动是指用算法来抓取和分析数据(包括结构性数据和非结构性数据)；可视化是指将数据以文本、图片、音视频等不同模态方式呈现并分析结果；交互性是指用户可以不同程度地与新闻内容互动。

2013 年、2015 年和 2016 年“北欧数据新闻奖”(Nodic Data Journalism Awards)的 31 个数据新闻项目探索了 3 种视觉元素方式。第一种是滚动元素，是一种具备交互性元素的流线型流程，使读者滚动鼠标展开内容，包括声音剪辑、动态图像、地图、图表等。这种元素方式只是推动展开内容，不会引起内容的变化。第二种是视频显示交互元素，即以视频的形式将图形可视化。更具体地说，是指用户在交互式视频中，观看其他用户浏览网站、与交互式图形互动或点击链接时，会受到一定的限制。这种预先设置的操作会给用户一种受控制的错觉。第三种是个性化元素，这种个性化是交互的高级形式，用户不同的点击动作可以引起内容的变化，不同的点击出现不同的内容，个性化程度最高，但是特定点击对应的特定内容是由预编程的算法启动的。③ 由此可见，可视化与交互技术相结合，是对用户阅读新闻体验的一次巨大变革。

3. 调查性新闻

甘惜分在《新闻学大辞典》中对“调查性报道”给出的定义是“调查性报道是一种以较为系统、深入地揭露问题为主旨的新闻报道形式”④。在智能传播时代，调查性新

① Souti Chattopadhyay, Ishita Prasad, Austin Z. Henley, et al., “What's Wrong with Computational Notebooks? Pain Points, Needs, and Design Opportunities,” in Proceedings of the 2020 CHI Conference on Human Factors in Computing Systems, 2020, pp. 1-12.

② 白红义：《大数据时代的新闻学：计算新闻的概念、内涵、意义和实践》，载《南京社会科学》，2017(06)。

③ Appelgren E., “Remaining in Control with An Illusion of Interactivity: The Paternalistic Side of Data Journalism,” *Journalism Research in Practice*, 2020, pp. 71-75.

④ 刘扬：《融媒时代调查性报道的责任守望》，载《传媒》，2019(21)。

闻报道能够运用人工智能技术作为辅助调查的重要工具，帮助记者获取以往难以获得的数据和线索，从而完成新闻报道。例如，新闻机构可以利用卫星图像来报道某地区的森林砍伐情况，这个地区之前是人类无法进入或受到森林火灾影响较严重的区域。美联社利用卫星图像调查东南亚海龟情况的新闻调查揭示了海产品行业对生物的虐待行为，该报道由于具有公共服务价值，在 2006 年获得了普利策奖。①

三、算法在信息分发中的应用

智能新闻是以算法为核心，自动生成新闻和推送新闻的一种新型新闻形态。有学者认为算法在新闻信息分发中的应用具有便利、个性化的优势，实现"千人千面"的传播效果。但也有人认为算法会带来信息分发的偏向。② 算法具有控制社会的强制性。信息分发系统决定受众能接触到什么样的信息，为受众提供特定的信息来源。因此，信息分发机制从本质上来看是一种权力的象征，但是使用算法进行信息分发的主要原因之一是由于网络社会存在信息超载危机，为了降低信息消费者的决策成本和信息生产者的送达成本，利用算法分发能够更好地实现信息供需适配。③

信息分发平台的算法实践场景较为多元，囊括了内容分发的多个环节，包括辅助内容创作、内容审核、信息分发和个性化推荐等。④ 在信息分发的过程中主要是为了实现个性化推荐来实现信息过滤机制，于是算法推荐系统应运而生。⑤ 从信息分发的流程上看，数据是算法推荐得以有效发挥作用的基础；算法依赖平台这一数字化基础设施，实现信息分发的目的。

1. 基于推荐算法的信息分发

应用在信息分发中的推荐算法主要分为基于内容的推荐、基于协同过滤的推荐和

① Bonfanti A., Bordignon M., "'Seafood from Slaves': The Pulitzer Prize in the Light of the UN Guiding Principles on Business and Human Rights," *Global Policy*, 2017(04), pp. 498-504.

② 林爱珺、刘运红：《智能新闻信息分发中的算法偏见与伦理规制》，载《新闻大学》，2020(01)。

③ 陈昌凤、仇筠茜：《"信息茧房"在西方：似是而非的概念与算法的"破茧"求解》，载《新闻大学》，2020(01)。

④ 赵璐：《算法实践的社会建构——以某信息分发平台为例》，载《社会学研究》，2022(04)。

⑤ 沈国麟：《全球平台传播：分发、把关和规制》，载《现代传播(中国传媒大学学报)》，2021(01)。

基于时序流行度的推荐3类。①

(1)基于内容的推荐

"基于内容的推荐，是基于用户兴趣与内容特征的相似度匹配。"②在推荐算法的加持下，推荐的内容往往与用户过去喜欢的或经常浏览的某条新闻有较强的相关性。当前，基于内容的推荐已被成熟地应用于文本、音视频信息平台上。例如，图文平台通过卷积神经网络技术提取图文特征，原创视频平台通过视觉、听觉识别技术提取音视频数据，在算法中将其特征与用户画像相对应，其优点在于技术原理简单、应用范围广泛，但确实存在"信息茧房"和"回声室效应"的风险。③

(2)基于协同过滤算法的推荐

"协同过滤推荐法则是一种利用群体智慧的推荐方式，可分为基于用户的协同过滤算法和基于物品的协同过滤算法。"④基于用户的协同过滤算法简单理解就是"人以群分"，通过对用户画像和行为数据的分析，对相同标签的用户推荐他们感兴趣的信息。例如，在线购物平台的商品推荐系统可以记录用户的特征信息和他们的行为信息，通过对用户偏好和情景数据建模得到的信息进行分析，提取符合用户潜在需求或可能感兴趣的商品资源，然后推荐给用户。⑤ 国内某短视频平台采用协同过滤算法，根据内容标签将视频推送给可能感兴趣的用户，然后通过完播率、点赞数等计算视频热度，再对热度较高的视频多次叠加分发。越多人点赞的视频会得到越多的曝光量，反之，就不会被推荐。关系匹配的本质是用户与算法互动：一方面，算法收集并计算用户行为数据；另一方面，用户行为也在调整和修改算法，并影响下一次分发。

而基于物品的协同过滤算法则是"物以类聚"，原则是如果某些信息总被同一个用

① 陈昌凤、仇筠茜：《"信息茧房"在西方：似是而非的概念与算法的"破茧"求解》，载《新闻大学》，2020(01)。

② 陈昌凤、仇筠茜：《"信息茧房"在西方：似是而非的概念与算法的"破茧"求解》，载《新闻大学》，2020(01)。

③ Dubois, Elizabeth, et al., "Who to Trust on Social Media: How Opinion Leaders and Seekers Avoid Disinformation and Echo Chambers," *Social Media + Society*, 2020, 6(02).

④ 陈昌凤、仇筠茜：《"信息茧房"在西方：似是而非的概念与算法的"破茧"求解》，载《新闻大学》，2020(01)。

⑤ Anitha J. Kalaiarasu M., "Retracted Article: Optimized Machine Learning based Collaborative Filtering (OMLCF) Recommendation System in E-Commerce," *Journal of Ambient Intelligence and Humanized Computing*, 2021(06), pp. 6387-6398.

户阅读，那么就认为这些信息之间具有较强的关联性，因而会给经常阅读该类信息的用户推荐相关的信息，例如知名的“啤酒与尿布”案例。①

(3)基于时序流行度的推荐

“基于时间序列流行度的算法是将特定事件窗口内流行度较高的新闻推荐给用户，引入了时间维度，将单位事件的瞬时点击率等动态特征作为考量因素，综合考虑新闻的信息熵等指标。”②通俗来说，就是什么内容具有较高的流行度且能够吸引用户，就给用户推荐什么内容。之所以使用基于时序流行度的算法来进行信息分化，原因在于基于内容和协同过滤的算法无法解决新闻平台冷启动和用户冷启动的问题。③ 时序流行度算法是希望通过计算当前新闻的热度，降低对既有数据的依赖，提升推荐系统对实时热点的响应能力。④ 但是，这种信息分发机制也会带来一些问题，即过度依赖流行度指标而走向以流行度为导向的信息推荐，很可能导致现代“黄色新闻潮”的复现。

2. 基于社交的信息分发

社交信息流在业界也被称为“Feed 流”，也是一种信息分发方式，最早源于 RSS 订阅中接收信息更新的接口，后来泛指帮助用户持续获取订阅内容的内容聚合器。“智能化社交信息流已经被业界广泛采用，脸书(Facebook)于 2009 年启用 News-Feed，并披露其信息流算法模型 EdgeRank，Pinterest 于 2011 年采用 SmartFeed 为用户定制信息，Twitter 和 Tumblr 均于 2015 年采用‘while-you-were-away’的系统为用户筛选呈现其离线期间的信息。随后，知乎、Instagram 等社交平台也引入智能化的社交流设计改变用户社交信息的流向规则。”⑤

基于社交关系的信息流可以吸引用户大量的注意力，同时也成为调节用户信息消费行为的关键。在学者师文和陈昌凤的研究中，她们将社交信息流的算法分为传统的

---

① 全球零售巨头沃尔玛在利用商超的购物大数据对消费者购物行为分析时发现，啤酒与尿布这两种商品的销售数据曲线非常相似，这是因为男性顾客在购买婴儿尿布时，常常会顺便搭配几瓶啤酒来犒劳自己。于是，沃尔玛尝试推出将啤酒和尿布摆在一起销售的促销手段，大获成功。“啤酒+尿布”成为大数据技术应用的经典案例之一。

② 陈昌凤、仇筠茜：《“信息茧房”在西方：似是而非的概念与算法的“破茧”求解》，载《新闻大学》，2020(01)。

③ 陈昌凤、师文：《个性化新闻推荐算法的技术解读与价值探讨》，载《中国编辑》，2018(10)。

④ 陈昌凤、师文：《个性化新闻推荐算法的技术解读与价值探讨》，载《中国编辑》，2018(10)。

⑤ 师文、陈昌凤：《社交分发与算法分发融合：信息传播新规则及其价值挑战》，载《当代传播》，2018(06)。

时间重力算法、关系加权算法、兴趣加权算法、互动加权算法。①

(1)时间重力算法

时间重力算法也称“Timeline 模式”，是社交平台发展初期最常采用的排序模式，该算法假设所有关注者的动态都是同等重要的，因而在进行排序时，时间是唯一影响因素，完全按照反向时间顺序呈现社交圈中的新鲜事。② 在时间重力算法的逻辑下，一旦用户在社交媒体上关注的对象发布新的消息，便将其添加至队列尾部，而随着新事件的加入，时间较早的事件在列表中逐渐被淘汰。利用时间重力算法的社交平台对用户信息消费的干预度较低，但其缺点在于可能无法应对社交媒体上大量冗余信息，无法对用户的注意力资源进行最优分配。③

(2)关系加权算法

社交平台中的隐性资本就是用户的社交关系网，从网络结构来看，它有强关系和弱关系之分，因而关系之间的重要性并不等同。关系加权算法就是通过对关系的筛选实现内容筛选，成为智能化社交信息流算法。学者师文和陈昌凤在文章中具体对关系算法中的 EdgeRank 算法和 PageRank 算法进行详细剖析，说明关系加权算法如何促进信息的垂直流动，加快信息扩散。④

(3)兴趣加权算法

基于兴趣加权算法的社交信息流指的是为用户推荐与其兴趣相似度高的新闻产品。⑤ “在兴趣加权算法的介入下，传统大众传播时代的非个性化的信息环境变成‘投其所好’式的定向投放，信息价值观发生偏向，大众传播的教育、整合功能在智能化社交平台上日渐淡化。”⑥

---

① 师文、陈昌凤：《社交分发与算法分发融合：信息传播新规则及其价值挑战》，载《当代传播》，2018(06)。

② 师文、陈昌凤：《社交分发与算法分发融合：信息传播新规则及其价值挑战》，载《当代传播》，2018(06)。

③ 师文、陈昌凤：《社交分发与算法分发融合：信息传播新规则及其价值挑战》，载《当代传播》，2018(06)。

④ 师文、陈昌凤：《社交分发与算法分发融合：信息传播新规则及其价值挑战》，载《当代传播》，2018(06)。

⑤ Bernstein M. S., Suh B., Hong L., et al., “Eddi: Interactive Topic-based Browsing of Social Status Streams,” in Proceedings of the 23nd Annual ACM Symposium on User Interface Software and Technology, 2010, pp. 303-312.

⑥ 师文、陈昌凤：《社交分发与算法分发融合：信息传播新规则及其价值挑战》，载《当代传播》，2018(06)。

(4)互动加权算法

互动加权算法能够增加热点话题的推荐权重，对特定内容的转发、点赞、评论等社交互动性行为进行加权①，有效地改变了信息流的分布情况，但这一算法也存在一些潜在的问题，如可能会加剧后真相时代、情绪化内容的互动与传播，从而使社交媒体平台陷入电子时代的“黄色新闻潮”风险。②

以上这些算法可以把个体在线社会交往中的互动指标纳入算法排序的考量，丰富个体对热点议题影响的维度，促进公共讨论，有利于增强社交平台的公平性。

四、算法在信息搜索中的应用

搜索引擎是通过特定计算机程序，以一定策略和规则在互联网上搜集信息、分析信息和呈现信息，满足用户信息检索需求的应用。算法是智能搜索技术的核心所在。在日常网络场景中存在的许多搜索引擎，都有自己的一整套算法方案，主要涉及自然语言处理、机器学习、知识获取、知识处理、计算机视觉、人机交互、数据挖掘和信息检索等人工智能技术。

在国际搜索引擎市场，截至 2023 年 7 月，全球在线搜索引擎市场领导者谷歌的市场份额为 81.95%。③ 用于搜索引擎优化(Search Engine Optimization, SEO)的谷歌搜索算法是一种帮助搜索引擎更新与特定主题相关的网站及其页面的方法，该算法使用关键词来确定网站排名。④ 此过程分为以下 3 个阶段：抓取与特定查询相关的网页、编入索引的同时分析网页的内容以及确定索引网页的最优排名顺序。谷歌搜索算法是一种复杂的计算机技术，是多种算法技术的集成。

美国数据研究机构 StatCounter 的数据显示，2023 年 3 月百度在中国搜索市场的份额为 60.44%。⑤ 根据百度搜索资源平台汇编的《百度搜索算法规范详解》，百度搜索

---

① Berger J., Milkman K. L., “What Makes Online Content Viral?” *Journal of Marketing Research*, 2012(02), pp. 192-205.

② 师文、陈昌凤：《社交分发与算法分发融合：信息传播新规则及其价值挑战》，载《当代传播》，2018(06)。

③ Tiago Bianchi, “Market Share of Leading Desktop Search Engines Worldwide from January 2015 to January 2024,” https://www.statista.com/statistics/216573/worldwide-market-share-of-search-engines/.

④ Merrill J. B., “My Eyes Sting from Searching these Images for the Same Thing,” https://quezee-aistudio.wordpress.com/2019/03/07/my-eyes-sting-from-searching-these-images-for-the-same-thing/.

⑤ Statcounter, “Search Engine Market Share China,” https://gs.statcounter.com/search-engine-market-share/all/china.

按常见网站违规问题将算法分为4个维度：(1)在页面内容质量方面，包括飓风算法、劲风算法、细雨算法和蓝天算法；(2)在用户需求满足方面，包括清风算法、信风算法、标题规范和违规信息规范；(3)在用户体验友好方面，包括冰桶算法和内容权限规范(算法)；(4)在搜索公正及用户安全方面，采用惊雷算法、烽火算法和被黑相关。①

在人工智能技术的助力下，搜索引擎从简单关键词匹配向深度语义匹配方向发展，从读懂文字向跨模态深度阅读理解跨越，从文本向语音、图片、视频等多模态搜索演进，呈现出智能化、专业化、个性化和场景化等发展趋势。比如搜狗搜索打造全球首个手语 AI 合成主播"小聪"，以听障人士真正能懂的通用手语进行播报；百度搜索注重适老性功能，通过首创独立适老化 App 助力老年群体；头条搜索网页版首页即有明显的无障碍操作入口，通过点击即可进入无障碍模式。② 通过加强对特殊群体的技术和服务创新，搜索引擎变得更加人性化。

第二节　算法的技术原理

推荐算法和机器学习是新闻传播领域中最常见的两种算法技术。推荐算法被广泛应用于处理海量信息并进行有效适配；机器学习则是虚拟主播、机器人写作、智能采编等人工智能技术的算法基础。这一节将具体介绍这两类算法的技术原理。

一、算法的基本原理

算法是"用计算机程序实现的、基于数据分析、面向特定目标的一套指令或方案"③。"算法以特定的数据来反映某个对象，以模型来体现解决问题的方案，最终通

① 百度搜索资源平台：《开发者避雷指南：百度搜索算法规范详解》，https：//zy. baidu. com/act/guide? isResponsible=1。

② 米瑷琪：《创新发展让搜索引擎更"聪明"更"贴心"》，载《中国新闻出版广电报》，2022-02-22。

③ 彭兰：《算法社会的"囚徒"风险》，载《全球传媒学刊》，2021(01)。

过数据计算来完成相应任务”①，不同的算法可以用来解决不同的问题，同一个问题也可以用不同的算法来解决。简单来说，算法就是要依照某些确定性规则，在有限时间内将输入转换成输出②，以算法新闻为例，实际上就是将互联网中的大量数据和文本转换为新闻形式，自动生成消息。

一个完整算法的运行流程主要分为输入、计算、输出 3 个阶段(如图 2-1 所示)。首先，输入是指一个算法必须包含 0 个或多个输入，这是运算对象最初始的情况；其次，计算是指算法对输入数据进行加工的过程，每一个计算步骤都必须有明确的定义且能在有限的时间内完成，同时，算法必须能在执行有限多个步骤之后终止；最后，输出是指输入数据经由计算加工后得出的结果，一个算法可以有 1 个或多个输出结果。

图 2-1　一个完整算法的运行流程

下面我们以快速排序这一常用基础算法为例，来说明算法是怎么运行的(如图 2-2 所示)。我们需要解决的问题是将所有方块按照高低顺序进行快速排序，输入 8 个高

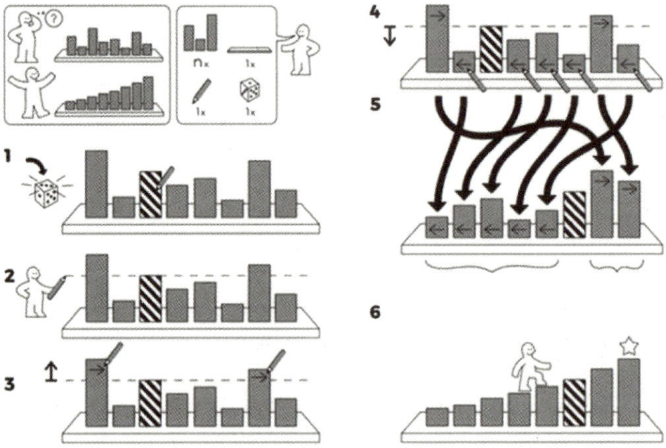

图 2-2　快速排序算法图解

① 彭兰：《如何实现“与算法共存”——算法社会中的算法素养及其两大面向》，载《探索与争鸣》，2021(03)。

② Hill R. K.，“What An Algorithm Is,” *Philosophy & Technology*, 2016(01), pp. 35-59.

低不一的方块，简单来说，计算步骤如下：先随机选择一个方块，根据这个方块所在的高度画一条线作为高度标准线——将高于这条标准线的方块移动到选取方块的右边；将低于这条线的方块移动到选取方块的左边。通过不断重复上述过程，最终就能完成对所有方块的高低排序，得出的排列顺序就是该算法的输出结果。①

二、推荐算法的技术原理

个性化推荐算法将用户的个人偏好信息作为输入，经由一系列规则预测用户将如何评估其他新的信息，并将这种预测以排序的形式输出，从而达到对内容进行优先排序和个性化推荐的效果。② 正如上一节所介绍的，常见的个性化推荐算法有基于内容的推荐、基于协同过滤的推荐，以及基于时序流行的推荐等。在现实应用中，各类平台多使用混合推荐的办法向目标用户进行个性化推荐，组合不同的推荐算法技术，弥补各自存在的弱点，以达到更好的推荐效果。③

基于内容的推荐算法原理(如图 2-3 所示)是平台对用户过往的行为数据进行收集和分析后，掌握用户过去喜欢的物品或信息，并将与用户兴趣最为相似的新的物品或信息推荐给用户④，重点依据的是物品或信息的相似程度。

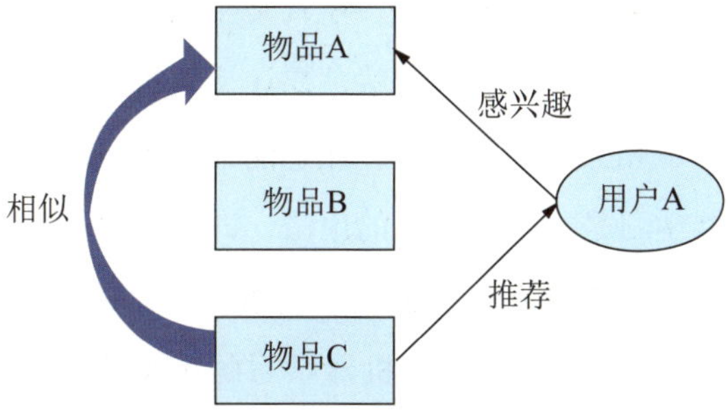

图 2-3 基于内容的推荐算法原理

基于协同过滤的推荐算法原理(如图 2-4 所示)是先掌握目标用户过去的行为、选择和偏好特征，再找到与目标用户上述特征相似的一类用户，最后再向目标用户推荐

① Sándor P. F., Blinry, "IDEA: A Series of Nonverbal Algorithm Assembly Instructions," Idea-Instructions. com/quick-sort/.

② Hermann E., "Artificial Intelligence and Mass Personalization of Communication Content: An Ethical and Literacy Perspective," *New Media & Society*, 2022(05), pp. 1258-1277.

③ 刘君良、李晓光：《个性化推荐系统技术进展》，载《计算机科学》，2020(07)。

④ 蒋晓丽、钟棣冰：《智能传播时代人与算法技术的关系交迭》，载《新闻界》，2022(01)。

这类用户感兴趣的物品或信息，该种推荐算法认为相似的用户会喜欢相似的内容。①这种算法的信息或者物品之间具有较大的关联性，比如，消费者在购买面包时可能会同时购买牛奶，也就是说，当消费者购买了面包，有很大的概率也会购买牛奶，那么商家就可以选择将这两种商品排列在一起展示给消费者，以最大限度地增加经济效益，信息推荐也是如此。

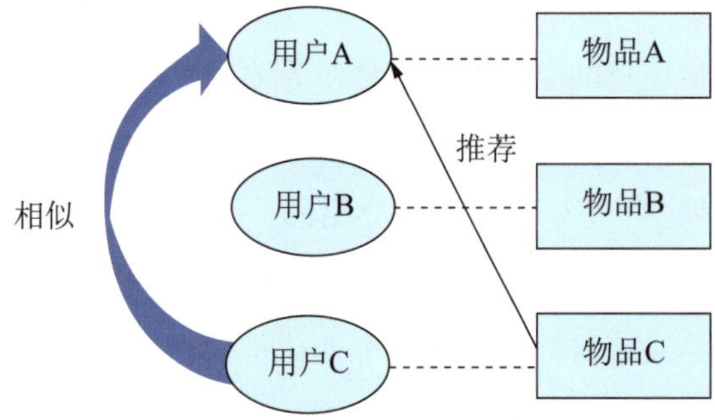

图 2-4　基于协同过滤的推荐算法原理

三、机器学习的技术原理

机器学习是人工智能常见的算法应用。在日常生活中，人类大脑依据获取的信息和过往的经验快速作出反应，而机器学习就是要让计算机具备人类大脑建立“经验”模型的能力，通过给计算机相关的学习资料，让它能自动进行预测判断。②

从广义上讲，机器学习是一种拟人化的用法，即赋予机器“学习”的能力，命令它完成直接编码无法完成的功能的方法；在实际应用层面，机器学习是通过数据训练出模型，然后使用模型预测的一种方法。③ 机器学习的技术逻辑与人类的思考有一定相似性，人类大脑凭借经验进行归纳与总结，预测未来；而机器依据历史数据进行建模、训练和预测未知，总体上分为输入、学习和输出 3 个步骤（如图 2-5 所示），其中“学习”实际上对应算法运行过程中的“计算”。

机器学习可以分为监督学习（Supervised Learning）和无监督学习（Unsupervised Learning）两大类，两者的区别主要在于“输入”的部分：监督学习的“输入”是一组标

① 赵双阁、岳梦怡：《新闻的“量化转型”：算法推荐对媒介伦理的挑战与应对》，载《当代传播》，2018(04)。

② 郭福春：《人工智能概论》，33 页，北京，高等教育出版社，2019。

③ 郭福春：《人工智能概论》，33 页，北京，高等教育出版社，2019。

图 2-5 机器学习的步骤

签化训练数据集，无监督学习的“输入”是一组无标签化训练数据集。

具体来说，监督学习根据“输入—输出”的例子，学习一个将输入映射到输出的函数。① 简而言之，就是先提供一组标签化训练数据集(包括训练的标签数据或者人工标注的数据)给机器参考，让机器学习这组数据的特征并对新的数据作出推断。而无监督学习从无标签化训练数据集中推断出函数，不提供标签数据或者人工标注的数据作为参考的数据信息，直接把未被标记的数据作为训练集，让计算机自己琢磨出规律，再得出推断结果。无监督学习与监督学习相比有显著不同，它没有正确的输出值，该算法主要确定数据中的模式和相似性，而不将其与某些外部测量相关联，如基于 Transformer 模型的 ChatGPT 就是采用无监督学习的方式进行预训练。换句话说，无监督学习的优势在于自由发挥和利用数据特性进行自我联想和探索，以便更多地了解数据特性，并找到人类没有找到的有趣或意想不到的发现。

机器学习涉及许多具体的算法，如决策树、人工神经网络、线性回归、随机森林等。以下选取决策树这一算法，具体介绍其技术原理。决策树是对数据进行分类的有效工具。如图 2-6 所示，决策树就是利用树的结构来构建分类模型，每个节点代表一个属性和类别，每选择一次就被划入不同的节点中。决策树算法的运行是一个不断选择直至完成分类的过程。构成决策树的元素包括节点和边，节点会根据样本的特征作出判断，最初的分支点被称为根节点，其余的被称为子节点，直至不再有分枝的节点被称为叶子节点，它代表着样本最终的分类结果，而边则指示方向。从决策树根节点开始到叶子节点结束的任何路径，表示的是路径上属性值的合取项。②

有效使用决策树算法具有以下鲜明的特征：(1)属性应该只有少量几个值；(2)目标函数只有少量的几个离散值；(3)当属性值或实例分类等训练数据存在错误时，决策树的表现依然优秀。

① Russell S. J., Norvig P., *Artificial Intelligence: A Modern Approach*, London, Person, 2003.

② [美]史蒂芬·卢奇、[美]丹尼·科佩克：《人工智能》(第 2 版)，283 页，北京，人民邮电出版社，2018。

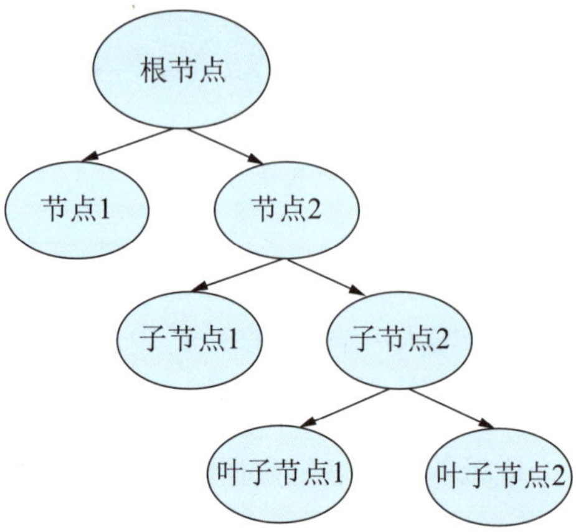

图 2-6　决策树算法原理

第三节　算法的研究模式

算法在新闻传播学理论研究与实践应用中有许多研究成果，涵盖数字鸿沟、议程设置、舆论、信息茧房、平台机制、新闻编辑写作、信息分发模型、信息传播等研究主题。与算法相关研究中所涉及的研究方法，可以简单分为基于传统的社会科学研究方法和基于网络数据挖掘方法两种不同的算法研究。以问卷调查法、个案法等传统社会科学研究方法为主的算法研究主要是通过用户考察来探讨算法的传播作用，而利用网络数据挖掘方法的算法研究更侧重通过对网络文本的分析来探讨算法的特征与规律。

一、基于传统的社会科学研究方法的算法研究

1. 数字鸿沟

在大众传播时代，知识鸿沟理论（简称“知沟理论”）提出在新闻媒体传播信息的过程中，具有更高社会经济地位的人群总是比其他人群更快获得更多且有价值的信息。在这种情况下，获得更多信息的人群与其他人群会形成“知识鸿沟”，随着时间的推移，这种鸿沟会越来越明显。与此相关，在互联网时代，“数字鸿沟”成为一个新的研究热点。随着算法在互联网中的广泛应用，算法对“数字鸿沟”的影响也受到学者们的关注。

安妮-布里特·格兰(Anne-Britt Gran)等(2020)通过研究挪威这个高度数字化的国家来了解人类对算法的认知程度和态度，以及算法认知如何影响“数字鸿沟”的形成，并指出目前就算法认识水平而言具有明显的人口统计学差异。作为一项探索性研究，该研究采用了大规模网络问卷调查，包含 56 个开放式和封闭式问题，其中 7 个问题用来考察受访者对算法的认识，剩余的包括人口学变量、社交媒体使用和在线参与等问题。研究发现，挪威民众缺乏对算法足够的认知，导致算法无法大规模参与公共生活。61%的挪威人对算法具备较低的认知水平。在特定的语境下，“数字鸿沟”不再是关于互联网接入个人计算机、手机等设备的接入沟(第一级“数字鸿沟”)，而是关于技能使用(第二级“数字鸿沟”)和大众普遍利益(第三级“数字鸿沟”)的鸿沟。此外，研究发现，参与对象的性别、年龄、受教育程度和居住地区影响其对算法驱动的推荐内容的态度，尤其受教育水平越高的人对算法的态度越消极。此研究将对算法不同看法的人群分为 6 个类型(如图 2-7 所示)，分别是“无意识型”“不确定型”“肯定型”“中立型”“怀疑型”“批判型”。①

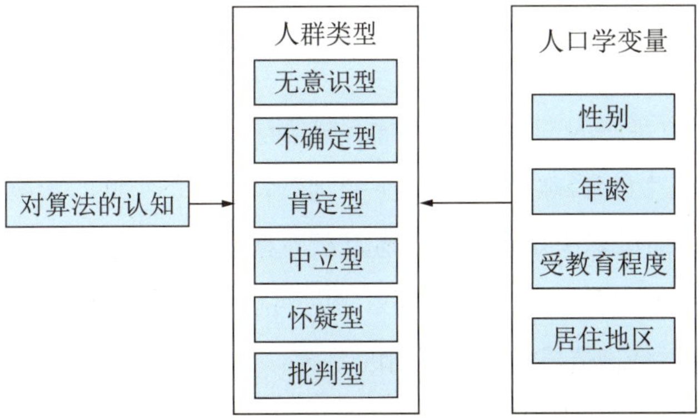

图 2-7 基于人口学变量的 6 类人群对算法认知的差异

陈逸君和崔迪(2022)使用问卷调查法探究影响用户算法知识水平、算法自我效能的因素，考察不同社会经济地位群组间算法知识差距的调节变量。研究者将媒体报道和人际沟通视为影响用户算法知识和算法自我效能的外生因素的调节变量，将注册时长、使用频率、用户卷入度和出错率遭际视为内生因素的调节变量。研究者聚焦于 3 类典型的算法应用，分别讨论上述外生因素、内生因素如何影响用户在使用视频类、

① Gran A. B. , Booth P. and Bucher T. , “To Be or Not to Be Algorithm Aware: A Question of A New Digital Divide?” *Information Communication & Society*, 2020(12), pp. 1779-1796.

新闻类和购物类应用的情况，如图 2-8 所示。研究发现不同受教育程度的群组间存在算法知识沟，算法出错率遭际不仅可以提升用户的算法知识水平，还能弥合不同受教育群组间的算法知识差异，同时用户卷入度和算法编辑能力都会正向影响用户的算法知识水平及算法自我效能。①

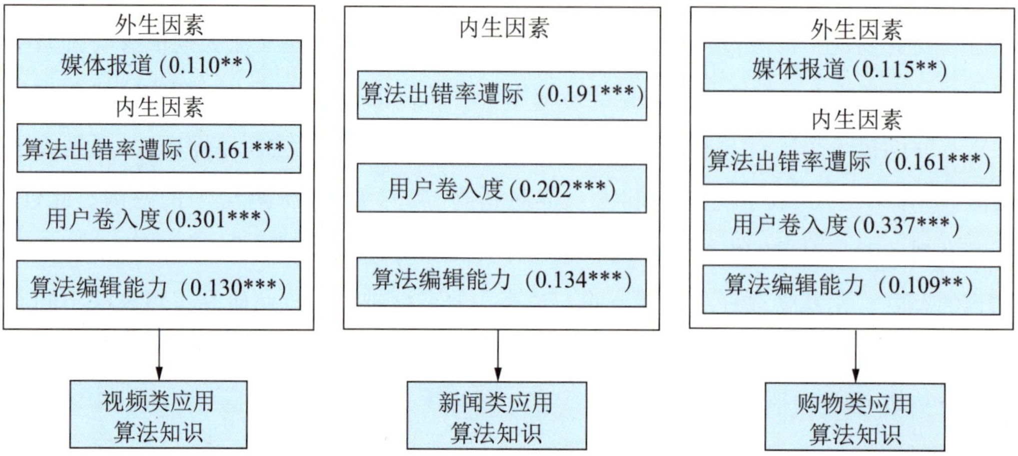

图 2-8 影响用户算法知识水平的因素研究

针对算法的“数字鸿沟”问题，一方面，将算法认知作为自变量，考察算法认知差异对“数字鸿沟”产生的影响，以及“数字鸿沟”作为中介变量的影响；另一方面，将算法作为因变量，探讨算法知识沟的影响因素。算法是互联网信息传播的一种重要手段，算法的“数字鸿沟”是一个非常值得关注的问题，后续的算法研究还可以从“信念沟”角度出发，探讨算法造成的观念层面的差异。

2. 议程设置

议程设置理论是在“点到面”的大传播时代提出的理论，包括 3 个发展层次。第一层次是基础议程设置研究，第二层次是属性议程设置研究，第三层次是网络议程设置研究。进入智能传播时代，算法对议程设置理论的 3 个层次均提出了新的挑战。

3. 新闻“把关人”

算法在新闻编辑与分发中对“把关人”机制产生重要影响。汉内斯·库尔斯（Hannes Cools）以新闻编辑室引入算法新闻推荐器（Algorithmic News Recommender，ANR）为例，

① 陈逸君、崔迪：《用户的算法知识水平及其影响因素分析——基于视频类、新闻类和购物类算法应用的实证研究》，载《新闻记者》，2022(09)。

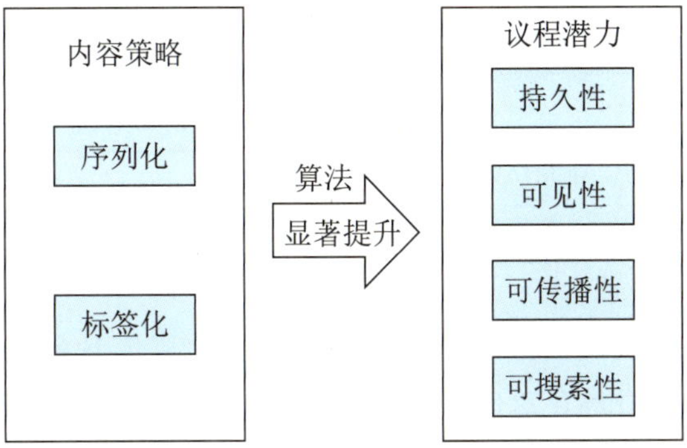

图 2-9　算法对议程设置的影响

采用访谈法对几家媒体的 16 名成员进行了专家访谈。这些 ANR 工具仍处于早期阶段，尚未在整个新闻编辑室使用，但被认为有可能改变新闻工作者进行日常决策的把关方式。该访谈考察在 ANR 支持下新闻工作者如何作出日常决策，以及如何扮演“把关人”角色。研究发现，当新闻工作者与 ANR 互动时，他们评估什么内容有新闻价值，会受到算法的影响，特别是当出现“新闻大事件”时，编辑有可能丧失主动权。但在议题设定上，新闻工作者仍然拥有完全的自主权，ANR 对某些话题如何被提上议程创造了“积极的加速效应”。除上述观点外，研究者还认为对于 ANR 的信任会导致新闻工作者变得“懈怠和懒惰”，因为部分新闻工作者认为 ANR 在建议和总结新闻时不会犯任何错误。①

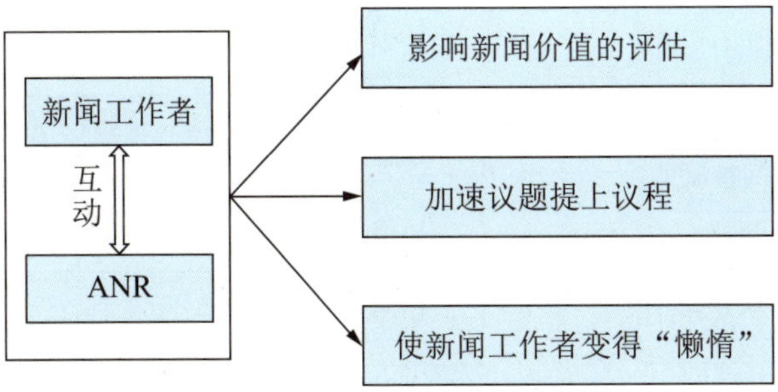

图 2-10　算法对新闻“把关人”的影响

夏帕尔斯(Schapals)和波莱扎(Porlezza)(2022)通过对德国其他领域记者的访谈发现，新闻工作者不会因为自动化新闻算法而感到遭受职业威胁。相反，他们相信算法

① Proferes N., Summers E., “Algorithms and Agenda-Setting in Wikileaks' #Podestaemails Release,” *Information Communication & Society*, 2019(11), pp. 1630-1645.

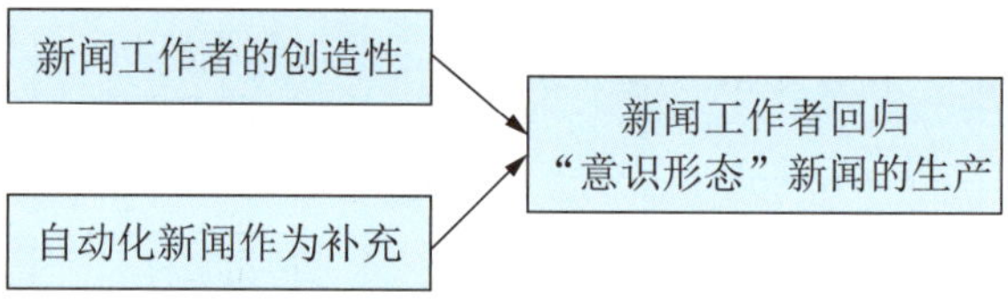

图 2-11 算法对新闻工作者的影响

将把他们从单调的日常报道中解放出来，让他们专注于更有意义、更有深度的报道，而这些报道是不容易被自动化写作所取代的。①

算法对新闻“把关人”的影响不仅仅在于对新闻“把关人”选择权大小提出挑战，也是对新闻把关流程的颠覆，如消息真实性评估可以直接采用算法方式通过大数据手段来实现，不再由传统的新闻编辑部来把关。算法对新闻“把关人”流程、新闻从业者等不同层面的影响都是值得进一步关注和研究的问题。

4. 算法抵抗

算法抵抗是指社交媒体平台的用户在遇到平台算法时利用其认知和实践能力对算法进行积极抵抗的一种实践行为②，这个话题在 2020 年后成为较多研究提及的重要主题之一。学者张萌通过深度访谈发现算法受众具有“对算法产品的空间隔绝、对算法规则的自我重组、对算法规则的主动嵌入和对算法逻辑的反向规训与控制”这 4 种算法抵抗策略。③

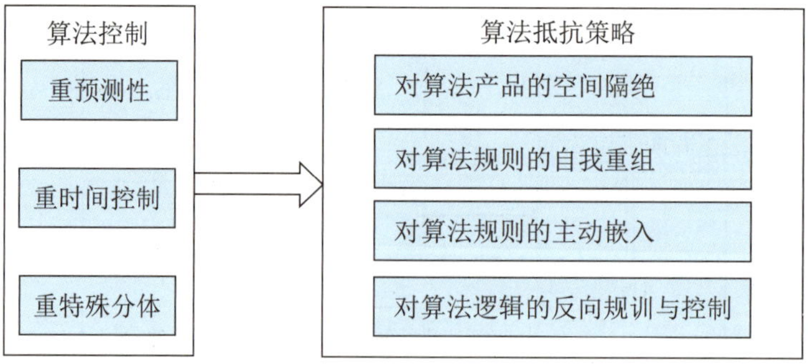

图 2-12 算法控制与算法抵抗策略

① Schapals A. K., Porlezza C., “Assistance or Resistance? Evaluating the Intersection of Automated Journalism and Journalistic Role Conceptions,” *Media and Communication*, 2022(03), pp. 16-26.

② 陈阳、吕行：《控制的辩证法：农村青少年的短视频平台推荐算法抵抗——基于“理性—非理性”双重中介路径的考察》，载《新闻记者》，2022(07)。

③ 张萌：《从规训到控制：算法社会的技术幽灵与底层战术》，载《国际新闻界》，2022(01)。

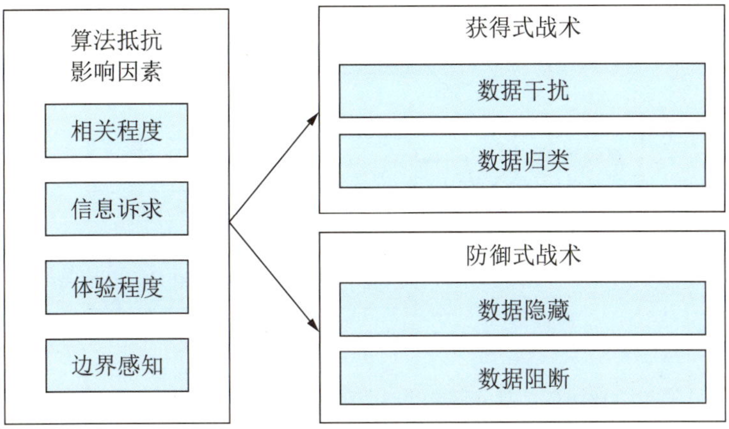

图 2-13 算法的获得式战术与防御式战术

洪杰文、陈嵘伟的一项深度访谈与扎根理论研究表明，用户会使用以数据干扰和数据归类为代表的获得式战术，以及以数据隐藏和数据阻断为代表的防御式战术来最大限度地规避由算法造成的负面影响。①

国外针对数字平台劳工的算法抵抗行为研究较多。一些研究聚焦于共享经济中的数字劳动参与者，如有研究关注优步(Uber)全面升级的司机应用程序。该程序以游戏化的思维设计了相关功能，展现司机的货币收益和受到乘客的称赞等荣誉，通过游戏的方式使司机感到玩游戏的满足感，以此来提高司机的生产力。该研究旨在探究 Uber 司机如何通过工作游戏和劳动实践来默许或抵制游戏化的算法管理②；还有学者将“平台骗局”(Platform Scam)概念化，通过比较案例的研究方法讨论了平台中的工人如何采取自下而上的策略来应对平台的诈骗和不确定性，从而探讨了劳动力算法管理中存在的不对称和不平等的权力关系。③

尽管用户为应对算法采取了多种算法抵抗行为，这也不代表用户能够逃脱算法的控制，正如有学者所言，算法抵抗实际上是算法参与的一种新形式④，用户在这一过

① 洪杰文、陈嵘伟：《意识激发与规则想象：用户抵抗算法的战术依归和实践路径》，载《新闻与传播研究》，2022(08)。

② Vasudevan K. , Chan N. K. , “Gamification and Work Games: Examining Consent and Resistance Among Uber Drivers,” *New Media & Society*, 2022(04), pp. 866-886.

③ Grohmann R. , Pereira G. , Guerra A. , et al. , “Platform Scams: Brazilian Workers’ Experiences of Dishonest and Uncertain Algorithmic Management, ” *New Media & Society*, 2022(07), pp. 1611-1631.

④ 张萌：《从规训到控制：算法社会的技术幽灵与底层战术》，载《国际新闻界》，2022(01)。

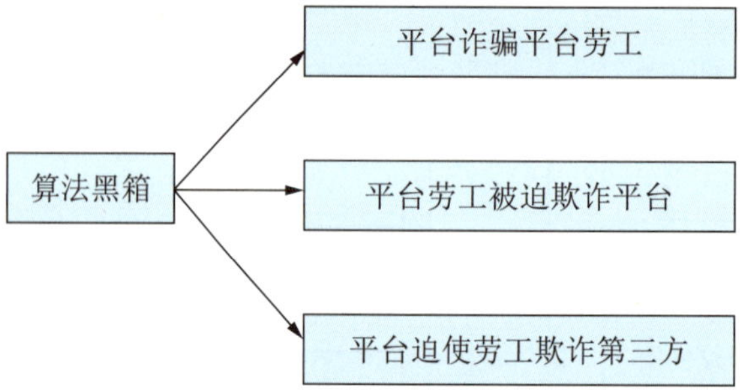

图 2-14　算法黑箱与平台劳工

程中正好修补了算法的缺陷，从而使自己更加陷入被算法控制的深渊中。① 一方面，平台为了达到更好的传播效果，会不断优化算法，使用户算法更精准扩散信息；另一方面，用户算法抵制需要具备更好的算法素养，了解算法控制的技术原理。算法使用和算法抵制更像是“矛与盾”的关系，关于算法抵制的研究将是未来一个重要的研究命题。

二、基于网络数据挖掘方法的算法研究

算法对舆论的影响和在信息分发中对用户偏好的影响是两个新的研究领域，当前这两个领域有诸多基于网络数据挖掘的研究。

1. 舆论研究

基于对 Web of Science 数据库中算法与舆论相关文献的梳理，研究主要可以分为以下主题：一是舆论话题检测。该研究主要集中在计算机领域，通过构建算法、模型来对舆论进行检测，能够快速把握舆论主题、情感倾向等。二是舆论极化。算法带来的新的信息分发方式如“算法推荐”等，使人们倾向于只接受和自身价值观一致的观点，并且无意识地排斥不一致的观点，这就造成处于同一舆论场的双方观点变得对立，从而导致舆论极化现象的出现。三是舆论操纵。随着算法被应用在舆情领域，计算宣传开始走入大众视野。当前一些社交媒体平台使用推荐算法为受众定制个性化首页，实现目标受众精准化传播，而基于算法的热搜榜或热搜趋势，也通过议程设置的方式引起受众对热搜议题的关注，有目的地引导舆论的走向。

在舆论话题检测方面，学者提出以下研究问题：自媒体网络舆论的多维度、多

① 洪杰文、陈嵘伟：《意识激发与规则想象：用户抵抗算法的战术依归和实践路径》，载《新闻与传播研究》，2022(08)。

层次、多属性特征如何表征？如何准确检测网络舆论传播过程中的各类话题？如何科学判断负面话题的心理和情感属性？研究者参考心理学和系统科学的社会舆论元素属性分类，构建起社交媒体的多维网络模型，设计多维舆情网络的话题检测算法来分析舆论话题。研究发现，该算法可以有效刻画社交媒体上多个话题的传播特征，能有效检测到案例研究事件中70%的舆论话题，还可以利用话题检测算法判断每个话题的情感倾向。①

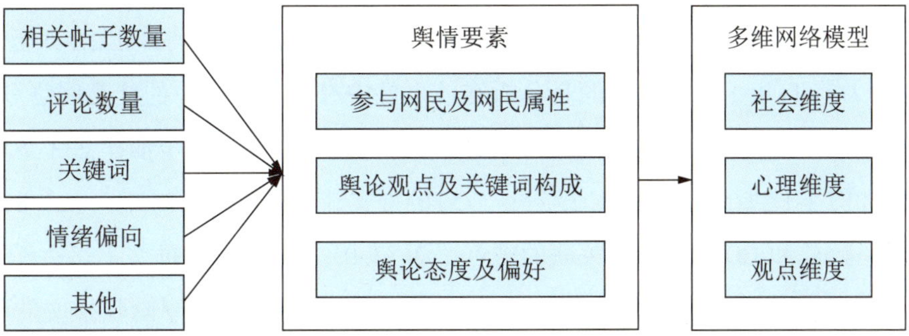

图 2-15 多维网络模型对舆情的分析研究

在舆论极化方面，施密特(Schmidt)等(2018)从时间维度分析用户对 Facebook 上某主题的态度变化。研究选取 7 年零 5 个月的时间跨度，分析 260 万用户与 298 018 个帖子的互动行为，利用社区检测算法(Community Detection Algorithms)来自动检测用户在页面上的活动。研究发现(如图 2-16 所示)，关于该话题产生了"回音室效应"，并且这种两极分化随着时间发展而有所加强。用户的消费习惯导致高度隔离的社区的产生。研究指出回音室的存在可以解释为什么提供准确信息的社交媒体活动影响范围有限，并且只在子群体中有效，甚至会进一步引发更为激烈的意见两极分化问题。但将异议信息引入子群会被忽视，并且会产生适得其反的效果，从而强化子群内已有的意见。②

在舆论操纵方面，艾哈迈德(Ahmed)等探究阴谋论的驱动因素以及处理此类错误信息的策略。2020 年英国网络上出现谣言，称 5G 基站会传播病毒，此谣言引发多起

① Wang G. H., Chi Y. X., Liu Y. J., et al., "Studies on A Multidimensional Public Opinion Network Model and Its Topic Detection Algorithm," *Information Processing & Management*, 2019(03), pp. 584-608.

② Schmidt A. L., Zollo F., Scala A., et al., "Polarization of the Vaccination Debate on Facebook," *Vaccine*, 2018(25), pp. 3606-3612.

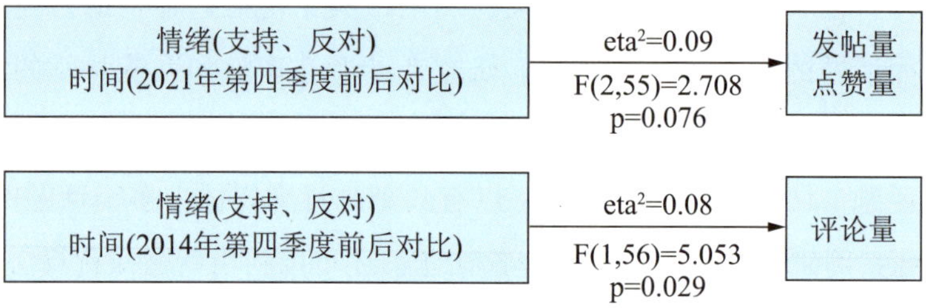

图 2-16 “回声室效应”对社交媒体用户意愿的影响

针对 5G 基站的纵火案。为此，研究者针对此谣言爬取了 2020 年 3 月 27 日至 4 月 4 日为期 7 天的 Twitter 数据，目的是分析在该事件中有影响力用户的社交网络和内容。研究发现，用户数据中没有批评此类错误信息的权威人士。进一步抽样 233 条推文分析显示(如图 2-17 所示)，有 32.2%（n=75)的推文谴责阴谋论，34.8%（n=81)的推文则包含与 5G 和 COVID-19 有关联的观点，而 33.0%（n=77)的推文不表达任何个人观点或意见。研究还发现，那些表达反对阴谋论、链接诱饵或分享幽默推文的用户无意中提升了该话题的热度。①

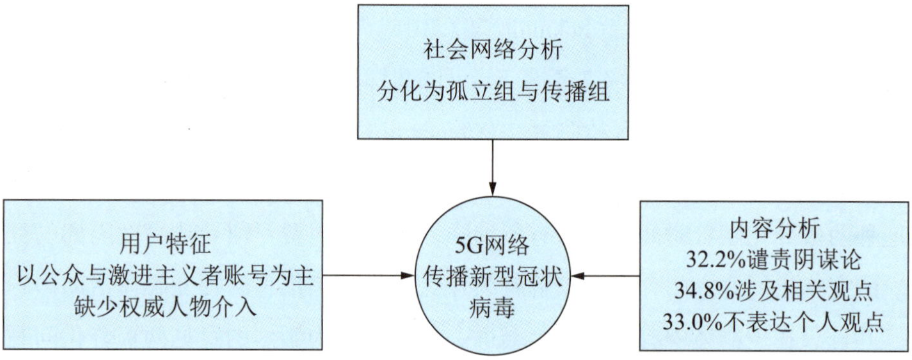

图 2-17 阴谋论的舆论操纵行为在 Twitter 上的研究

2006 年，美国学者凯斯·R. 桑斯坦(Cass R. Sunstein)在《信息乌托邦》(*Infotopia*)一书中首次提出“信息茧房”(Information Cocoons)和“回音室”(Echo Chambers)两个概念。他认为“信息茧房”是人们对信息进行选择的结果，并将其定义为一种特殊的信息世界，身处其中的人只会听到令自己感到舒适和愉悦的信息。此外，桑斯坦发现人们每天都在跟与自己想法一致的人交流互动，从而陷入了设计好的封闭小圈子，这就是

① Ahmed W., Vidal-Alaball J., Downing J., et al., “COVID-19 and the 5G Conspiracy Theory: Social Network Analysis of Twitter Data,” *Journal of Medical Internet Research*, 2020(05), e19458.

“回音室效应”。在回音室内部，同质化的声音不断得到加强，滋生出盲目自信和极端主义倾向。有研究发现，从早期致力于揭示西方国家的政治极化问题开始，研究人员逐步在不同的领域和背景下都发现了“回音室效应”，例如政治回音室（如图 2-18 所示）①、科学/阴谋回音室②、健康回音室（如图 2-19 所示）③等。但同时对于回音室的存在也出现了否定的声音，一些研究指出社交媒体环境下不存在回音室或“回音室效应”被削弱，或者认为是信息的可选择性接触造成的结果。作为与“信息茧房”相似的行为模式，选择性接触既包含趋近态度一致的信息，又包含回避态度不一致的信息，以往研究至少基于其中一个方面，主要对政治信息④和健康信息选择性接触⑤的表现形式、后果及影响因素进行了广泛讨论。

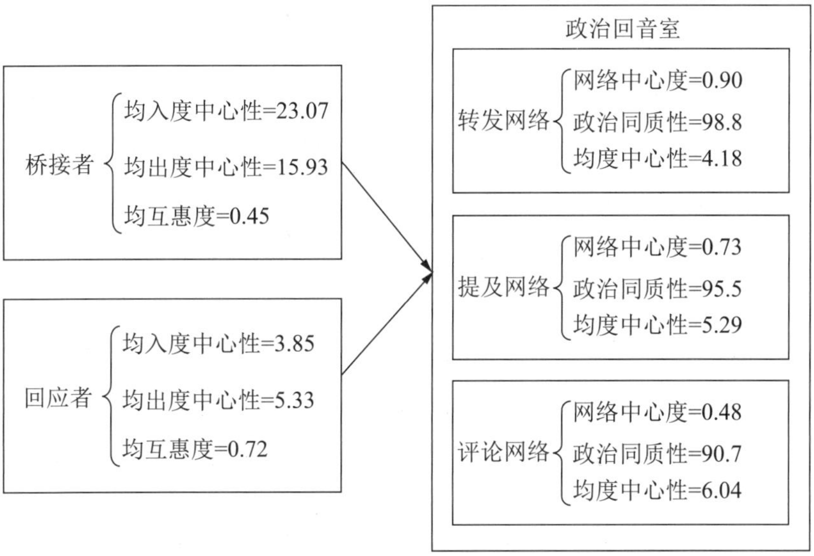

图 2-18 政治回音室的社会网络

① Tsai W., Tao W., Chuan C. H., et al., “Echo Chambers and Social Mediators in Public Advocacy Issue Networks,” *Public Relations Review*, 2020(01), 101882.

② Vicario M. D., Vivaldo G., Bessi A., et al., “Echo Chambers: Emotional Contagion and Group Polarization on Facebook,” *Scientific Reports*, 2016(01), 37825.

③ Lucía S. A., Fabiana Z., Antonio S., et al., “Polarization of the Vaccination Debate on Facebook,” *Vaccine*, 2018(25), pp. 3606-3612.

④ Schmuck D., Tribastone M., Matthes J., et al., “Avoiding the Other Side: An Eye-Tracking Study of Selective Exposure and Selective Avoidance Effects in Response to Political Advertising,” *Journal of Media Psychology Theories Methods and Applications*, 2020(03), pp. 158-164.

⑤ Knobloch-Westerwick S., Johnson B. K. and Westerwick A., “To Your Health: Self-Regulation of Health Behavior Through Selective Exposure to Online Health Messages,” *Journal of Communication*, 2013(05), pp. 807-829.

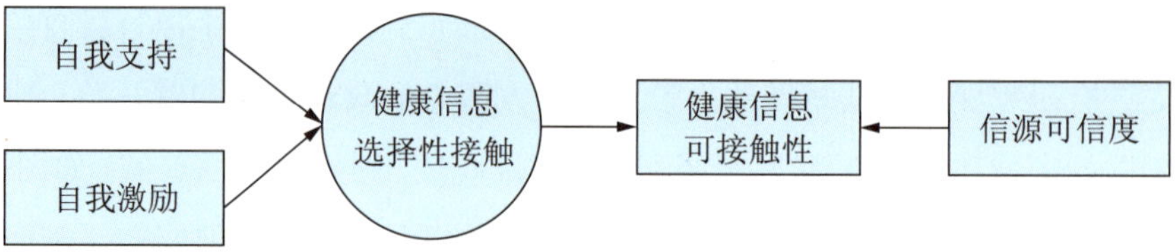

图 2-19 健康回音室

2. 算法分发的效果

有的学者针对多元化新闻推荐研究提出 3 个问题：(1)不同的新闻推荐如何影响新闻消费？(2)不同的新闻推荐如何影响新闻消费的个体效用？(3)不同的新闻推荐如何影响新闻消费的社会外部性？相关研究团队开发了一个汇集广泛政治倾向的新闻应用程序，采用实验法将被试对象分为狭窄组、多样化组、对照组，并分配不同的推荐系统。狭窄组收到与自身政治观点类似的新闻，多样化组收到多样化新闻，对照组收到按时间顺序排列的新闻。该实验历时 5 周，测试了用户使用被试软件的使用时间、文章阅读时间和交互行为，调查了应用程序的可用性、新闻的多样性、新闻的感知信息效用、新闻消费的社会外部性，并得出如下结论：准确的新闻推荐(针对狭窄组)会强化用户原本的新闻偏好，而多样化的新闻推荐(针对多样化组)会提升用户新闻偏好的多样性。由此可见，多样化的新闻推荐和用户对反对观点的更高容忍度相关，特别是针对政治倾向保守的用户，即多样化的新闻推荐系统使得用户更喜欢不同甚至相反观点的新闻。因此，研究认为，多样化的新闻推荐对民主社会具有去两极分化的能力。①

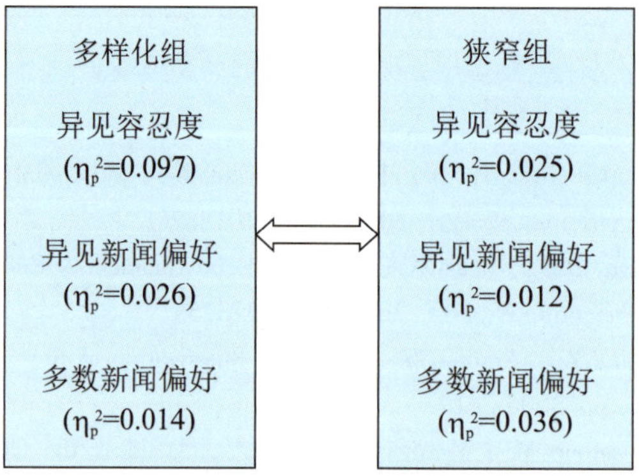

图 2-20 新闻推荐对新闻消费的影响

① Heitz L., Lischka J. A., Birrer A., et al., "Benefits of Diverse News Recommendations for Democracy: A User Study," *Digital Journalism*, 2022(10), pp. 1710-1730.

第四节 算法的分析观点

算法对互联网信息流的干预受到学术界的广泛关注。学者们从问题、规制等不同角度观察并提出各种观点，这些观点碰撞有助于深入思考算法在互联网信息流中所起到的作用。

一、算法对传媒生态的双重影响

学者们认为算法对传媒业态具有多元、双重的影响效果，按态度大致可以分为乐观派和悲观派。乐观派认为算法是一种补充性的工具，承担的是辅助与协作任务，可以为受众带来更多价值。库内特(Kunert)(2020)通过对德国体育新闻的研究发现，新闻从业者相信由算法带来的自动化新闻为受众提供了额外的新闻价值，例如自动化新闻会报道一些容易被人忽略的事件等。但是这些职业新闻生产者仍然强调新闻内容生产时的人为干预对保证新闻质量是必要的。对他们来说，算法在新闻领域的应用并不会引起传统新闻从业者对他们的社会角色进行严格的重新概念化，因为自动化新闻更多的是一种补充性工具。①

悲观派与上述观点不同，罗德里戈·扎米斯(Rodrigo Zamith)和马里奥·海姆(Mario Haim)认为，目前新闻业确实受到了算法影响，但算法要想完全征服新闻行业，并取代传统新闻从业者还存在诸多挑战，如复制采访艺术的技术挑战、推进公民意识和以人为中心追求的文化挑战。②

总的来说，学者们更多地思考在整个互联网空间算法的作用。随着算法技术与应用的发展，人们的时空观得以扩展，虚拟社会成为现实社会的延伸，未来的网络社会也将进一步实现移动化、泛在化和智能化，人与物质世界也将实现无所不在的连接。时空观的改变、虚拟与现实边界的延伸与拓展、人与物的智能互联，使人的延伸达到

① Kunert J., "Automation in Sports Reporting: Strategies of Data Providers, Software Providers, and Media Outlets," *Media and Communication*, 2020(03), pp. 5-15.

② Rodrigo Z., Mario H., "Algorithmic Actants in Practice, Theory, and Method," *Media and Communication*, 2020(03), pp. 1-4.

新的极致。① 这将影响每一个个体的日常“媒介化生存”，使个体得以成为社会运作的基本主体。时空观的扩展、虚拟与现实世界边界的模糊、人与物的智能连接，不仅使个体借助媒介开展的信息交流与社会交往的半径扩张，同时也使得媒体使用者有了更多的参与公共活动的可能性。② 在智能化的互联网空间，算法如何影响人们的虚拟空间行为？如何建构互联网信息生态？这些问题都是值得持续观察的。

二、算法数据霸权的控制与抵抗

数据是驱动信息传播最为关键的资源和能量。近年来，算法型信息分发的强势崛起便是未来“数据霸权”的先声。基于算法的数据和信息分发机制减少了人工在信息分发过程中的参与度，实现了对信息流通的再分配，也对信息以何种形式向何人传播的过程进行了有效干预，但需要警惕“数据霸权”的形成。

从平台商业角度看，“数据霸权”表现为通过算法将网络空间的社会关系转化为流量，获得商业利益。何塞·范·迪克(José van Dijck)等学者认为，平台不仅是一种便利人们日常生活的技术工具，它也塑造了我们的生活方式和社会的组织方式。③ 通过将种种社会过程转化为数据流，这一整体性的“数据化”进程已经全面渗透并且还将继续深度介入当下生活④，深刻影响人类的社会经济行为和文化习俗等。平台作为技术与资本的联合体，其关键目的之一就是利用算法将种种社会过程和人类的社会关系全面转化为流量，以便为自身谋取商业利益。尤利西斯·A. 梅西亚斯(Ulises A. Mejias)和尼克·库尔德利(Nick Couldry)认为这种“数据化”是为了经济价值而通过数字信息对人类生活进行量化(quantification)的当代特有现象。⑤ 平台企业通过算法将人们使用媒体而生成的数据转化为了可以用于价值衡量的流量，进而服务于自身的商业

---

① 陈力丹、陈少娜、高璐：《从 4G、5G 到未来的光子计算机——传播科技对社会结构的影响》，载《新闻爱好者》，2016(12)。

② Couldry N. , “Mediatization or Mediation Alternative Understandings of the Emergent Space of Digital Storytelling,” *New Media & Society*, 2008(03), pp. 373-391.

③ Van Dijck J. , Poell T. and De Waal M. , *The Platform Society: Public Values in a Connective World*, New York, Oxford University Press, 2018.

④ Van Dijck J. , “Datafication, Dataism and Dataveillance: Big Data Between Scientific Paradigm and Ideology,” *Surveillance and Society*, 2014(02), pp. 197-208.

⑤ Mejias U. A. , Couldry N. , “Datafication,” *Internet Policy Review*, 2019(04), pp. 1-10.

利益。[①]

从用户角度看，算法是对用户的一种控制。有学者认为，算法社会呈现出弱空间化、重预测性与分体性的特点，看似为用户打造了个性化专属服务，但实质是用一套极其单一的标准代码征服着世界，将用户需求精准置入代码运算中，最大限度地取消偏离常规的民间实践。当算法性能无法提供良好的用户体验或用户拥有较高的网络媒介素养时，用户会自发产生算法抵抗行为。用户会构建自己的战术实践空间，对算法文本进行逃离、嵌入、反噬等，如拒绝下载、拒绝点开、快速划走、对某些内容选择“不感兴趣”、对一些账号“取消关注”“投诉”以及给予不喜欢的内容较低的“观看完成度”等一系列算法抵抗做法。[②] 但是，不可否认的是，当社会个体的日常生活越来越依赖互联网为媒介进行信息交流时，个体的算法抵抗面对算法霸权的效果是不容乐观的。

三、算法错误/偏见的负面社会效应

算法错误指的是由于算法缺乏人类的判断能力与敏感性，导致算法决策产生的结果与规则、政策或算法开发者的意图不一致的情况，这是由技术缺陷造成的。由于算法无法理解文本的含义，可能导致内容在不应该被标记和/或删除时被标记和/或删除。[③] 例如，算法将艺术中的裸体误认为色情，因为它们能够检测到表明裸体的模式，但无法区分艺术和色情的背景。[④] 除了执行错误之外，不适当的推荐也被视为一种与平台意图不一致的算法选择形式。Facebook 上曾发生一个影响广泛的事件，算法根据其中一个用户发布的内容自动生成了“年度回顾”相册，然而相册中包含了一张他最近去世的孩子的照片，这是算法带来的一种“残酷的联系”。[⑤] 这样的例子表明算法对人类生活的具体情境缺乏基础的理解与判断力，因而有时作出的决策很可能是不恰当的。

---

① 曹晋、张艾晨：《网络流量与平台资本积累——基于西方马克思主义传统的考察》，载《新闻大学》，2022(01)。

② 张萌：《从规训到控制：算法社会的技术幽灵与底层战术》，载《国际新闻界》，2022(01)。

③ Florian S., Spencer-Smith C., “Automated Trouble: The Role of Algorithmic Selection in Harms on Social Media Platforms,” *Media and Communication*, 2021(04), pp. 222-233.

④ Gillespie T., *Custodians of the Internet: Platforms, Content Moderation, and the Hidden Decisions that Shape Social Media*, New Haven, Yale University Press, 2018.

⑤ Meyer E., “Inadvertent Algorithmic Cruelty,” http://meyerweb.com/eric/thoughts/2014/12/24/inadvertent-algorithmic-cruelty.

算法错误还会导致算法歧视(偏见)。算法歧视(偏见)是指算法作为一种技术工具，在特定的情境下基于个人或群体的社会身份(如种族、性别和国籍)来锁定或排除某些用户群体，并因此产生有害影响。① 算法歧视之所以存在，一方面是因为算法的设计并非完全客观，而是承载了设计者的价值观念。生产调查性新闻的非营利新闻编辑室 ProPublica 发现，风险评估算法 COMPAS 在预测暴力犯罪方面有严重的种族差异。② 另一方面，负载价值的算法通过机器学习利用有偏见的数据训练算法，从而进一步导致偏差。正如普林斯顿大学博士后艾琳·卡利斯坎(Aylin Caliskan)指出的那样，“人工智能是有偏见的，因为它反映了文化、世界和语言的影响……因此，无论何时你在人类的历史数据上训练一个模型，你最终都会‘邀请’数据携带的任何东西进入模型，包括偏见或刻板印象”③。

四、“计算宣传”操控信息传播

算法是流量走向的支配手段，因此，平台、用户和利益团体都会介入，并通过干预算法来操控流量。关于算法操纵研究的相关文献较多，平台的商业操纵和政府的政治操纵是两个值得关注的研究重点。

一些商业平台出于对利益最大化的追求，利用平台的相关算法试图限制大众所能涉猎的信息范围，实现“垄断”的目的。作为全球零售巨头的购物平台亚马逊曾利用排序算法调整其陈列产品的搜索系统，以便有利于展示其自身品牌，从而获得更丰厚的利润。如果亚马逊的搜索系统并未像其所宣称的那样“做对客户最有利的事”——展示与用户搜索最相关和最畅销的产品，而是倾向于盈利，那么这一算法操纵可能会将客户引向数以千计的亚马逊内部产品，这些产品为亚马逊带来的利润率将高于网站上呈现出来的竞争产品。

就政治操纵行为而言，一些学者针对这一问题提出“计算宣传”(Computational

① Florian S., Spencer-Smith C., “Automated Trouble: The Role of Algorithmic Selection in Harms on Social Media Platforms,” *Media and Communication*, 2021(04), pp. 222-233.

② Angwin J., Larson J., Mattu S. and Kirchner L., “Machine Bias: There's Software Used across the Country to Predict Future Criminals. And It's Biased Against Blacks,” *ProPublica*, https://www.propublica.org/article/machine-bias-risk-assessments-in-criminal-sentencing.

③ Chen A., “AI Picks up Racial and Gender Biases When Learning from What Humans Write,” *The Verge*, 2017-04-14, https://www.theverge.com/2017/4/13/15287678/machine-learning-language-processing-artificial-intelligence-race-gender-bias.

Propaganda)的概念，是指在社交媒体上使用算法、自动化(通常以政治机器人的形式)和人工管理来有目的地传播与政府政策、领导人物相关的误导性信息的方式。

五、算法“过滤气泡”的社会影响

算法的个性化信息推荐促使互联网空间中存在一个个无形的信息“过滤气泡”，窄化了用户的信息接收范围，使得同质化信息消费增加而异质化信息减少。帕里泽(Pariser)提出了“过滤气泡”(Filter Bubbles)这一概念，“他认为以 PageRank 为代表的搜索算法已经成为过去，现在的搜索引擎可以时刻捕捉用户的偏好，并据此为其定制个性化的搜索结果，这使得每个人都身处一个独有的信息世界，即‘过滤气泡’阻碍人们偶遇异质信息”①。

关于“过滤气泡”是否真的存在及其所带来的社会影响，不同学者的研究提出了不同的观点。有些学者认为许多研究中关于“过滤气泡”的负面影响被夸大。“过滤气泡”存在的前提假设是不同用户所接触到的信息应该具有较大差异，但还存在另一个假设就是每位用户自身所接触到的信息可能是很单调的。② Fletcher 的研究发现，用户会主动利用多个平台来获取信息，并且有意识地把自己暴露在不同的信息环境获取不同观点，以此来驳斥“过滤气泡”对信息的绝对限制。③ Cardenal 的研究认为 Google 不仅不会使用户面临“过滤气泡”的困扰，而且还会促进跨意识形态的信息消费。④ Eytan Bakshy 对 Facebook 用户参与共享新闻的互动轨迹进行研究发现，人们的信息接触范围更多取决于朋友的多样性，而不是搜索引擎的算法。⑤

另一些学者则持有较为悲观的态度，认为“过滤气泡”的出现会使用户逐步丧失信

---

① 姜婷婷、许艳闰：《国外过滤气泡研究：基础、脉络与展望》，载《情报学报》，2021(10)。

② Bechmann A., Nielbo K. L., “Are We Exposed to the Same ‘News’ in the News Feed? An Empirical Analysis of Filter Bubbles as Information Similarity for Danish Facebook Users,” *Digital Journalism*, 2018(08), pp. 990-1002.

③ Fletcher R., Nielsen R. K., “Automated Serendipity: The Effect of Using Search Engines on News Repertoire Balance and Diversity,” *Digital Journalism*, 2018(08), pp. 976-989.

④ Cardenal A. S., Aguilar-Paredes C., Galais C., et al., “Digital Technologies and Selective Exposure: How Choice and Filter Bubbles Shape News Media Exposure,” *The International Journal of Press/Politics*, 2019(04), pp. 465-486.

⑤ Bakshy E., Messing S. and Adamic L. A., “Exposure to Ideologically Diverse News and Opinion on Facebook,” *Science*, 2015(6239), pp. 1130-1132.

息自主权、公民群体极化及阻碍有效的公共意见讨论。由于算法会对个体的个性化兴趣和朋友关系进行计算①，根据用户的偏好进行内容推荐，而用户在平台上的活动又向算法提供了进一步反馈，因此这种个性化的媒体环境有可能强化用户预先存在的信念，进而强化用户的认知偏见。麻省理工学院教授塞萨尔·伊达尔戈(Cesar Hidalgo)认为，社交媒体的“过滤气泡”淹没了温和的观点，助长了极端观点的传播，大多数温和派在社交网络中选择保持沉默。② Min 等在微博上分析社交机器人及其接收的相关信息，认为“过滤气泡”是社交媒体上高度密集的用户社区，这些社区中的用户具有相似的偏好，其星状结构会自发地排除异质信息，造成群体极化。③ 因而，个体的声音容易被群体声音所淹没和覆盖，从而使个人话语权面临挑战。同时，算法会强化或放大对公共话语和民主构成威胁的预先存在的现象，例如传播仇恨言论和虚假信息，加剧意识形态的两极分化和激进化等。这些现象在互联网之前的时代就存在，由于算法的引入而加速了这种危害。④ 有研究表明，通过在社交媒体上向符合刻板印象的用户展示相应的广告，比如向女性展示有关美的广告或向年轻人展示时尚，结果强化用户对性别和年龄的刻板印象。⑤

由于算法的规制是外在于人的自主选择的，对公众而言仍是一项“黑箱操作”。许多用户即便意识到算法所带来的“过滤气泡”的存在，但却不知道如何与之抗衡，所以采取一种被动接受的态度。⑥ 基于此，公众开始呼吁算法设计者承担“算法责任”。王斌在研究中指出规避算法推送带来的认知窄化有两种路径：一是扩大算法推送的选择，增加信息推送的多样化；二是公开算法的偏向性，使其推荐过程透明

---

① 周葆华：《算法推荐类 APP 的使用及其影响——基于全国受众调查的实证分析》，载《新闻记者》，2019(12)。

② 王斌、李宛真：《如何戳破“过滤气泡”算法推送新闻中的认知窄化及其规避》，载《新闻与写作》，2018(09)。

③ Min Yong, Jiang Tingjun, Jin Cheng, et al., “Endogenetic Structure of Filter Bubble in Social Networks,” *Royal Society Open Science*, 2019, pp. 1-11.

④ Florian S., Spencer-Smith C., “Automated Trouble: The Role of Algorithmic Selection in Harms on Social Media Platforms,” *Media and Communication*, 2021(04), pp. 222-233.

⑤ Bol N., Strycharz J., Helberger N., et al., “Vulnerability in A Tracked Society: Combining Tracking and Survey Data to Understand Who Gets Targeted with What Content,” *New Media & Society*, 2020(11), pp. 1996-2017.

⑥ 姜婷婷、许艳闰：《国外过滤气泡研究：基础、脉络与展望》，载《情报学报》，2021(10)。

化。[①] 当前一些媒介实践项目尝试抵制算法的“过滤气泡”所带来的影响，采用了如下方式：(1)减少或杜绝使用个性化推荐算法；(2)反向个性化推荐“猜你不喜欢”；(3)个性化推荐与多样化内容的打包组合；(4)测量“过滤气泡”的程度和内容偏向。[②]

六、构建算法规制的相关机制

算法应用中存在的种种风险和挑战对算法规制提出更高的要求，因此，算法规制需要从建立透明机制、问责机制开始，更好地使算法在合理的范畴得到应用。

1. 建立算法的透明机制

针对算法的技术黑箱，有学者提出应建立算法的透明性原则。透明性原则是向公众公开新闻生产的信源和方法，使其能够对新闻生产的过程进行监督、审查、批判甚至干预。[③] 方师师认为，对算法机制来说，“透明度”已经成了一种新的“客观性”，但受制于政治、商业以及算法专利的制约，算法的透明度又不是毫无限制的，因此应建立一种“有意义”的算法透明度。[④] 奥莱利媒体公司(O'Reilly Media)的创始人蒂姆·奥莱利(Tim O'Reilly)给出了他认为可以评估算法是否值得信任的规则：第一，算法创造者清楚解释了他们寻求的结果是什么，而外部观察者验证这一结果是可能的；第二，算法的成功是可以衡量的；第三，算法创造者的目标与算法消费者的目标一致；第四，判断算法是否导致创造者和用户作出更好且更长期的决策。[⑤]

算法透明性应通过技术设计进行一定程度的公开披露，披露的内容应当包括算法要素、算法程序和算法背景。算法要素披露要求媒体公布数据质量、可信度、准确性、误差范围、采样范围、缺失值等要素，主动披露涉及公共利益的算法源代码。算法程序披露意味着算法设计可以增加决策说明的模块，向用户解释算法运算和决策过

① 王斌、李宛真：《如何戳破“过滤气泡”算法推送新闻中的认知窄化及其规避》，载《新闻与写作》，2018(09)。

② 王斌、李宛真：《如何戳破“过滤气泡”算法推送新闻中的认知窄化及其规避》，载《新闻与写作》，2018(09)。

③ 林爱珺、刘运红：《智能新闻信息分发中的算法偏见与伦理规制》，载《新闻大学》，2020(01)。

④ 方师师：《双强寡头平台新闻推荐算法机制研究》，载《传播与社会学刊》，2018(43)。

⑤ O'Reilly T., "Open Data and Algorithmic Regulation," in *Beyond Transparency: Open Data and the Future of Civic Innovation*, Retrieved on November 14, 2017. 转引自方师师：《双强寡头平台新闻推荐算法机制研究》，载《传播与社会学刊》，2018(43)。

程，让用户了解算法的设计目标、运作机制、推荐特定内容的原因以及算法决策中存在的误差和缺陷。算法背景披露是向用户提示算法在新闻生产中的参与程度。①

学者靳雨露通过研究欧美算法披露的演进历程，认为当前算法披露可分为“初级公开、具体透明和完全披露”3 个等级。根据算法披露的 3 个等级，美国要求披露政府机构算法的源代码为“完全披露”，欧盟要求披露算法具体参数为算法披露“具体透明”，而我国当前处于算法披露“初级公开”水平。对我国来说，有必要从算法披露的“初级公开”阶段逐步过渡到算法“具体透明”层级。算法“具体透明”要求在算法透明可释原则基础上，对算法的运行逻辑、运行结果、算法参数和影响因子等予以公开。除此之外，我国还应创建“内部自查+外部审查”的双轨制监管制度。在企业内部设立独立算法披露监督委员会，在外部国家层面统一设置算法披露准则和统一监管执法。②

2. 建立算法的问责机制

然而也有学者对要求算法透明度的呼声提出了批评，认为这是“注定要失败的”。原因有二：其一，很多算法是企业的财产，企业不希望失去竞争优势，也不希望用户“玩弄”(game)他们的算法；其二，仅仅看到关于算法的数学运算并不能使它们变得有意义或易于理解。③ 由于对算法透明度的呼吁没有建设性，很多学者的研究重点转向了建立更加具体的问责机制。问责机制，一般来说是一种制度安排(具有社会、政治或行政性质)，在这种制度下，法庭(forum)可以对组织或个人追究责任。④ 具体来说，它要求算法履行义务、职责、期望和其他相关的规定标准，以使算法对相关的受众负责。⑤

例如，美国计算机协会(Association for Computing Machinery，ACM)概述了算法问责制的 7 个原则：(1)意识：相关主体应意识到算法中可能存在的偏见及潜在危害；(2)获取和救济：对算法决策提出质疑并获得救济；(3)责任：即使无法详细解释算法如何产生结果，机构也应对其所使用算法的决策负责；(4)解释：鼓励使用算法决策的

---

① 林爱珺、刘运红：《智能新闻信息分发中的算法偏见与伦理规制》，载《新闻大学》，2020(01)。

② 靳雨露：《算法披露的域外经验与启示》，载《情报杂志》，2022(07)。

③ Crawford K.，“Can an Algorithm be Agonistic? Ten Scenes from Life in Calculated Publics，” *Science，Technology & Human Values*，2016(01)，pp. 77-92.

④ Bovens M.，“Analysing and Assessing Accountability：A Conceptual Framework，” *European Law Journal*，2017(04)，pp. 447-468.

⑤ DeZoort F. T.，Harrison P. D.，“Understanding Auditors' Sense of Responsibility for Detecting Fraud Within Organizations，” *Journal of Business Ethics*，2016(149)，pp. 857-874.

组织和机构对算法所遵循的程序和所作出的具体决策进行解释；(5)数据来源：算法的构建者应该对训练数据的收集加以描述；(6)可审查：模型、算法、数据和决策应被记录，以便在怀疑有损害的情况下对其进行审查；(7)验证和测试：机构应使用严格的方法来验证其模型，并记录方法和结果。

这些原则针对算法的所有者和生产者："机构应该对他们使用的算法作出的决定负责，即使他们无法详细解释算法是如何产生结果的。"这 7 项原则——从组织应该建立的作为算法代理的意识，到他们应该在他们的技术上执行的验证和测试，简要地说明了组织应该承担的相应责任。①

布曼(Buhmann)、帕布曼(Paßmann)和菲泽勒(Fieseler)提出一种用来评估特定问责机制的伦理原则。这一伦理原则包括 4 个部分：第一，享受审议权。围绕算法问责的复杂问题需要公开讨论，每个有能力发言和行动的主体都被允许参加辩论。利益相关者需要制度化地进入这种协商环境，以便他们有机会表达他们的关切和意见。第二，获取信息。所有参加审议进程的人都需要充分了解有关问题、提出解决这些问题的各种建议以及承担这些建议的后果。这一原则直接指向解释算法复杂性的根本挑战——虽然数据集可能非常大，但代码可以写得很清晰以便能被理解。第三，包含所有论点。除了包含知情的利益相关者(参与和理解)之外，包含所有论点是实现理性讨论和审议的关键原则。参与者需要有机会从所有相关的角度看待问题。所有可能受到影响的人都应该有机会表达他们的担忧。第四，对建议和决定的响应。虽然参与和获得信息是进行审议过程的先决条件，但纳入所有论据是审议过程是否合理的主要前提。然而，如果不同利益相关者提出的关于算法系统的不同关注和建议在辩论中没有得到充分的考虑，并且由于论述的结果不能影响实际的建议或决定，那么这将是没有意义的。②

① Buhmann A., Paßmann J. and Fieseler C., "Managing Algorithmic Accountability: Balancing Reputational Concerns, Engagement Strategies, and the Potential of Rational Discourse," *Journal of Business Ethics*, 2020(02), pp. 265-280.

② Buhmann A., Paßmann J. and Fieseler C., "Managing Algorithmic Accountability: Balancing Reputational Concerns, Engagement Strategies, and the Potential of Rational Discourse," *Journal of Business Ethics*, 2020(02), pp. 265-280.

第三章　社交机器人

早在 2009 年，市场咨询服务公司 Sysomos 的报告曾指出，有大约 24% 的 Twitter 推文内容由社交机器人生成。① 随着技术不断发展，社交机器人人格化特征越来越明显，对网络空间舆论与社会关系网络的影响越来越突出。因此，对虚拟空间中社交机器人与人类之间关系的重新定义正成为传播学研究的新命题。

第一节　社交机器人的含义与应用

一、社交机器人的含义②

对于网络空间的社交机器人，学者们从不同角度做了定义，莫尔斯塔特(Morstatter)等学者从技术角度认为社交机器人的本质是在线社交媒体中的计算机算法。③ 伍利(Woolley)和霍华德(Howard)从目的角度认为社交机器人是通过整合代码的方式来模拟真实的用户并生产内容，作用是“操纵公共舆论并瓦解组织化的传播”④。本书从传播学角度采用张洪忠、段泽宁和韩秀在 2019 年文章中提出的定义，认为社交机器

---

① Sysomous, “Inside Twitter: An In-Depth Look Inside the Twitter World,” https://www.key4biz.it/files/000270/00027033.pdf, 2009.

② 本小节内容主要参考张洪忠、段泽宁、韩秀：《异类还是共生：社交媒体中的社交机器人研究路径探讨》，载《新闻界》，2019(02)。

③ Morstatter F., Carley K. M. and Liu H., “Bot Detection in Social Media: Networks, Behavior, and Evaluation,” in the 2015 IEEE/ACM International Conference on Advances in Social Networks Analysis and Mining (ASONAM).

④ Woolley S. C., Howard P. N., “Social Media, Revolution, and the Rise of the Political Bot,” *Routledge Handbook of Media, Conflict, and Security*, New York, Routledge, pp. 302-312.

人是在社交网络中扮演人的身份、拥有不同程度人格属性且与人进行互动的虚拟 AI 形象。① 从这个角度看，并非所有的网络空间机器人都具有社交属性，如维基百科所采用的编辑机器人 Pywikibot，它的主要功能是帮助用户自动化删除文本中的版面空格以及无效重复的内容；魔兽世界等大型多人在线角色扮演游戏中的 NPCbots，它们代替玩家执行一些不需要决策的冗长虚拟任务；再如一些爬虫机器人，主要功能是协助用户高效地获取和分析数据。因而，上述这些机器人从其功能设计来看并不具有社交属性。

与此同时，关于社交机器人的分类也并不统一，从不同的视角出发有不同分类。首先，从功能角度来看，马歇尔(Marechal)将社交机器人分为以下 4 类：一是恶意僵尸网络(Malicious Botnets)，支持远程操控的机器人网络，如分布式拒绝服务攻击(DDoS Attack)等；二是调研机器人(Research Bots)，可爬取网络空间中的数据和信息；三是编辑机器人(Editing Bots)，如维基百科所采用的机器人算法等；四是聊天机器人(Chat Bots)，可对用户的基础请求予以回应。② 其次，从人际关系角度来分类，莫尔斯塔特等学者将社交机器人分为两类③：一是机器辅助人类(Bot-Assisted Humans)，即为真实用户提供服务的机器人④，如微软的虚拟聊天机器人“小冰”等；二是人类辅助机器(Human-Assisted Bots)，即在人的协同下开展行动的机器人，多数是扮演负面角色，比如大规模、高度组织化的机器人军队、网络水军等。再次，从任务角度出发分类，将社交机器人分为两类：一是聊天机器人，指可以与人类用户通过自然语言互动和聊天的软件系统⑤，这类机器人主要提供一对一的陪

---

① 张洪忠、段泽宁、韩秀：《异类还是共生：社交媒体中的社交机器人研究路径探讨》，载《新闻界》，2019(02)。

② Marechal N.，“Automation，Algorithms，and Politics | When Bots Tweet：Toward a Normative Framework for Bots on Social Networking Sites (Feature)，” *International Journal of Communication*，2016(10)，pp. 5022-5031.

③ Morstatter F.，Carley K. M. and Liu H.，“Bot Detection in Social Media：Networks，Behavior，and Evaluation，” in the 2015 IEEE/ACM International Conference on Advances in Social Networks Analysis and Mining (ASONAM).

④ 洪杰文、许琳惠：《社交网络中社交机器人行为及其影响研究——基于国外相关文献的综述》，载《全球传媒学刊》，2021(04)。

⑤ Shawar B. A.，Atwell E.，“Chatbots：Are They Really Useful?” *Journal for Language Technology & Computational Linguistics*，2007(01)，pp. 29-49.

伴功能①；二是垃圾机器人(Spam Bots)，其通过整合代码的方式来模拟真实的用户并生产内容，作用是操纵公共舆论并瓦解组织化的传播。② 垃圾机器人在政治领域的应用也被称为政治机器人(Political Bots)。政治机器人在社交媒体空间中专门执行政治传播任务，从全球范围来看，其舆论干预突出体现在政治选举、社会动员、政治干扰等场景。③ 最后，还有学者按社交机器人带来的社会效益将其更为直接地划分为“好(benevolent)”与“坏(malevolent)”两大类。④ 那些为人们提供气象预报、咨询协助或事件警告等服务的社交机器人，被视为前者的典型代表，后者则指向那些在社交媒体中生产垃圾信息、商业广告和带有种族歧视等内容的社交机器人。

二、社交机器人的发展历史

“社交机器人”概念的提出可以追溯到1950年的图灵测试(Turing Test)，即在实验中如果与人类进行对话的机器人，能让测验者无法判定其真实身份的概率达到30%以上，该机器人便被视为通过图灵测试，并被认为拥有一定程度的人工智能。此后，创建具有模仿人类行为能力的计算机程序成为早期“聊天机器人”开发的重点。⑤ 它们最初被构建为在人机对话场景中的行动设置，并最终在预定义的范围内通过图灵测试。⑥ 如德裔美国计算机学家约瑟夫·维森鲍姆(Joseph Weizenbaum)在1966年研发的Eliza，通过寻找关键字的方式来与人类进行简单的对话。此外，后来出现的Parry、HIS(Hidden Information State)和ALICE(Artificial Linguistic Internet Computer Enti-

---

① Assenmacher D., Clever L., Frischlich L, et al., “Demystifying Social Bots: On the Intelligence of Automated Social Media Actors,” *Social Media+ Society*, 2020(03), pp. 1-14.

② Woolley S. C., Howard P. N, “Social Media, Revolution, and the Rise of the Political Bot,” *Routledge Handbook of Media, Conflict, and Security*, New York, Routledge, pp. 302-312.

③ 张洪忠、段泽宁、杨慧芸：《政治机器人在社交媒体空间的舆论干预分析》，载《新闻界》，2019(09)。

④ Clark E. M., Williams J. R., Jones C. A., et al., “Sifting Robotic from Organic Text: A Natural Language Approach for Detecting Automation on Twitter,” *Journal of Computational Science*, 2016(16), pp. 1-7.

⑤ Assenmacher D., Clever L., Frischlich L, et al., “Demystifying Social Bots: On the Intelligence of Automated Social Media Actors,” *Social Media+ Society*, 2020(03), pp. 1-14.

⑥ Jafarpour S., Burges C. J. C. and Ritter A., “Filter, Rank, and Transfer the Knowledge: Learning to Chat,” (Technical Report MSR-TR-2010-93), Microsoft, 2010.

ty)等聊天机器人都是采用这种基于规则的系统(rule-based systems)。这类聊天机器人无法捕捉人类对话的复杂性和新鲜感，只能在预定义的范围内进行对话。直到2014年，俄罗斯团队研发的人工智能设备“尤金·古兹曼”问世，它成功“欺骗”了33%的评委专家，正式通过了图灵测试，这标志着第一个具有类似人类思考能力的人工智能设备诞生。

随着应用场景的延伸，机器人技术在社交媒体中得到广泛应用。社交媒体中的早期人工智能机器人(以下简称“社交机器人”)功能单一，与垃圾邮件系统相似，仅支持自动化的内容发表。① 近几年，随着云计算、自然语言处理等信息存取与分析技术的发展与普及，大量用户行为数据的产生为算法的仿真和训练提供真值(ground truth)，帮助社交机器人越发纯熟地对真实用户的在线行为进行模仿。

当前在Twitter、Telegram等平台上的社交机器人应用已经很常见，亚利桑那州立大学的莫尔斯塔特等研究者在2015年共同指出，Twitter中至少有7%的社交机器人账号。② 中国学者团队发现在Twitter上参与中美贸易谈判议题讨论的社交机器人账号约占总的账号数量的13%，发布的推文数量占比接近20%。③

社交媒体中的社交机器人种类多样且影响广泛。它们既能批量生产内容，也能自动化建构社交网络，对特定内容进行转发扩散，甚至还有一定的情绪表达。诸多案例表明，活跃于社交媒体中的社交机器人对政治、经济、社会等产生显著影响。

学者们认为，社交媒体中的社交机器人是改变公共话语和舆论议程的重要且神秘的因素。不仅是社交媒体，它们在广义的互联网媒体中也发挥着重要作用。人们认为社交机器人会影响信息的扩散，更有可能成为左右当今政治选举结果的重要影响因素。④

---

① Tynan D., "Social Spam is Taking over the Internet," IT World, 2012.

② Morstatter F., Carley K. M. and Liu H., "Bot Detection in Social Media: Networks, Behavior, and Evaluation," in the 2015 IEEE/ACM International Conference on Advances in Social Networks Analysis and Mining (ASONAM).

③ 张洪忠、赵蓓、石韦颖：《社交机器人在Twitter参与中美贸易谈判议题的行为分析》，载《新闻界》，2020(02)。

④ Grimme C., Preuss M., Adam L., et al., "Social Bots: Human-Like by Means of Human Control?" *Big Data*, 2017(04), pp. 279-293.

三、社交机器人的应用

社交机器人比较突出的应用有两类——聊天机器人和政治机器人。前者以人格化形象参与到人际对话中，后者主要通过模仿人类参与政治议题讨论来影响舆论。

1. 聊天机器人

聊天机器人是一种特定类型的社交机器人①，通过自然语言技术和算法程序来模拟人类的交流，实现有限度的对话。② 沙瓦尔(Shawar)将聊天机器人定义为“一个可以用自然语言与人类用户交互或‘聊天’的软件系统”③。通常，聊天机器人旨在帮助或支持特定服务情况下的人类用户。聊天机器人与人类交流通常是通过文本信息，也可以通过语音信息。聊天机器人与两个著名的图灵测试(“Loebner 奖”和“雷丁大学竞赛”)有关。最早的聊天机器人可以追溯至 Eliza，它是由麻省理工学院人工智能实验室的约瑟夫·维森鲍姆在 1964 年至 1966 年研发出来的。其他聊天机器人包括 Cleverbot 和 Tay。④ 2022 年 11 月，Open AI 公司上线聊天机器人 ChatGPT，使得人与机器之间的互动更加顺畅和自然。聊天机器人最常见的潜在任务是能够实时翻译语言，与第一语言不同的人交流，并以不同的语言提供信息。⑤ 随着聊天机器人的发展，根据其服务性质不同可以分为客服型、陪伴型、助理型、问答型等类型。

第一，客服型聊天机器人。典型的应用包括客户服务台、电话应答系统或数字教育的服务辅助。⑥ 这些应用程序需要开发智能和可用的软件，能够与客户互动，如商业客服、各类政务客服、银行电话客服等。

第二，陪伴型聊天机器人。如美国 Luka 公司推出的 Replika，用户可以在 Replika 软件中选择与这一聊天机器人的关系，如“朋友、伙伴、配偶、兄弟姐妹或者导师”

---

① Assenmacher D. , Clever L. , Frischlich L. , et al. , “Demystifying Social Bots: On the Intelligence of Automated Social Media Actors,” *Social Media+ Society*, 2020(03), pp. 1-14.

② 王颖吉、王袁欣：《任务或闲聊？——人机交流的极限与聊天机器人的发展路径选择》，载《国际新闻界》。

③ Shawar B. A. , Atwell E. , “Different Measurement Metrics to Evaluate a Chatbot System,” Proceedings of the Workshop on Bridging the Gap: Academic and Industrial Research in Dialog Technologies, 2007, pp. 89-96.

④ Adams T. , “AI-Powered Social Bots,” arXiv Preprint arXiv: 1706. 05143.

⑤ Hofeditz L. , Ehnis C. , Bunker D. , et al. , “Meaningful Use of Social Bots? Possible Applications in Crisis Communication during Disasters,” in ECIS, pp. 1-16.

⑥ Grimme C. , Preuss M. , Adam L. , et al. , “Social Bots: Human-like by Means of Human Control?” *Big Data*, 2017(04), pp. 279-293.

等。诸如此类的陪伴型聊天机器人可以满足陪伴需求、提供社会支持、提高用户的心理韧性(psychological resilience)和幸福感，从而改善用户的心理健康。①②

第三，助理型聊天机器人。如 Siri、Alexa、小度、小艺等，其行为方式类似于聊天机器人，但通常要比客服型聊天机器人复杂得多，通过音频或语音交流，为用户提供相应服务。这类智能个人助理被认为是最接近广泛可用的人工智能技术的，用于提供类似人类助理角色的信息传递。研发人员努力提升智能个人助理的类人交流技能(例如耳语、停顿、情感表达等)。

第四，问答型聊天机器人。如 ChatGPT 等产品，这种类型的问答型聊天机器人是一种基于深度学习的大语言模型，经过大量的文本训练，可以生成人类语言的连续文本。ChatGPT 使用自然语言处理技术来理解用户的问题，并使用其训练过程中学习到的知识和语言模式来提供答案。它可以回答各种领域的问题，例如科学、技术、文化、历史等。它的使用范围也很广泛，可以用于语言生成、对话生成、文本摘要、语音识别和机器翻译等领域。ChatGPT-4 已经不仅能够满足文本对话的需求，还实现了多模态的转变，具有强大的识图能力。与微软 Office 相结合的 Copilot 全系统，还能够打通 Word、Excel、PowerPoint 等办公软件。

2. 政治机器人③

政治机器人是指在社交空间执行政治传播任务的社交机器人，已经广泛参与到在线政治信息的讨论和扩散环节，成为影响政治传播效果的一个变量，也是位于政治和数字战略交汇处的最新、最独特的技术进步之一。近年来，许多重要的政治事件大多充斥着政治机器人的身影。从全球范围来看，政治机器人的舆论干预突出体现在政治选举、社会动员、政治干扰等应用场景，在账号追踪、传播效果等方面均有相关实证研究。

西方国家政治选举是政治机器人最常见的一类应用场景。研究者通过对 2014 年日本首相选举前后用户发表的 542 584 条推文进行抽样，并基于语料分词技术来

① Jiang Q., Zhang Y. and Pian W., "Chatbot as an Emergency Exist: Mediated Empathy for Resilience via Human-AI Interaction during the COVID-19 Pandemic," *Information Processing & Management*, 2022(06), 103074.

② 王袁欣、朱孟潇、陈思璐:《理解人机对话——对角色定位、信任关系及人际交往影响的分析》，载《全球传媒学刊》，2023 (05)。

③ 本部分内容主要参考张洪忠、段泽宁、杨慧芸:《政治机器人在社交媒体空间的舆论干预分析》，载《新闻界》，2019(09)。

识别政治机器人，发现有占总量近80%的重复推文极有可能是由政治机器人生成的，而政治机器人在Twitter中的典型行为包括大规模转发以及发布重复内容。

第二类政治机器人的应用场景是参与重大社会议题的社会动员，影响网络空间舆论。一个典型案例是政治机器人介入了英国脱欧公投。伦敦大学城市学院的巴斯托斯(Bastos)和梅尔恰(Mercea)(2017)通过一组预设标签获得了公投前后两周内全部推文及其来源账号，并基于网络特征识别机器人账号，发现有将近34%的账号为机器人账号。① 83%的政治机器人账号在脱欧公投的两年前就已经被创建。从账号的行为轨迹看，这些机器人账号在公投前的两周内异常活跃，但在公投后活跃度急剧下降。

第三类应用场景是政治干扰。从全球范围看，政治机器人的应用已经极为广泛。2016年，Woolley通过在Lexus Nexus数据库以及三大搜索引擎(Google、Yahoo和Bing)中检索关键词，构建了一个记录政治机器人活动的英文新闻文本数据库，并借助内容分析法逐一梳理被主流媒体确证过的案例，呈现了2011年至2014年部分国家政府在社交媒体中使用政治机器人的方式。② 在原文章中，Woolley按照"国别、机器人活动年份、嫌疑部署者以及数据来源"等多个维度对相关案例制表归档。

第二节　社交机器人的技术原理

一、聊天机器人的技术原理

聊天机器人是可以与人类用户通过自然语言互动和聊天的自动智能体。其目的是与人类用户实现自动的交流对话，因此，其技术框架可以具体描述为"语言/语音仿人—对话互动"(如图3-1所示)。

在"语言/语音仿人"技术部分，聊天机器人主要完成语言模仿和声音模仿。语言模仿，即聊天机器人需要将人类语言解码成机器能够理解的语义指令，并进行学习。具体来说，它不仅需要通过语义分析技术模仿人类语言的语法结构，还需要辅以情感

---

① Bastos M. T., Mercea D., "The Brexit Botnet and User-generated Hyperpartisan News," *Social Science Computer Review*, 2019(01), pp. 38-54.

② Woolley S. C., "Automating Power: Social Bot Interference in Global Politics," *First Monday*, 2016(04).

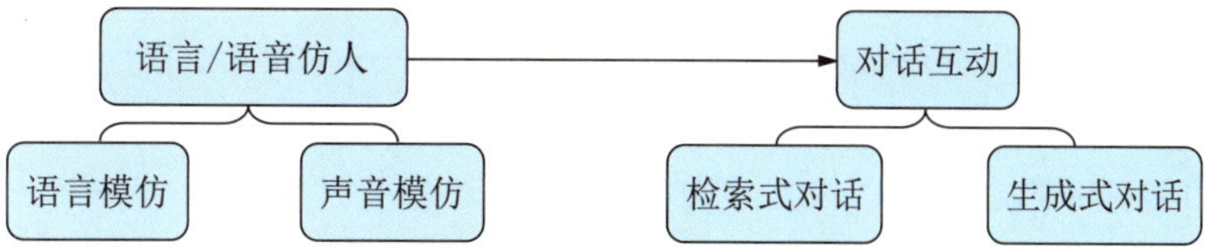

图 3-1 聊天机器人的技术原理

识别、用户意图识别等技术来模仿人类语言的情感部分(包括表情、符号、情绪表达的生成)。① 此外，一些通过语音交流的聊天机器人还需要对人类声音进行模仿。具体来说，它需要通过合成语音技术提取用户声音的语速、音高、声调等声学特征，使聊天机器人能够模仿人类说话方式，实现拟人化交流。

在“对话互动”技术部分，聊天机器人进行检索式和生成式两种对话技术的互动。检索式对话，即聊天机器人根据人类用户的输入，将输入内容在对话库中用搜索匹配的方法与语料库进行匹配，从中找到最合适的回答内容，再将答案提取出来反馈给人类用户。

生成式对话，即聊天机器人根据人类用户输入的句子，通过建立深度学习的答案模型，逐字逐句生成答案以回复用户。当前，生成式对话技术的代表性应用是ChatGPT，并正式推出了 GPT Store。模型对话的技术原理是基于多层变换器解码器(Multi-layer Transformer Decoder)的方法来预测下一个单词的概率分布，它使用“上下文学习”(in-context learning)的方法来训练模型。在每一轮对话中，它会将对话历史和当前用户的输入作为新的上下文，继续生成下一轮回答。通俗说，GPT 模型不同于以往以句段为单位的块状文本的拼接生成方式，而是从底层算法上实现了基于概率的“字词接龙式”文本生成，即通过大型语料库学习到的语言模型来生成自然语言文本。

二、政治(垃圾)机器人的技术原理

政治机器人的目标是把信息尽可能扩散到最大范围，是指在社交媒体上以虚拟的人格化形象大量连接用户账号、发送信息的自动智能体账号，例如我们常说的网络水军，其目的是让内容尽可能抵达更多的社交媒体用户，因此，其技术框架可以具体化为“人格仿人—传播互动”模式(如图 3-2 所示)。

在“人格仿人”技术部分，政治机器人需要完成对人类用户所有数字化人格特征的模仿。例如，在身份特征模仿方面，政治机器人模仿生成与人类用户相似的头像、

① Chien C. F., Tseng F. P. and Chen C. H., “An Evolutionary Approach to Rehabilitation Patient Scheduling: A Case Study,” *European Journal of Operational Research*, 2008(03), pp. 1234-1253.

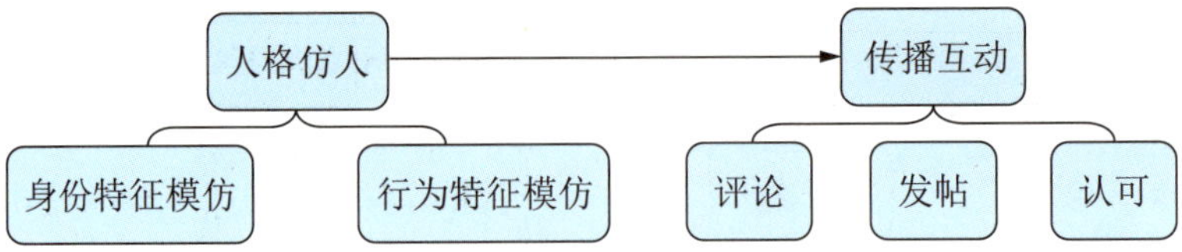

图 3-2 政治机器人的技术原理

昵称(用户 ID)、所属地、年龄、性别等，让社交媒体中的其他用户感觉这是一个“活生生”的人。在行为特征模仿方面，不少政治机器人还达成了对人类社交媒介使用行为的模仿，例如能够模仿人类用户在社交平台发表评论，进行点赞、转发等操作。①

在“传播互动”技术部分，政治机器人主要与人类用户进行传播互动，依靠深度学习算法驱动进行“评论、发帖、认可”传播行动。其中“评论”行动包括与其他用户互相回帖、在线聊天；“发帖”行动不仅包括自动生成的原创发帖，还包括转发行动；“认可”行动主要指的是与其他用户之间进行的点赞、关注等行动。②

具体来说，政治机器人需要经过以下几个技术环节生产：获取数据—培养—自动化“出击”。首先，政治机器人制作方需要基于大数据和计算心理模型，从相对大型的社交平台获取真实人类用户的数字行为数据并将其转化为“个性档案”，使政治机器人能获得用户身份特征，并孵化“仿人格”学习模型。其次，一批具有身份特征的初始政治机器人被投放到社交平台中与真实人类用户共存，在与人类用户的互动中逐渐培养“类人行为”，完善政治机器人的行动能力。最后，当有需要调动政治机器人进行任务时，制作方会对这些机器人输入专门的目标脚本，使其在算法脚本驱动下完成自动化“出击”，通过类人的评论、发帖、认可传播行为模糊人类用户的关注焦点、改变其态度，最终实现任务目标。③

三、社交机器人的识别技术

社交机器人的出现将社交媒体生态由“人”完全主导变为“人+社交机器人”的共生生态，成为影响公共话语和舆论议程的神秘因素。因此，我们不仅需要理解社交机器

① Bessi Alessandro, Ferrara Emilio, “Social Bots Distort the 2016 U. S. Presidential Election Online Discussion,” *First Monday*, 2016(21), pp. 11-17.

② Florian Daniel, Cinzia Cappiello and Boualem Benatallah, “Bots Acting Like Humans: Understanding and Preventing Harm,” *IEEE Internet Computing*, 2019(02), pp. 40-49.

③ Berghel H., “Malice Domestic: The Cambridge Analytica Dystopia,” *Computer*, 2018(05), pp. 84-89.

人生成的技术原理，更重要的是了解目前现有的对社交机器人的主要检测技术。

目前主流的识别技术是基于社交网络的机器人识别技术、基于众包方式的人工智能识别技术、基于特征工程的机器学习识别技术。①

基于社交网络的机器人识别技术是通过辨别社交机器人与真实用户的网络关系特征来检测完成的。其中，“蜜罐陷阱”(Honeypot Trap)是典型方法，其技术原理是通过在社交媒体中创建若干机器人账号、发表毫无意义的内容来吸引其他的机器人账号“主动”关注，从而发现并记录其他机器人账号的存在。② 但这一方法的问题在于效率不佳，较难获得全网的社交机器人数据。

基于众包方式的人工智能识别技术是以外包形式借助人工来标记和识别社交机器人。研究者通过对 Facebook 和人人网的数据分析发现，人工方式会显著降低计算机误报率。不过，人工识别的方法存在以下问题：第一，这种方法显得费时费力，适用于早期的社交媒体平台，对于账号数量庞大的社交平台不适用；第二，普通外包形式的人工识别水平参差不齐，需要专家成员的参与；第三，隐私泄漏存在潜在风险，通过对社交媒体账号的信息(如头像、个人简介、文本内容、超链接等)进行主观人工判断，用户的隐私安全可能在识别流程中受到威胁。

基于特征工程的机器学习识别技术即采用机器学习手段对社交机器人和真实人类用户进行区分，例如 Twitter 推出的“机器人与否”(Bot or Not)识别工具，其技术原理为，首先将社交机器人和人类用户的在线行为数据转换成特征值(features)，其次借助机器学习对数据统计建模，最后实现对社交机器人的自动识别和有效预测。目前常用的 Botometer 是利用机器学习方法识别的典型系统，前身是“Bot Or Not”，由印第安纳大学科研机构开发并开放给所有用户使用。基于特征工程的机器学习识别技术对一些行动策略复杂多变的社交机器人检查效果也有限。有学者进一步提出从传播行为结构方面来检测社交机器人——通过分析社交机器人的社交行为、集群行为、情感行为，以及多个社交机器人间的网络协同行为，发现社交机器人与人类用户的区别。③

---

① Emilio Ferrara, Onur Varol, Clayton Davis, et al., “The Rise of Social Bots,” *Communications of the ACM*, 2016(07), pp. 96-104.

② Lee K., Eoff B. and Caverlee J., “Seven Months with the Devils: A Long-term Study of Content Polluters on Twitter,” Proceedings of the International AAAI Conference on Web and Social Media, 2011(01), pp. 185-192.

③ 张洪忠、斗维红、任吴炯：《机器行为特征建构：传播学视野下社交机器人识别方法研究》，载《苏州大学学报》(哲学社会科学版)，2022(02)。

第三节 社交机器人的研究模式

学者们对社交机器人的关注主要集中在以下几个方面：第一，关注用户如何看待社交机器人，社交机器人对用户的认知有什么影响；第二，许多研究聚焦于社交机器人作为传播主体对人机关系的影响；第三，大量研究探讨社交机器人对信息传播系统和舆论的影响，利用社交媒体和网络数据挖掘，分析社交机器人如何线上参与政治与社会活动。

一、用户如何看待社交机器人

美国皮尤研究中心(Pew Research Center)于 2018 年发布《社交机器人引发公众注意与关注报告》(*Social Media Bots Draw Public's Attention and Concern*)，描述了美国网民对社交机器人的认知情况，分析了人们对社交机器人的角色扮演认同度和辨别信心。此外，皮尤研究中心在 2018 年 7 月 30 日至 8 月 12 日对全国代表性美国趋势小组(Nationally Representative American Trends Panel)进行调查，收集 4 581 份有效问卷。

国内张洪忠研究团队对皮尤数据进行了中美对比，从网民技术接受视角分析中美异同。团队的数据采用基于立意抽样样本的网络问卷调查，从 2020 年 7 月 13 日至 22 日通过极术云平台发放网络问卷，共收集 3 072 份样本，以对社交机器人有所了解的网民群体为分析对象。在剔除时间异常样本 569 份和年龄在 18 岁以下的样本 58 份后，剩余 2 445 份有效问卷。

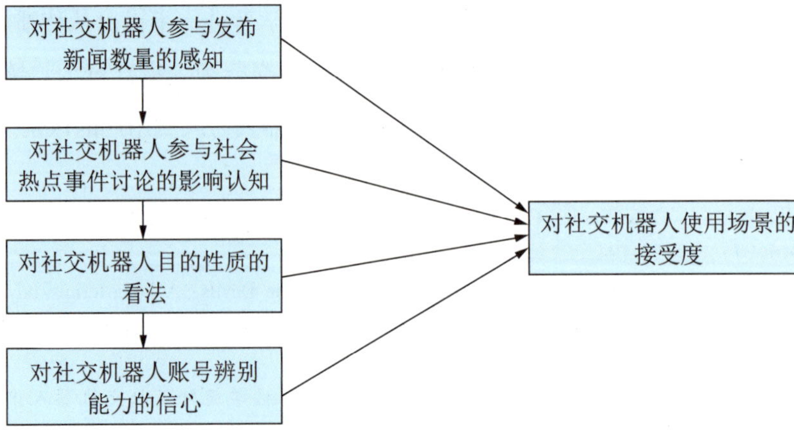

图 3-3 国内网民民意调查的结果

研究结果发现，中国样本网民对社交机器人参与社会热点事件讨论的影响持更加乐观的看法(中国 41.7%，美国 11.0%，如图 3-4 所示)。中国样本网民倾向于认为社交机器人带有好的目的(中国 75.9%，美国 17.0%，如图 3-5 所示)，而美国样本网民则认为其带有坏的目的(中国 24.1%，美国 80.0%)。在辨别社交机器人方面，中国样本网民对自己识别社交机器人账号的能力更加自信(中国 77.1%，美国 47.0%，如图 3-6 所示)。

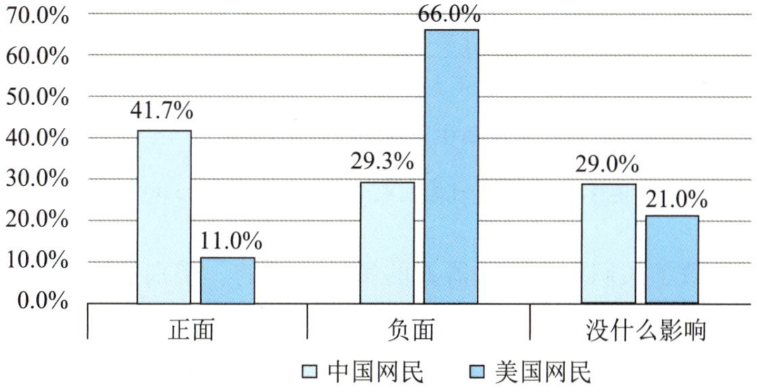

图 3-4 对社交机器人参与社会热点事件讨论的影响认知

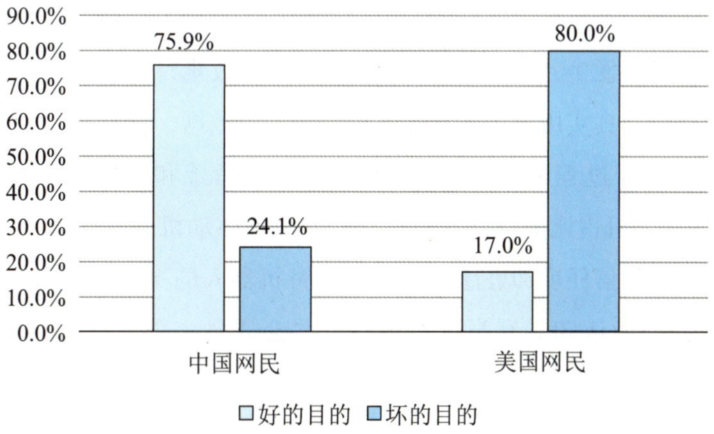

图 3-5 对社交机器人目的性质的认知

进一步分析中美差异的原因，主要是因为网民的感知对象不同。中国网民感知的对象大部分是单一机构媒体使用的社交机器人，发布内容简单，行为模式单一，较容易辨别。美国网民感知的对象更多是社会团体、商业机构或者个人所使用的社交机器人，这些社交机器人在社会活动和政治议题中的参与度和对抗水平都比较高。因此，

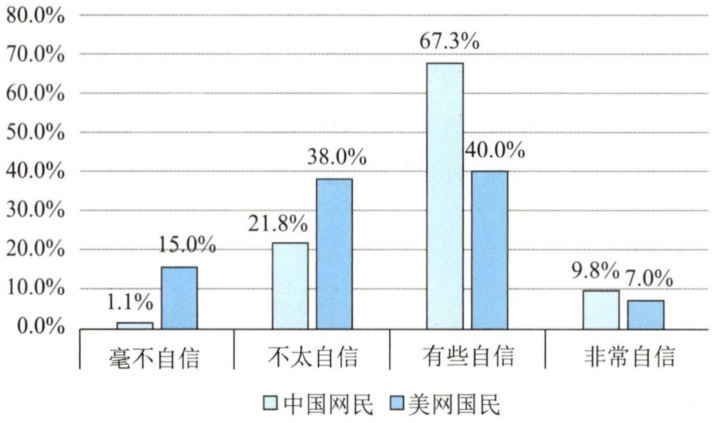

图 3-6 对社交机器人账号辨别能力的信心评估

感知对象差异导致了人们对社交机器人的影响、目的、辨别信心等技术接受指标认知大相径庭。①

学者潘舒怡研究用户对机器人的认知及交互动机的问题。此研究基于“使用与满足理论”的研究框架，以豆瓣某小组中的机器人为研究对象，于 2020 年 5 月 26 日通过 Python 程序随机爬取豆瓣拉踩小组内的 924 条讨论帖。在每条帖子中，机器人都进行了快速回帖，其中，小组成员（真人用户）对机器人评论进行回复共计 396 条。通过数据清洗，剔除没有发生人机互动的帖子，仅筛选并收集讨论帖链接、讨论标题、机器人对帖子的评论、真实用户对机器人评论的回复等数据，研究发现，豆瓣小组成员在与小组机器人交互过程中，体现了新奇、社交、情感和娱乐等动机（如图 3-7 所示），其中，娱乐动机占比最高，并常常与社交和情感动机同时出现。小组成员对小组机器人具有较高的信任度和好感度，倾向于将机器人的身份定义为组内网红成员，对机器人人格特征的认知具有高度一致性，并会通过主观想象为其构建人际关系网络。②

① 张洪忠、何康、段泽宁等：《中美特定网民群体看待社交机器人的差异——基于技术接受视角的比较分析》，载《西南民族大学学报》（人文社会科学版），2021(05)。

② 潘舒怡：《用户对社交机器人的认知及交互动机研究——以豆瓣拉踩小组机器人为例》，载《中国网络传播研究》，2021(01)。

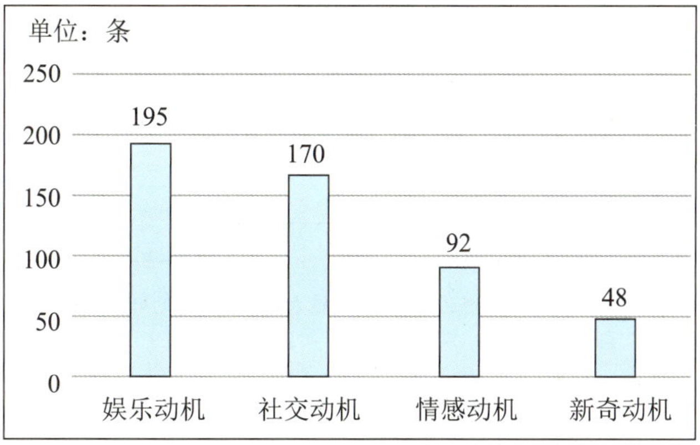

图 3-7　用户与社交机器人的交互动机研究

二、社交机器人对人机互动关系的影响

国内外学者在人机关系话题上主要探讨社交机器人和人类之间的互动行为、情感交互等行为模式，主要采用实验法、调查法等社会科学研究方法开展研究。社交机器人越来越多地出现在社交网络中，用户与社交机器人的交往日益频繁，这种准社会交往行为会让人变得更孤独吗？学者韩秀等基于该研究问题讨论了准社会交往、媒介依赖是如何对孤独感产生影响的。研究者采用了问卷调查法，采集并分析微软小冰用户数据（N = 2 886）的结果显示：媒介依赖在准社会交往和孤独感之间有显著的遮掩效应（如图 3-8 所示）。在准社会交往的认知、情感、行为 3 个维度上，社交机器人用户的准社会交往程度对用户的孤独感的直接效应均是负向影响，但通过媒介依赖路径后的效应是显著的正向影响，且正向影响远大于负向影响，遮掩效应显著。这表明用户与社交机器人的准社会交往程度越高，越会对社交机器人产生媒介依赖，而这种媒介依赖会加深用户的孤独感。研究者认为，尽管准社会交往普遍存在于人的媒介使用中，但它可能并不是“原子化的个体”减少孤独感的有效解决办法。①

维什涅夫斯基（Wischnewski）等（2024）针对 Twitter 上的用户在哪些条件下与社交机器人互动或对社交机器人作出反应的行为进行研究（如图 3-9 所示），提出 3 个研究问题：一是社交机器人账户的人性化和党派偏见如何影响用户关注、评论、转发和分享社交机器人账户的意愿？二是账户的个性是否与显示的账户党派和用户党派的一致

① 韩秀、张洪忠、何康等：《媒介依赖的遮掩效应：用户与社交机器人的准社会交往程度越高越感到孤独吗？》，载《国际新闻界》，2021（09）。

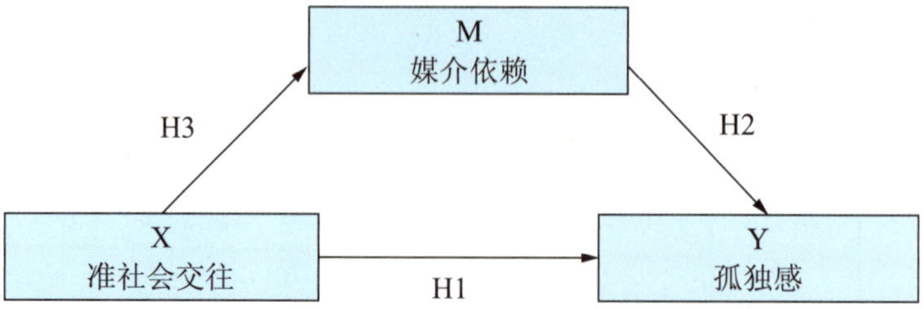

图 3-8 准社会交往、媒介依赖和孤独感的模型图

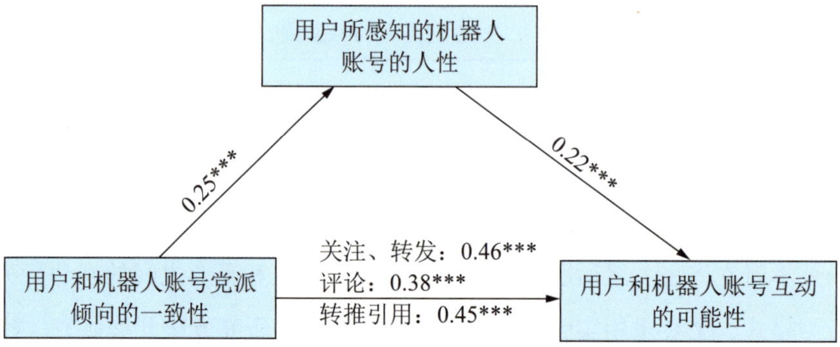

图 3-9 社交机器人账号如何影响用户的互动研究

性相互作用？三是哪些参与动机推动用户参与活动，这些参与动机是否更依赖于账户的人性或党派关系？由此，提出两个研究假设：一是用户更有可能与类似人类的社交机器人账户互动，二是用户更有可能与自己党派一致的社交机器人互动，因为这些机器人更容易推广与用户的党派关系一致的内容。研究者从众包平台 Prolific 招募了 223 名美国 Twitter 用户进行 3×2 的实验，分别是 3 种不同的人性化程度(humanness)(低人性化、中人性化和高人性化)与两类党派关系(参与者的党派与社交机器人账户中显示的党派一致或不一致)的交互。实验要求用户表明他们是否会参与或对不同的 Twitter 账户作出反应。研究结果发现，社交机器人账户行为表现得越趋近于人类，用户参与或对其作出反应的可能性就越大，但是，这仅适用于与用户具有相同党派关系的账户。①

约书亚·乌银(Joshua Uyheng)等人通过研究 Twitter 上的种族主义讨论，揭示社交机器人在社交媒体上的行动及互动行为与仇恨言论的动态水平的相关性。② 该项研究

① Wischnewski M., Ngo T., Bernemann R., et al., "I Agree with You, Bot! How Users (dis) Engage with Social Bots on Twitter," *New Media & Society*, 2024(03), pp. 1505-526.

② Uyheng J., Bellutta D. and Carley K. M., "Bots Amplify and Redirect Hate Speech in Online Discourse About Racism during the COVID-19 Pandemic," *Social Media + Society*, 2022, pp. 1-14.

主要包括社交机器人如何影响在线种族主义话语中的仇恨言论水平，以及仇恨言论目标。研究使用的数据来自 Huang 和 Carley（2026）采集的 Twitter 数据集①，该数据集包含 2 亿多条与疫情相关的推文。研究者从中获取两个适用于研究目标的子数据集，分别是 2022 年 3 月和 8 月两个时间段中"提及种族主义的推文"（Mentioning Racism Tweets），以及作为前一类推文评论对象的"引发讨论的推文"（Discussion-Sparking Tweets）。

研究通过一系列计算社会科学工具来测量和预测在线讨论中的仇恨言论水平、社交机器人活动以及各种身份。首先，研究者使用商业软件 NetMapper 和 Davidson 开发的仇恨言论检测模型计算了每条推文是否被认定为仇恨言论的概率，概率取值为[0，1]。其次，通过身份词典和 NetMapper，研究者将推文中涉及的对象身份按照性别、政治身份、种族或民族、宗教信仰以及其他身份属性进行归类。最后，研究者使用 BotHunter 机器学习模型来检测社交机器人账号，并根据分析需要展示社交媒体账号的 BotHunter 得分分布或者以 70% 为阈值来判定机器人账号。

在计算出以上变量后，研究者分别从个体和整体层面考察了社交机器人账号对仇恨言论的影响。在个体账号层面，研究者在控制推文类型和信息发布时间的前提下，通过多元回归模型检验了社交机器人账号概率值如何随着仇恨言论水平的变化而发生变化。在整体对话层面，研究以 1 周为时间间隔计算了社交机器人概率值得分的每日均值和推文仇恨言论水平概率的每日均值，并使用路径模型来分析社交机器人概率值得分与仇恨言论水平两个变量在时间序列上可能存在的 6 种动态关系。

研究还分析了社交机器人的仇恨目标。一是测量了种族主义仇恨言论对种族/国籍、政治、性别和宗教等不同身份的针对程度。二是研究通过测量包含不同身份术语推文中的机器人账号比例，使用单侧单样本检验来探讨社交机器人是否比预期更加针对某些身份，并探究社交机器人是否随着时间的推移增加或减少对某些身份的关注。研究发现，随着时间的推移，更大范围的机器人活动会增强种族主义在线讨论的仇恨水平；机器人改变了有关种族主义在线讨论的针对目标——即从针对种族身份转变为针对政治身份。②

---

① Huang B.，Carley K. M.，"Disinformation and Misinformation on Twitter during the Novel Coronavirus Outbreak，" arXiv Preprint arXiv：2006，04278.

② Uyheng J.，Bellutta D. and Carley K. M.，"Bots Amplify and Redirect Hate Speech in Online Discourse About Racism During the COVID-19 Pandemic，" *Social Media + Society*，2022，pp. 1-14.

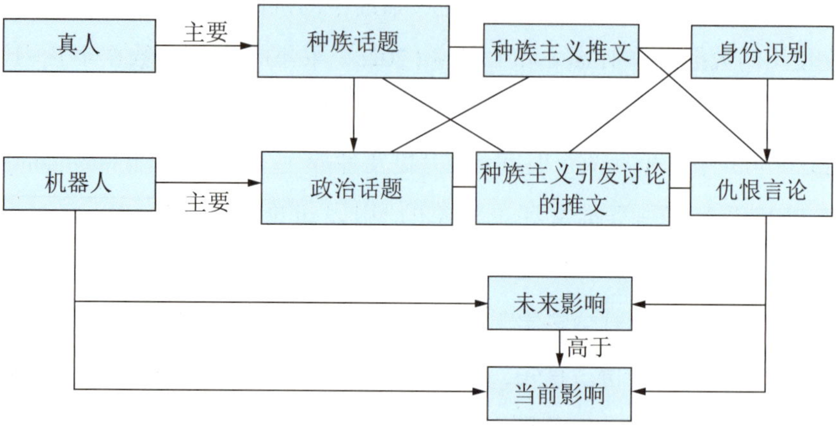

图 3-10　社交机器人的种族主义研究

三、社交机器人对信息传播系统与网络舆论的影响

1. 公共议题下的社交机器人行为

2020 年前后国内外学界关注的热点之一便是社交机器人参与公共议题、干预议题走向的研究。尤其在 Twitter 等社交媒体平台上的舆论干预有较多研究论文，这类研究采用数据挖掘方法爬取社交媒体上的账号数据，对账号进行社交机器人识别，然后对社交机器人信息和非社交机器人信息进行分析。

段泽宁等(2022)研究了社交机器人如何影响混合媒体系统的注意力动态。研究文章指出，社交机器人可能会放大某些观点，并在社交媒体上与选定的参与者互动，同时还可能通过协调行动影响在线讨论、新闻关注，甚至公众舆论。以往的研究已经记录了机器人活动的存在，并开发了检测算法。然而，社交机器人如何影响混合媒体系统的注意力动态仍有待研究。该研究采用机器人检测技术、结构主题建模以及时间序列分析方法，采集了大量流行的推文(N = 1 657 551)和新闻故事(N = 50 356)，探讨 Twitter 机器人倾向于放大的话题和不同党派的后续新闻报道之间的时间关联。研究发现，机器人代表了总账户的 8.98%，有选择地推广某些主题，并预测与党派叙事一致的报道。该研究的宏观层面纵向描述强调机器人作为算法传播者的作用。①

张洪忠等(2020)探讨社交机器人在 Twitter 空间参与中美贸易谈判议题的行为。研

① Zening D., Jianing L., Josephine L., et al., "Algorithmic Agents in the Hybrid Media System: Social Bots, Selective Amplification, and Partisan News about COVID-19," *Human Communication Research*, 2022(03), pp. 516-542.

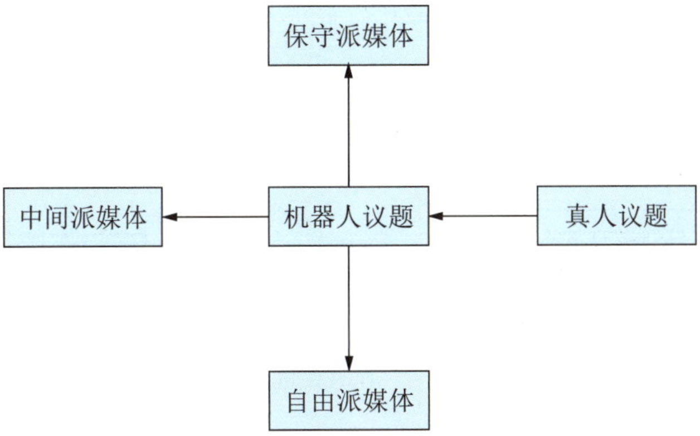

图 3-11　社交机器人对混合媒体系统的注意力影响研究

究采用数据挖掘方法，通过 Python 编程获取 2019 年 5 月 1 日至 31 日有关中美贸易谈判议题在 Twitter 上的相关讨论，最后得到 211 088 条英文推文数据，其中包括独立用户 85 856 个。研究发现(如图 3-12 所示)，有关中美贸易谈判议题讨论的社交机器人占比 13%，发布内容占比接近 20%；社交机器人的粉丝数量与正在关注数量呈强相关关系；参与中美贸易谈判议题的社交机器人策略主要是消息推送，没有发现意见领袖。从话题倾向性上看，社交机器人中反对贸易谈判的占了多数(55%)，大部分话题内容与美国农民相关。①

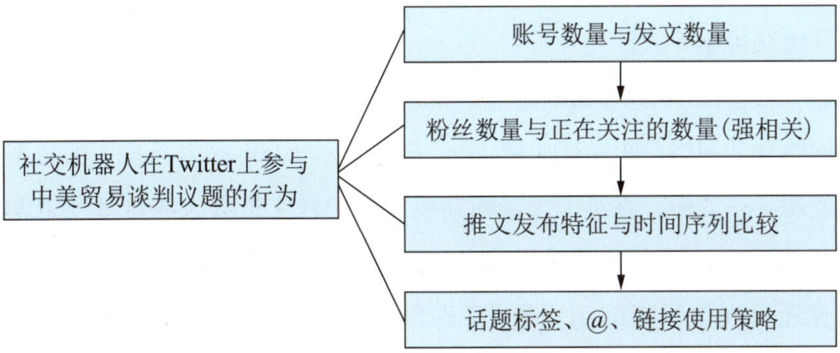

图 3-12　社交机器人在 Twitter 上参与“中美贸易谈判”议题行为研究

陈昌凤等分析社交机器人在网络气候变化讨论中的作用，研究采用内容分析法，选择了#climatechange、#global 变暖和#agw(“Anthropogenic Global Warming”的缩写)等标签，使用 Twitter 标准搜索 API 识别有关全球气候变化的英语推文，共抓取了 2020 年 1 月 7 日至 27 日 49 万条与气候变化相关的推文进行系统分析。研究发现(如图 3-13

① 张洪忠、赵蓓、石韦颖：《社交机器人在 Twitter 参与中美贸易谈判议题的行为分析》，载《新闻界》，2020(02)。

所示)，社交机器人在 Twitter 上积极参与气候变化讨论，其中，在促进能源、气候行动和气候罢工等公共议程上具有显著性。①

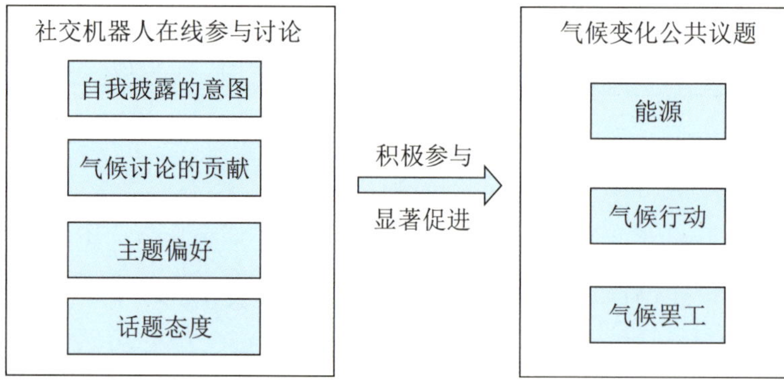

图 3-13 社交机器人在网络气候变化讨论中的作用研究

2. 政治议题参与

社交机器人程序最早被应用于商业营销，很快一些技术嗅觉敏锐的政治团体也开始采用这项技术，将其运用在政治宣传中以影响现实舆论场。② 2016 年，《国际传播学刊》(*International Journal of Communication*)在第十期上刊发了以“自动化、算法和政治(Automation, Algorithms, and Politics)”为主题的特刊文章③，一定程度上标志着这个领域开始获得学界关注。

马特奥·布鲁诺(Matteo Bruno)等(2022)研究了 2019 年英国大选期间用户和社交机器人之间的互动网络(如图 3-14 所示)。该研究对 1 000 多万条推文的数据集进行分析。研究发现，一方面，在英国大选前在线讨论的社交机器人数量呈现急剧增加，在选举日之后的几天内，其发生率恢复到选举前几个星期所观察到的数值。另一方面，该研究还发现被暂停的用户数量(即因违反 Twitter 政策而被平台删除的账户)在选举日之前保持不变，之后明显达到了更高的数值。值得注意的是，在鲍里斯·约翰逊(Boris Johnson)和杰里夫·科尔宾(Jeremy Corbyn)之间的电视辩论之后出现了

① Chang-Feng Chen, Wen Shi, Jing Yang, et al., “Social Bots’ Role in Climate Change Discussion on Twitter: Measuring Standpoints, Topics, and Interaction Strategies,” *Advances in Climate Change Research*, 2021(06), pp. 913-923.

② Woolley S. C., “Automating Power: Social Bot Interference in Global Politics,” *First Monday*, 2016(04).

③ 这期组刊源自由欧洲研究委员会(European Research Council)赞助、由牛津大学互联网研究院(Oxford Internet Institute)筹办的计算宣传项目——为期一天的“算法，自动化和政治”工作坊成果。

大量的新型机器人，它们的行为与之前存在的机器人明显不同。最后，该研究探索了机器人的政治取向，发现它们的活动分布在整个政治生态中，为了在辩论的不同方面形成共同的叙事，活跃账户和非活跃用户在对话题标签和统一资源定位符(url)的使用上大相径庭。①

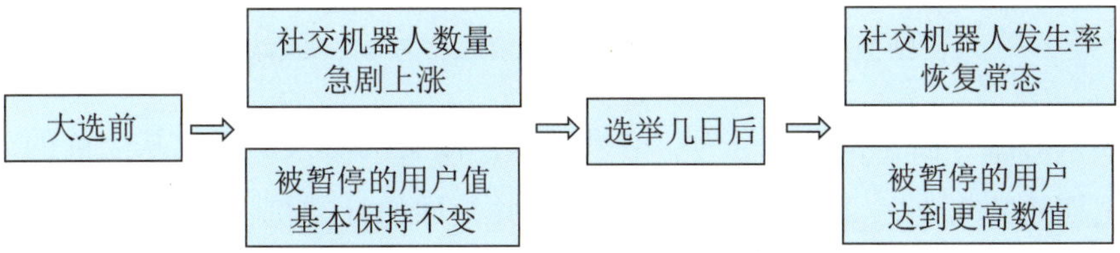

图 3-14　英国 2019 年大选期间社交机器人研究

布兰迪·农内克(Brandie Nonnecke)等(2022)调查美国 2018 年选举前 Twitter 上政治机器人的互动和消息传递策略(如图 3-15 所示)。研究者借助 Twitter 搜索和 Stream API② 收集 2018 年 10 月 22 日至 11 月 2 日 22 个关于移民等热门话题的标签，共得到约 674 603 条推文，并结合社会网络分析、机器人检测和推文的定性编码进行数据分析。值得注意的是，研究者并没有分析收集到的所有 674 603 条推文，而是优先分析来自网络中最具影响力的机器人账户的推文。机器人账号影响力用转发网络节点的“中介中心性”(Betweenness Centrality)分数来衡量。研究结果表明，数据集中最具影响力的 10 个机器人都提出反移民的观点，并且都发布原始推文并转发其他机器人账户的推文，以提供虚假的真实感和反移民共识。机器人账户的信息很大程度上依赖负面的情感诉求，具体是通过传播骚扰性语言和旨在唤起对移民恐惧的虚假信息。机器人账户还使用两极分化的语言来巩固政治团体的身份并挑起党派之争。③

Keller 等(2019)研究社交机器人对公共领域的潜在影响，讨论社交机器人如何模仿或操纵人类及用户在社交网络中的行为。该研究从实证角度分析 2017 年竞选活动之前(N=638 674)和期间(N=838 026)两个时段内 7 个德国政党的 Twitter 追随者关于

① Bruno M., Lambiotte R. and Saracco F., “Correction to: Brexit and Bots: Characterizing the Behaviour of Automated Accounts on Twitter during the UK Election,” *EPJ Data Science*, 2022.

② Stream API 是对集合对象功能的增强，专注于对集合对象进行各种非常便捷、高效的聚合操作或大批量数据操作。

③ Nonnecke B., de Acha G. P., Choi A., et al., “Harass, Mislead & Polarize: An Analysis of Twitter Political Bots’ Tactics in Targeting the Immigration Debate before the 2018 U. S. Midterm Election,” *Journal of Information Technology & Politics*, 2022(04), pp. 423-434.

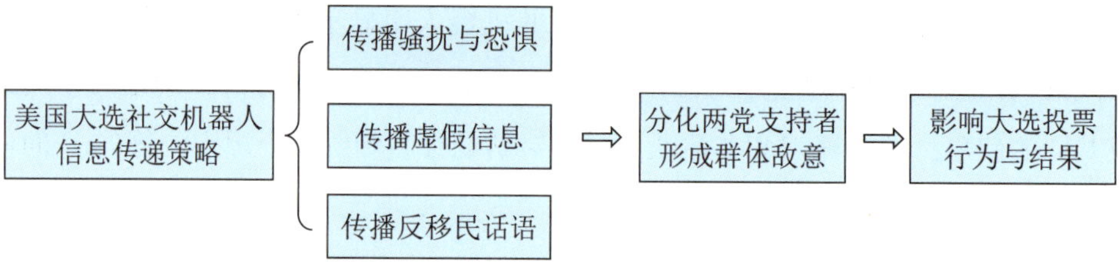

图 3-15 美国大选期间社交机器人信息传递策略研究

社交机器人的流行程度和活动行为。结果显示，社交机器人的占比从之前的 7.1% 增加到竞选期间的 9.9% 。研究者认为，数字公共领域的社交机器人对政治传播研究提出至少 3 个挑战：对既定社会科学概念的理论挑战，对检测和衡量影响的经验挑战，以及对流行线索和社交媒体分析的一般有效性的方法挑战。①

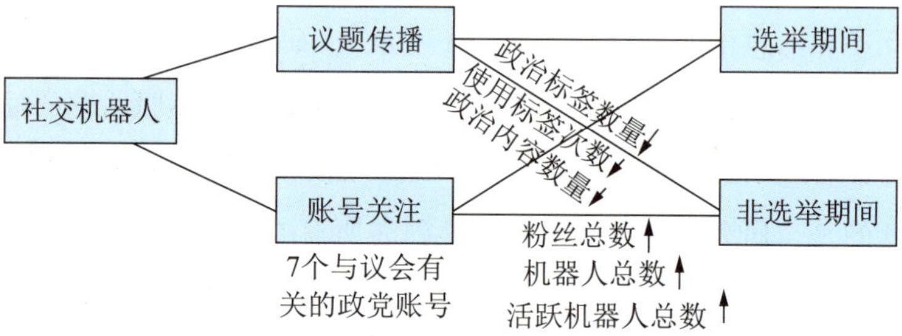

图 3-16 社交机器人对公共政治领域的潜在影响研究

3. 对议程设置理论的拓展

社交机器人作为一个新变量加入信息活动中，因此，原有传播学中非常重要的议程设置理论也有必要有进行拓展。早期的议程设置理论主要是基于报纸、广播、电视等传统媒体的数据来建构的，社交机器人对议程设置理论的拓展主要是引入了新的传播者——非人工的机器生成内容参与分析。赵蓓和张洪忠(2022)以中美贸易战的 Twitter 讨论为例，从议程设置理论视角出发，探讨了社交机器人、公众与媒体之间的关系。研究者基于议程设置两个层次提出：在第一层(议题)议程设置中，社交机器人对议题的选择性放大是否会影响公众和媒体对该议题的关注？在第二层(属性)议程设置中，社交机器人是否放大了某些属性，这种放大又对公众议程和媒体议程产生何种影响？

该研究使用 TweetScraper 库获取 Twitter 数据，以"tradewar"为关键词，筛选时间

① Tobias R. , Keller and Ulrike Klinger, "Social Bots in Election Campaigns: Theoretical, Empirical, and Methodological Implications," *Political Communication*, 2019(01), pp. 171-189.

为 2019 年 5 月 1 日至 31 日的所有推文信息，共获取约 21 万条推文，进一步使用 Botometer 进行社交机器人检测，得到 71 012 个账户的机器得分，并将得分≥0.6(0-1)的账户判定为社交机器人。同时，为了获取媒体账户，研究者首先获取了所有账户的认证信息，并对认证账户进行人工检查。最终得到社交机器人账户 9 177 个(13.36%)，产生 31 835 条推文(18.98%)；公众 58 151 个(84.64%)，产生 126 621 条推文(75.5%)；媒体 1 373 个(2%)，产生 9 244 条推文(5.51%)。

在第一层议程设置中，以小时为单位，研究建构了社交机器人、公众与媒体的时间序列，通过格兰杰因果关系检验发现：社交机器人对议题的选择性放大会影响公众对该议题的关注；媒体对议题的报道可以对公众和社交机器人产生影响。在第二层议程设置中，研究者首先借助计算机辅助内容分析对实质性属性和情感属性进行编码，最终得到 16 个属性和正、负、中 3 种情感倾向，格兰杰因果关系检验发现(如图 3-17 所示)：社交机器人在 11 个属性中对公众或媒体产生了影响，显著干预了整个社交网络关于中美贸易战的属性呈现；社交机器人与公众和媒体之间的关系不是单向的，而是存在双向议程设置关系；在情感属性分析中，社交机器人对公众没有产生直接影响。①

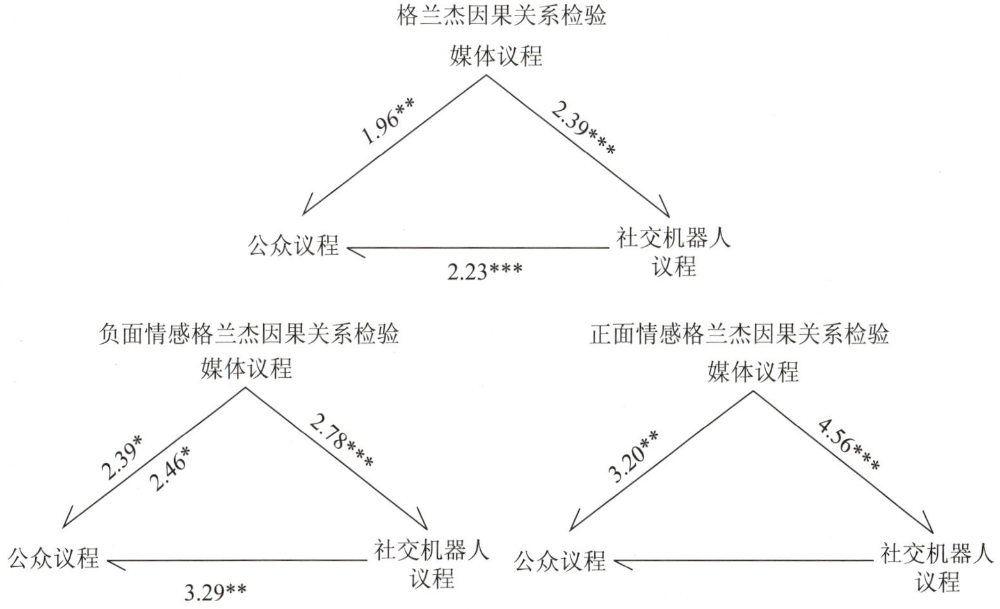

图 3-17　媒体议程、公众议程、社交机器人议程关系研究

① 赵蓓、张洪忠：《议题转移与属性凸显：社交机器人、公众和媒体议程设置研究》，载《传播与社会学刊》(香港)，2022(59)。

陈昌凤和袁雨晴(2021)研究社交机器人发挥的议程设置作用。该研究关注以社交机器人为代表的“计算宣传”在“信息疫情”中的作用，并在人机传播视域下，以Twitter平台上相关议题的内容为对象，研究社交机器人对某议题参与问题。研究发现，社交机器人的议题参与呈现三大特征：内容的聚焦性与负面性、形象的理性化与中立化以及社交的活跃性与广泛性。在立体化的参与模型中，社交机器人实现了从静态单向的传播者到动态互动的传播者的转型。研究还发现，话题建构来源更多基于财经与社会领域。①

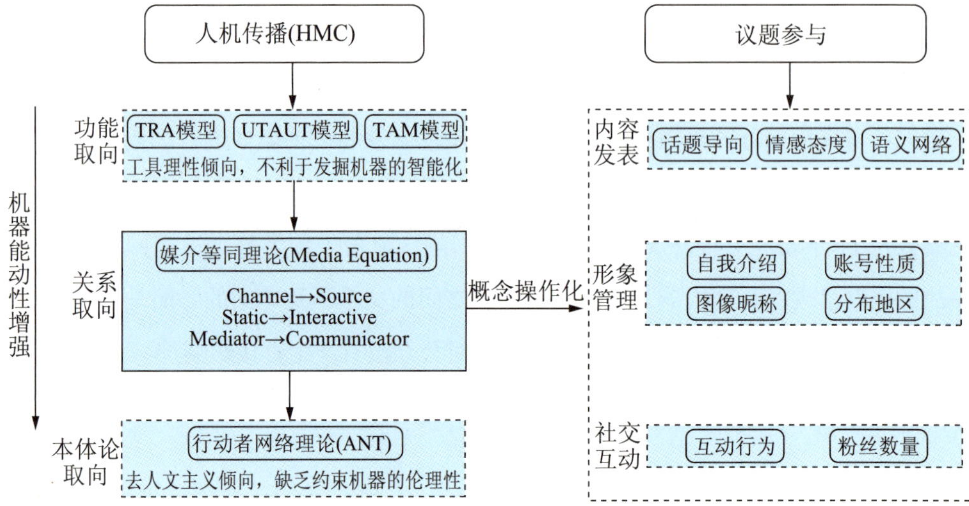

图 3-18 社交机器人发挥的议程设置作用研究

社交机器人出现在社交媒体上以后，常常与虚假信息联系在一起，有时谣言与事实也混杂在一起，真假难辨。典型的一篇论文是《科学》(*Science*)上关于2016年美国总统大选期间Twitter上的假新闻研究。该研究利用一组与公共选民登记记录相关联的Twitter账户来研究Twitter上美国人在2016年选举季如何与假新闻互动。围绕社交机器人提出以下问题：个人在社交媒体上看到并分享了多少来自假新闻来源的信息？这些假新闻来源账户有什么特征？该研究主要使用大数据挖掘分析和社会网络分析对数据进行处理。研究根据前人观点，将假新闻的“假”定义在出版商层面，而不是内容层面，定义了以下3类假新闻来源(如图3-19所示)：一是“黑色”，这些来源网站获取自事实核查员、记者和学者已构建形成的假新闻来源列表，已被证实发布的内容几乎

① 陈昌凤、袁雨晴：《社交机器人的“计算宣传”特征和模式研究》，载《新闻与写作》，2021(11)。

全是捏造的虚假信息；二是“红色”，这些网站（如 Infowars. com）传播的虚假信息明显反映出有缺陷的编辑过程；三是“橙色”，这些网站存在“注释者不太确定虚假信息源于系统性缺陷过程”的情况。

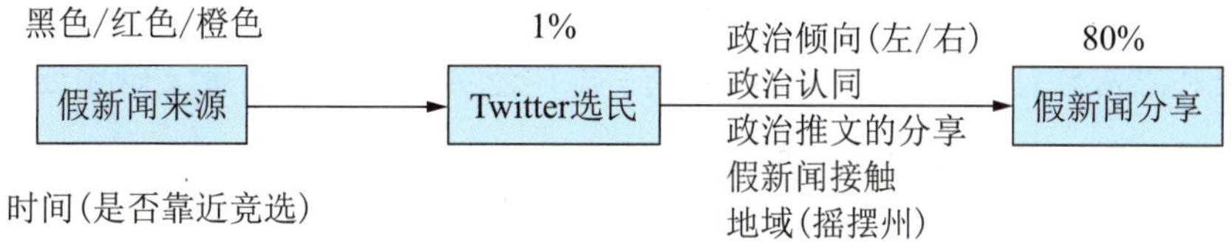

图 3-19　假新闻来源和分享研究

研究者将美国选民登记记录样本链接到 Twitter 账户以形成账号数据集，进一步收集 2016 年选举季期间 16 442 个活跃账户发布的推文，并获得了他们的粉丝和关注列表。同时研究者将账户数据集与皮尤研究中心数据进行比较，证实数据具备代表性。之后，研究者进一步获取账户数据集的推文数据，并主要关注包含 Twitter 之外网页 url 的政治推文。

该研究发现，一批假新闻来源的“超级分享者”和“超级消费者”——负责 80% 的假新闻分享或曝光的人——在对假新闻来源的传播指标和用户的政治倾向上与其他用户相差较大。

假新闻超级分享者（SS-F）平均每天发推中位数为 71. 0 次，而小组成员的中位数仅为 0. 1 次；SS-F 平均每天共享 7. 6 个政治网页，其中 1. 7 个来自假新闻来源。同样，假新闻来源超级消费者的中位数每天有近 4 700 次接触政治网页，而其他成员的中位数只有 49 次。其中许多账号可能是由人类控制的部分自动化账号，他们的推文包括一些自编的内容，如个人评论或照片，但也有大量的政治转发。该研究认为，尽管采取了严格的措施来排除机器人账户，但剩余的样本仍然包括部分自动化的半机器人。与可能难以吸引人类受众的机器人不同，这些半机器人账户嵌入在人类社交网络中，更难被普通用户辨别。①

① Grinberg N. , Joseph K. , Friedland L. , et al. , “Fake News on Twitter during the 2016 US Presidential Election,” *Science*, 2019(6425), pp. 374-378.

第四节　社交机器人的分析观点

社交机器人在社交媒体上的应用受到学界广泛关注，诸多研究文献主要集中在真实性、情感风险、规制管理等方面。

一、社交机器人对互联网空间信息真实性的挑战

社交机器人能自动生成消息并与其他用户交互，具有自动化属性，能够大规模、高效率、全天候、自组织地从事信息发布，对信息真实性的影响主要体现在以下 3 个方面。

一是淹没真实信息。由于社交机器人发布的大量信息有可能导致真实的人类言论被忽略或隐藏，从而使真人发布的消息无法得到有效传播，这种现象颠覆了思想自由市场的理想形态。①

二是传播虚假信息。大量研究表明，社交机器人确实存在传播虚假新闻的行为。亚历山大·贝西(Alessandro Bessi)等人的研究说明，社交机器人在 2016 年美国总统选举期间加强了虚假信息和未经核实信息的传播，扭曲了政治话语。② 并且，社交机器人参与传播的虚假信息不仅限于政治领域。埃米利奥·费拉拉(Emilio Ferrara)指出，在非政治领域的话题中，社交机器人也被指控宣扬错误信息。③

三是人机混淆导致人类的认知偏差。有文章指出即使社交机器人并没有创造出一种虚假的观点，而只是对社会中实际存在的观点进行表达，也会造成观念上显著的误导。人们将机器人表达的观点当成了人类的观点，因此无法把握社会中真实的个体究竟持有什么样的观点。如果按照被扭曲的镜像去看待其他个体，就容易错误地估计社会中与自己相同或相反立场的群体的规模。这样的认知偏差所造就的最极端后果可能是社会分裂。④

---

① 李晟：《国家安全视角下的社交机器人言论自由的新挑战》，载《中外法学》，2022(02)。

② Bessi A., Ferrara E., "Social Bots Distort the 2016 U.S. Presidential Election Online Discussion," *First Monday*, 2016(21), pp. 11-17.

③ Ferrara E., Cresci S. and Luceri L., "Misinformation, Manipulation, and Abuse on Social Media in the Era of COVID-19," *Journal of Computational Social Science*, 2020(02), pp. 271-277.

④ 李晟：《国家安全视角下的社交机器人言论自由的新挑战》，载《中外法学》，2022(02)。

研究文章进一步指出，社交机器人对信息真实性的挑战会对人的决策产生影响。人类社会中许多行为决策都依赖社会互动，根据预测他人的决策方向来作出个人决策，而这种预测又基于他人表达言论时所提供的信息和态度倾向。在这种情况下，社交机器人言论可能影响个体错误预判他人的决策，进而形成自己的错误判断，通过自我实现的预言，对人类预期和决策产生影响。①

二、社交机器人对人类情感欺骗的风险

社交机器人会带来用户的"情感风险"，"社交机器人显然能够推动我们的'达尔文按钮'，即我们社交大脑中产生的进化机制，以应对社会群体的动态和复杂性，这些机制自动触发对其他人心理状态、信念、欲望和意图的推断"②。有文章提出社交机器人与人类正在逐渐发展成"同伴"乃至朋友关系。③ 从一开始社交机器人的设计就陷入了"情感矛盾"，一方面，它需要通过情感的内置，用人格化、可爱的形象来吸引用户，进而促进人机交互；另一方面，这些人格化、情感化的设计又促使人类更加依恋机器人，如果再加上商业性的过度煽情宣传，人类的同理心就会被强化，甚至被操控。这种操控不仅体现为"对人类生理机能的不尊重"，而且也可能会传导至对道德的操控，因为"同理心对道德生活至关重要，它有助于发展广泛的道德能力。同理心有可能丰富和加强对他人的道德审慎、行动和道德辩护"④。

马克·考克伯格(Mark Coeckelbergh)(2011)从3个方面总结了社交机器人具有欺骗性的原因：第一，情感机器人企图用他们的"情感"来欺骗用户；第二，机器人的情感是不真实的；第三，情感机器人假装是一种实体。⑤

雪莉·特克尔(Sherry Turkle)在《群体性孤独》(*Alone Together*)一书中提出："当你和机器'生物'分享'情感'的时候，你已经习惯于把'情感'缩减到机器可以制造的范围内。当我们已经学会对机器人'倾诉'时，也许我们已经降低了对所有关系的期待，

---

① 李晟：《国家安全视角下的社交机器人言论自由的新挑战》，载《中外法学》，2022(02)。

② Scheutz M., "The Inherent Dangers of Unidirectional Emotional Bonds between Humans and Social Robots," *Robot Ethics: The Ethical and Social Implications of Robotics*, Cambridge, The MIT Press, 2012.

③ 何双百：《人工移情：新型同伴关系中的自我、他者及程序意向性》，载《现代传播(中国传媒大学学报)》，2022(02)。

④ Julinna C. Oxley, *The Moral Dimensions of Empathy: Limits and Applications in Ethical Theory and Practice*, New York, Palgrave Macmillan, 2011.

⑤ Coeckelbergh M., "Are Emotional Robots Deceptive?" *IEEE Transactions on Affective Computing*, 2011(04), pp. 388-393.

包括和人的关系。在这个过程中，我们背叛了我们自己。”①

三、对社交机器人的有效规制

一些社会科学领域的研究者倾向于对社交机器人持审慎态度，其中不乏批评者。例如，认为社交机器人存在先天恶意，为了破坏而诞生，在社交媒体平台中误导受众，操纵社交媒体中的话语权，传播恶意软件，散布谣言、假消息、错误信息、诽谤观点，甚至仅仅是生产噪音等。② 佐治亚大学学者卡罗利娜·阿尔维斯·德利马·萨尔热(Cardina Alvesde Lina Salge)和尼古拉斯·贝伦特(Nicholas Berente)于2017年9月在杂志《美国计算机学会通讯》(*Communications of the ACM*)上发表题为“Computing Ethics: Is That Social Bot Behaving Unethically?”的文章，他们呼吁应该对社交机器人的行为和可能造成的后果进行评估，并提出了3个标准：机器人的行为是否违法？机器人是否存在欺诈行为？机器人的行为是否挑战了社会良俗？③

有学者进一步从政策法规角度进行探讨。南加州大学学者娜塔莉·马雷夏尔(Nathalie Maréchal)对Twitter、Facebook、Reddit和Telegram 4家主流社交媒体平台涉及社交机器人和算法的用户政策的具体条款进行了批判与分析，并提出了一个规范化的政策框架。第一，应该特别对机器人账号进行标注以供用户辨别；第二，未经授权的社交机器人账号不得与其他用户接触；第三，经由机器人采集的数据仅能用于已披露用途。这一倡导的初衷在于保证人类用户在网络空间中的权利与隐私不受社交机器人侵害。④

---

① ［美］雪莉·特克尔：《群体性孤独》，136页，杭州，浙江人民出版社，2014。

② Ferrara E., Varol O., Davis C., et al., “The Rise of Social Bots,” *Communications of the Association for Computing Machinery*, 2016(07), pp. 96-104.

③ Salge C. A. D. L., Berente N., “Is That Social Bot Behaving Unethically?” *Communications of the Association for Computing Machinery*, 2017(09), pp. 29-31.

④ Maréchal N., “Automation, Algorithms, and Politics | When Bots Tweet: Toward a Normative Framework for Bots on Social Networking Sites (Feature),” *International Journal of Communication*, 2016(10), pp. 5022-5031.

第四章　虚拟数字人

虚拟数字人技术融合多种感官技术和媒介技术，在视觉层面已经具有较为清晰的人形特征，同时因虚拟数字人的应用场景广阔而受到业界和学界关注。

第一节　虚拟数字人的含义与应用

一、虚拟数字人的含义

最早类似虚拟数字人的概念是“化身”(avatar)。“Avatar”源自梵文，本意指在印度教中的神幻化成人或兽的模样现身人世，也就是降临人间的神的化身。本书将虚拟数字人定义为在虚拟网络空间塑造类人的形象和类人化行为的一种算法，它的外延包括虚拟主播、虚拟演员、虚拟偶像、虚拟观众和数字孪生等。

虚拟数字人一般应具备以下 4 个要素：第一，高级行为(high-level behavior)，包括决策、智力、动机和社会行为；第二，感知(perception)，包括用于虚拟世界的传感器和用于真实世界的传感器；第三，动态画面(animation)，即灵活的运动控制；第四，图像(graphics)，即逼真的画面，包括皮肤、头发和衣服等。①

通常情况下，虚拟人通过视觉、触觉和听觉等虚拟传感器感知环境中的物体和其他虚拟人。② 同时，基于感知到的信息，虚拟数字人能够对他们的处境作出情感、面

---

① Magnenat-Thalmann N., Thalmann D. (Eds.), *Handbook of Virtual Humans*, New Jersey, John Wiley & Sons, Inc., 2004.

② Thalmann D., Virtual Sensors: A Key Tool for the Artificial Life of Virtual Actors//Shin, S. Y. & Kunii, T. L., Computer Graphics and Applications: Proceedings of the Third Pacific Conference on Computer Graphics and Applicattions, Pacific Graphics 1995, Singapore, World Scientific Publishing Co. Ltd, 1995.

部、身体的反应，比如语气、面部表情、手势或选择特定的行为。

随着布料仿真技术的发展，精确再现织物材料的机械特征不断解决虚拟数字人真实感的问题。一些主要用于计算机图形的模型，旨在模拟用于装扮虚拟角色的复杂服装。① 头发方面的阴影渲染和动态捕捉技术的提升，同样也增强了虚拟数字人的逼真效果。

二、虚拟数字人的发展历史

虚拟数字人研究起步于20世纪70年代，计算机图形学界的研究人员开展了虚拟数字人相关的研究工作。② 与虚拟数字人相关的技术涉及计算机图形学、运动学、多功能感知、人工智能和虚拟现实等多个学科领域。③ 20世纪80年代，人们尝试将虚拟数字人引入现实世界中，虚拟数字人的应用步入萌芽阶段。④ 该时期虚拟数字人的技术以手工绘制为主，1982年日本动画片《超时空要塞》的女主角林明美成功推出专辑，但她的形象只在专辑封面上出现，并未真正做到“打破次元壁”。进入21世纪，传统的手绘逐渐被计算机图形学(Computer Graphic，CG)、动作捕捉等技术取代，该阶段的虚拟数字人主要出现在影视娱乐行业，比如数字替身、虚拟偶像等。2007年，第一个虚拟偶像“初音未来(Miku)”在日本诞生，从“初音未来”开始，虚拟偶像的定义已经从“语音软件”升级为“专业歌手”。⑤ 2012年，中国也拥有了自己的虚拟偶像“洛天依”。

得益于深度学习等人工智能技术的发展，虚拟数字人逐渐智能化，其交互性、使用便利性和体验感都得到增强，虚拟数字人的发展进入快车道，应用产品逐步成熟。2018年，在第五届世界互联网大会上，新华社联合搜狗公司发布“AI合成主播”，他能够将输入的文本自动生成相应内容的视频，并确保视频中音频和主播的表情、唇动

---

① Carignan M., Yang Y., Thalmann N. M., et al., “Dressing Animated Synthetic Actors with Complex Deformable Clothes,” *ACM Siggraph Computer Graphics*, 1992(02), pp. 99-104.

② Jianguo Liu, Yansheng Lu, “A1Player: A Platform of Intelligent Simulation of Virtualhuman in Virtual Environment,” in Proceeding of First International Conference on Digital Human Modeling (ICDHM), Beijing, China, July, 2007, LNCS 4561, Springer-Verlag, Berlin, Germany, V12, pp. 434-442.

③ 刘建国：《虚拟人情感模型及认知方法研究》，博士学位论文，华中科技大学，2009。

④ 中国人工智能产业联盟总体组、中关村数智能产业联盟数字人工作委员会：《2020年数字虚拟人发展白皮书》，2022。

⑤ Shi Y., Wang B., “Optimization Algorithm of An Artificial Neural Network-Based Controller and Simulation Method for Animated Virtual Idol Characters,” *Neural Compuing & Applications*, 2022(12), pp. 8873-8882.

同步，展现出与真人主播相似的信息传达效果。① 这是全国首个全仿真智能 AI 主持人，在新闻领域开创了实时音频、视频与 AI 真人形象合成同步的先河。在虚拟偶像方面，虚拟意见领袖（Key Opinion Leader，KOL）Lil Miquela 被设定为一位住在洛杉矶的 20 岁巴西-西班牙混血女孩，她在 2020 年收入超过千万美元；而在国内，中国风虚拟意见领袖翎（Ling）已登上全球知名的杂志。

三、虚拟数字人的应用

1. 虚拟主播（Virtual Host）与数字孪生（Digital Twin）

虚拟主播指的是由计算机技术和人工智能生成的虚拟角色，它可以被设计成真人的样子和声音，可以使用文本转语音或语音合成技术实时发布新闻报道或其他信息。世界上最早的虚拟主播名为“Ananova”，是由英国国家通讯社（The Press Association）的一个部门于 2000 年 4 月开发的。这个角色被设计成一个虚拟新闻主持人，可以通过电脑或手机按需阅读新闻报道。直播带货和短视频电商的火爆催生了直播虚拟主播，为用户带来新奇体验的同时，成为电商布局的重要赛道。

虚拟主播的出现给传媒行业带来了新的机遇，也引发了数字孪生的讨论。数字孪生是指通过数字技术将物理实体转化为数字形式，以实现复杂系统的仿真和分析。虚拟主播可以被视为数字孪生技术在媒体领域的应用之一。虚拟主播技术的发展将推动数字孪生技术在更多领域的应用，也将为媒体行业的未来发展带来更多的机遇。

2. 虚拟偶像（Virtual Idol）与虚拟角色（Virtual Characters）

虚拟偶像是由数据技术制造的形象，也是一种特殊的机器的化身。虚拟偶像是建立在技术和人类想象之上的人造物，体现着人类试图运用技术克服自身物理局限的努力，其中，涉及 AI、实时渲染、3D 建模、动作捕捉以及语音合成等多项技术。② 目前的虚拟偶像部分采用的是“皮套”+“中之人”模式，虚拟偶像的外表被称为“皮套”，而“中之人”是在“皮套”之下驱动虚拟偶像动作的真实个体，虚拟偶像的声音也来自“中之人”。③

近年来，许多虚拟偶像都成为人们追捧的对象。例如，在各大平台受到追捧的

① 何强：《人工智能在新闻领域应用的新突破——从全球首个“AI 合成主播”谈起》，载《新闻与写作》，2019(05)。

② 刘胜枝、施丙容：《亲密关系的乌托邦试验——青年群体虚拟偶像崇拜的文化研究》，载《中国青年研究》，2022(11)。

③ 彭兰：《AIGC 与智能时代的新生存特征》，载《南京社会科学》，2023(05)。

AYAYI，她是一位基于 Unreal Engine 深度开发的超写实虚拟数字人（Meta-Human）。2021 年 5 月 20 日，AYAYI 出道，随后便迅速蹿红。AYAYI 的成功不仅因为高仿真度的外形和细腻的肤质，更因为其完整的背景设定、行事逻辑与价值观，这让她的整体形象更加立体、真实。在国外，美国 Riot 游戏公司于 2020 年创造出的虚拟歌手萨勒芬妮（Seraphine）也彰显出虚拟偶像的巨大潜力。Seraphine 以歌姬的形象出现，自诞生之初便拥有自己的社交媒体账号，并且会高频度地更新个人状态和发布照片。作为虚拟歌手，Seraphine 还拥有 *Childhood*、*To The End* 等多首单曲，使她在全球玩家心中都留下了深刻的印象。

虚拟角色（Virtual Characters）是游戏产业向现实游戏环境不断发展的表现。人类级别的 AI 可以通过引入具有自己目标、知识和能力的智能合成角色来丰富人们玩电子游戏的体验感，比如可以让人们动态地与《古墓丽影》《星际争霸》《阿什龙的召唤》中的虚拟角色进行互动。真实人类的每一个动作都会被捕捉到计算机上，然后应用到游戏虚拟角色中，使其动作更加逼真。①

3. 虚拟演员（Virtual Actor）与虚拟观众（Virtual Audience）

虚拟数字人的另一种应用形式则是虚拟演员，虚拟演员经常出现在影视作品中。如今，计算机图形学得到广泛使用，正在取代电子动画和活体动物。因为数字特技人员的角色太危险或人类无法胜任，导演们就会让数字 3D 角色代替真人演员来演绎相关特技动作。比如在制作《星球大战》电影的过程中，导演乔治·卢卡斯和工业光魔工作室的技术人员试验了各种计算机生成图像的建模和仿真技术，让计算机模拟真实世界的物理皮肤、布料、皮毛和头发，以实现危险场景或人类无法胜任场景中的超现实拍摄。②

虚拟数字人技术在治疗公众演讲恐惧方面也有应用，在相关研究中主要以虚拟观众的形式出现，如公众演讲模拟器已经被开发用于社交恐惧症治疗。虚拟环境的意象一般包括一间研讨室和一群虚拟观众。这种体验的有趣之处在于，治疗师可以控制每个虚拟观众的动作、面部表情和声音，通过这种方式来治疗社交恐惧症患者。③ 这是虚拟数字人技术在人际传播中所发挥的作用。

---

① Magnenat-Thalmann N.，Thalmann D.（Eds.），*Handbook of Virtual Humans*，New Jersey，John Wiley & Sons，Inc.，2004.

② Magnenat-Thalmann N.，Thalmann D.（Eds.），*Handbook of Virtual Humans*，New Jersey，John Wiley & Sons，Inc.，2004.

③ Magnenat-Thalmann N.，Thalmann D.（Eds.），*Handbook of Virtual Humans*，New Jersey，John Wiley & Sons，Inc.，2004.

第二节　虚拟数字人的技术原理

虚拟数字人的数字孪生是“以数字化方式创建物理实体的虚拟模型，借助数据模拟物理实体在现实环境中的行为，通过虚实交互反馈、数据融合分析、决策迭代优化等手段，为物理实体增加或扩展新的能力”①。虚拟数字人是通过计算机图形学、动作捕捉、语音合成等技术手段，创造出具有数字化外形的人物形象。近年来，媒体、银行、美妆等不同行业纷纷推出自己的虚拟数字人。虚拟数字人不仅具有人的外观，还可以模拟人类的某些行为和情感，识别外界环境并与人进行交流、互动。

在新闻媒体领域，分身主播就属于数字孪生的一种实践，只要对真人主播的声音、唇形、表情动作等特征进行提取，然后再通过人脸识别建模、语音合成、唇形合成、表情合成以及深度学习等多项人工智能技术就可将真人主播“克隆”出来。②

一、虚拟数字人的基础技术支撑

新闻传播业中较为常见的人工智能技术驱动下的虚拟数字人包括虚拟偶像与虚拟主播等应用。虚拟数字人主要是利用自然语言的语音识别、语音合成和计算机图形学、动画生成等技术，生成能与人交互的虚拟网络形象。目前，虚拟数字人的制作技术主要涉及建模技术、驱动技术与语音合成技术，如图 4-1 所示。

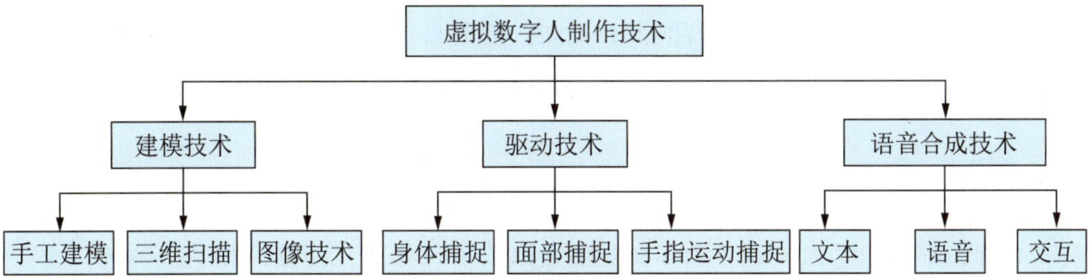

图 4-1　虚拟数字人制作技术

建模技术包括手工建模、三维扫描和图像技术。当下的建模技术主要依赖电脑制

① 陶飞、刘蔚然、刘检华等：《数字孪生及其应用探索》，载《计算机集成制造系统》，2018(01)。

② 谭雪芳：《图形化身、数字孪生与具身性在场：身体-技术关系模式下的传播新视野》，载《现代传播(中国传媒大学学报)》，2019(08)。

作软件实现，一般需要美术专业人员或技术人员运用三维制作软件，比如利用3DMAX、Maya等制作逼真的模型模具来完成其形象的构建，或者通过采集多帧图像和动态视频，利用音视频材料与数据进行3D模型的重建。这种通过虚拟三维空间构建出具有三维数据模型的过程，目前已经在工业、电影等领域广为使用，如电影《阿凡达》(*Avatar*)中的角色特效，主要就是基于3D建模+CG实现的。

驱动技术主要指身体捕捉、面部捕捉和手指运动捕捉。其中，身体捕捉是指对身体活动关节等部位进行捕捉，通过构建人体骨骼模型来还原身体运动的技术。面部捕捉当前主要有两种不同精度的实现方式：一是基于面部标记点位置来得到面部表情数据，二是使用3D摄像头采用结构光原理读取面部点阵图案。手指运动捕捉是指对手指的运动进行还原，是捕捉精度和捕捉系统处理能力上升的标志。当前动捕技术主流的应用场景主要包括广播电视领域(应用于实时虚拟角色植入、虚拟主持人、时事新闻、儿童卡通动漫类节目等)、直播短视频(应用于互联网直播类节目、在线实时互动类节目等)、影视动漫制作(基于快速动画Maya插件、影视动漫实时合成等)、互动广告行业(应用于App互动广告平台、互动广告屏)以及虚拟互动(应用于旅游文化类、科技馆类的虚拟互动馆等应用)5类相关行业。①

除了上述对虚拟数字人面部表情与肢体动作技术的捕捉外，语言是虚拟数字人直接的表达方式，也是沟通交流的主要通道。教虚拟数字人“说话”本身并不难，其技术要点是基于语音合成技术将文本转化为语音，再利用驱动技术生成对应的唇动、口型、表情，加上自然语言处理(NLP)能力，渲染出符合多数场景使用的虚拟人语言交互画面。同时，和人类掌握语言的方式不同，借助自然语言处理技术，虚拟数字人还可以更轻松地学习各种不同的语言，做到多语种的输出。

二、常见虚拟数字人类型的技术说明

目前，虚拟数字人大致分为非交互型虚拟数字人和交互型虚拟数字人两种。无交互行为的被称为非交互型虚拟数字人(如播报新闻的虚拟主播)，有交互行为的被称为交互型虚拟数字人(如虚拟偶像)。其中，交互型虚拟数字人又分为真人驱动型和算法驱动型两种类型。② 下文将分别介绍这几种虚拟数字人的技术原理。

① 世优数字虚拟人：《动捕技术愈加成熟，动作捕捉驱动让虚拟人制作释放全新创造力》。

② 中国人工智能产业发展联盟总体组、中关村数智人工智能产业联盟数字人工作委员会：《2020年虚拟数字人发展白皮书》，2020。

1. 非交互型虚拟数字人

这类虚拟数字人根据目标文本生成对应的人物语音及人物动画，通过音频、视频合成显示为数字化人物形象，再通过计算机、手机等终端呈现给用户(如图 4-2 所示)。它主要依靠捕捉生成技术运行，包括语音生成(基于文本生成的人物对应语音)、动画生成(基于文本生成的人物对应动画)、音视频合成显示(语音和动画合成视频)这 3 个技术模块，但不需要交互技术。①

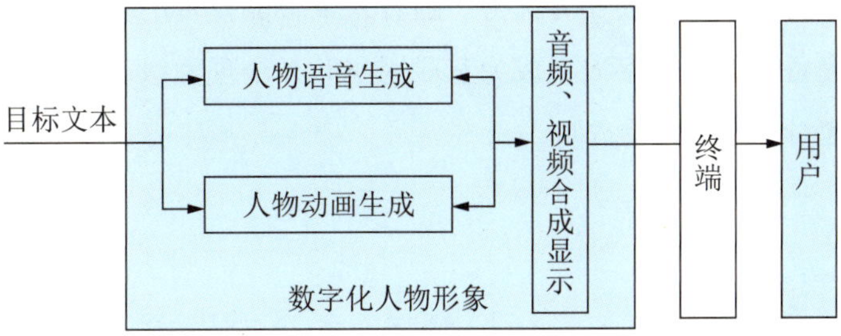

图 4-2　非交互型虚拟数字人系统运作流程

2. 真人驱动型虚拟数字人

真人驱动型虚拟数字人是指真人根据音视频监控系统传来的用户视频，通过真人语音录制、面部捕捉的表情迁移、动作捕捉的动作迁移将真人的语音、表情和动作赋予虚拟数字人形象，进而通过音视频合成显示技术并借由计算机、手机等终端与用户之间进行交互(如图 4-3 所示)。②

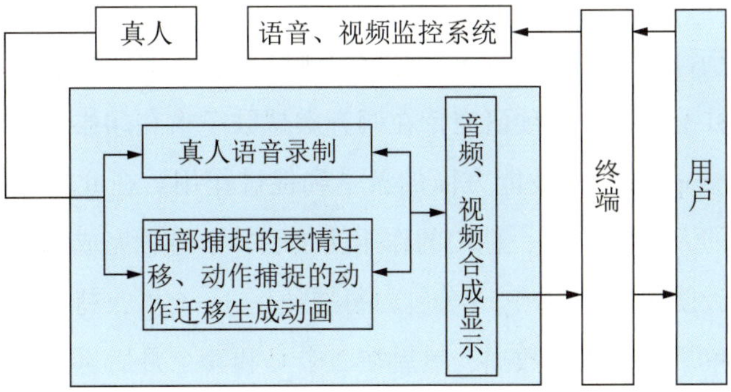

图 4-3　真人驱动型虚拟数字人系统运作流程

① 中国人工智能产业发展联盟总体组、中关村数智人工智能产业联盟数字人工作委员会：《2020 年虚拟数字人发展白皮书》，2020。

② 中国人工智能产业发展联盟总体组、中关村数智人工智能产业联盟数字人工作委员会：《2020 年虚拟数字人发展白皮书》，2020。

3. 算法驱动型虚拟数字人

与真人驱动型虚拟数字人对应的是算法驱动型虚拟数字人。它基于深度学习模型的三维场景表达和对应的神经渲染管线，可以自行驱动学习模特说话时的唇动、表情、语音、姿态和动作等，不仅无须真人参与，还可以更快速地进行视频渲染，降低制作成本。所以，这种技术方法可以避免传统3D建模的一些缺点，更适用于虚拟数字人的规模化制作。

总体而言，两种技术路线各有优劣。随着人工智能技术的发展，以及算法、算力和数据的日趋完备，虚拟数字人正成为互联网空间一个现象级存在，互联网空间也将成为“人+虚拟数字人”的共享空间。

第三节 虚拟数字人的研究模式

通过梳理国内外论文数据库中与“虚拟数字人”相关的文献，我们发现目前有关“虚拟数字人”在传播领域的实证研究主要集中在虚拟数字人在健康传播领域中的应用、虚拟主播与虚拟偶像等方面。

一、虚拟数字人在健康传播领域的应用研究

Milne等(2018)研究了虚拟数字人在帮助治疗自闭症儿童和健康传播中的作用(如图4-4、图4-5所示)。一些关于自闭症儿童的研究表明，虚拟数字人可以成功地用于提高语言技能和社交技能。这项研究旨在调查虚拟数字人在问候、对话技巧、倾听和话轮转换(turn taking)等社交技能方面的教学和促进作用。在此研究中，虚拟数字人软件有3个虚拟的人类“角色”，他们的作用就是引导学习者完成教育任务和模拟社交场景。参与者每天使用软件10～15分钟，每周使用3～5天，持续3周，在软件开始使用前和使用结束后分别收集数据，然后在2个月和4个月后再次收集数据。研究发现，虚拟数字人受到参与者和照顾者(care giver)的普遍欢迎，实验组(社交内容)和对照组(安慰剂内容)在社交技能的理论知识方面存在明显差异。①

① Milne M., Raghavendra P., Leibbrandt R., et al., “Personalisation and Automation in a Virtual Conversation Skills Tutor for Children with Autism,” *Journal on Multimodal User Interfaces*, 2018(03), pp. 257-269.

实验组：前测1……实验刺激……后测1
控制组：前测2…………………………后测2

1.前测：使用问卷测量参与者在使用软件之前的期待和电脑专业知识
2.后测：包括3次后测，第1次是即时测试（软件使用后的第2天），第2次、第3次分别是测试后的2个月和4个月
3.实验刺激：参与者是否被明确教授社交技能（包括A问候、B对话技巧、C倾听和话轮转换）
4.实验组和控制组：使用配对法分配实验对象

图 4-4　虚拟数字人对治疗自闭症儿童的实验研究过程

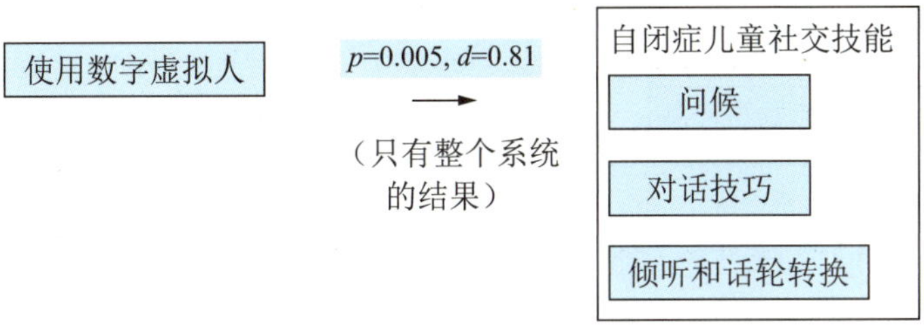

图 4-5　虚拟数字人对治疗自闭症儿童的实验结果

Tielman 等(2019)研究虚拟数字人在创伤后应激障碍(PTSD)治疗领域中的应用(如图 4-6 所示)。该研究首先根据专业领域知识为协助 PTSD 治疗的虚拟数字代理构建用于治疗的激励信息系统，其次是检验以下两大假设：(1)计算机生成的激励信息会影响用户继续治疗的动机、对良好治疗结果的信任以及与虚拟数字人交流的感觉；(2)个性化信息在这些因素上优于通用信息(generic messages)。该研究采用定性访谈和问卷调查，首先，通过分析专家(N=13)关于在什么情况下使用什么类型的动机陈述的知识，建立一个能够生成动机信息的系统。其次，开展一项基于网络的研究(N=207)。参与者被要求想象他们处于特定的情况之中，这些情况由他们的症状进展和对良好治疗结果的初步信任来指定。最后，他们收到一条包含个性化、通用型激励信息抑或不包含任何激励内容的虚拟数字人的信息。他们被问及这条信息如何改变他们继续治疗的动机和对良好治疗结果的信任，以及他们感觉与虚拟数字人交流的程度。研究结果证实了第一个研究假设，同时表明在症状恶化的情况下，个性化激励信息很重要。在这些情况下，个性化激励信息在继续治疗的动机和对良好治疗结果的信任方面都优于通用型激励信息。因此，专家的专业知识输入可以成功地用于开发个性化激励信息系统。由个性化激励信息系统生成的信息似乎可以提高人们对 PTSD 治疗的信任以及提升用户与虚拟数字人的交流效果。①

① Tielman M. L., Neerincx M. A. and Brinkman W., "Design and Evaluation of Personalized Motivational Messages by a Virtual Agent that Assists in Post-Traumatic Stress Disorder Therapy," *Journal of Medical Internet Research*, 2019(03).

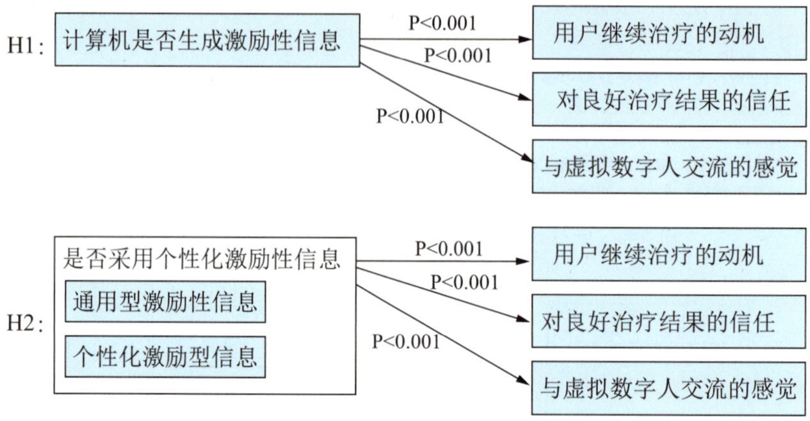

图 4-6　虚拟数字人在创伤后应激障碍治疗中的应用研究假设

二、虚拟主播的应用研究

Kim 等(2022)以天气类新闻播报为研究背景，研究用户对 AI 新闻播音员的看法以及分析虚拟主播与真人播报员的异同(如图 4-7 所示)。该研究采用问卷调查法，面向美国一所大型公立大学的 146 名本科生开展在线实验。研究者创建一个简短的天气新闻广播片段，片段内容是介绍如何为严重的天气灾难做准备。在真人播报条件下，新闻故事是由一位女性专业新闻播音员录制的。在人工智能条件下，同样的新闻故事是通过计算机程序设计的女性 AI 语音录制的。研究发现，参与者认为真人新闻播音员比 AI 新闻播音员更可信。然而，信息寻求意愿和行为意愿在两种新闻播报员之间

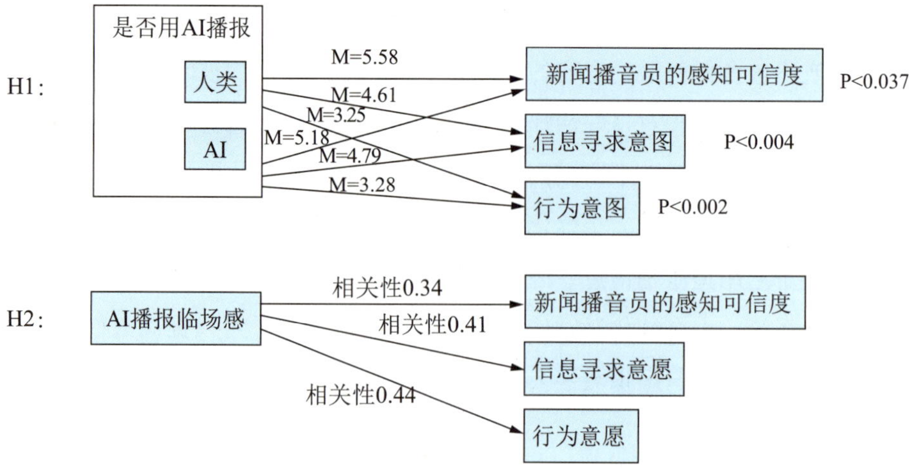

图 4-7　虚拟主播与真人主播的可信度研究

并没有差异。此外，当 AI 新闻播音员进行天气新闻广播时，AI 新闻播音员的社会临场感(perceived social presence)与更高水平的可信度(对新闻播音员的感知可信度)、信息寻求意愿(获取有关所听主题的更多信息方面的兴趣)和行为意愿(对所听的新闻片段采取行动的意愿)呈正相关。总的来说，这项探索性研究表明，在人力资源有限的情况下，AI 新闻播音员可以融入新闻广播行业。① 不过这项研究的一个问题是随着技术进步，AI 播报的声音和人类声音越来越相似，对于听众来说，很难进行区分。

三、虚拟偶像的塑造研究

学者们发现，之前很少有人关注跨文化商业投资是如何塑造虚拟偶像身份的。于是，露西·马奇(Lucy March)(2023)便开始研究文本叙事和粉丝话语是如何形塑虚拟偶像的(如图 4-8 所示)。2020 年，超级流行歌手阿什尼科(Ashnikko)发布她与虚拟偶像“初音未来”合作的单曲《雏菊》(*Daisy*)的混音版，尽管“初音未来”的声音和形象的商业使用权都归克理普敦未来媒体有限公司(Crypton Future Media)所有，但任何拥有 Vocaloid 软件的人都可以为“初音未来”创作歌曲。对此，March 提出下述问题：“初音未来”参与跨文化合作对她的形象塑造和 Vocaloid 文化有什么影响？Ashnikko 在《雏菊》中定义“初音未来”的方式如何加强限制或为虚拟歌手的身份创造新的可能性？研究者通过对《雏菊》音乐视频的文本分析以及观察上传至 YouTube 视频的评论，研究该视频的叙事及其观众的话语是如何限制和扩展“初音未来”的文化内涵的。研究发现，虽然 Hyperpop(“超级流行”，是一种具有强烈的互联网时代意识的音乐流派)和虚拟偶像文化所提供的流动性身份方法有可能使这些表演者摆脱主流性别观念的桎梏，但文化和商业限制仍在这些空间中占据重要地位。②

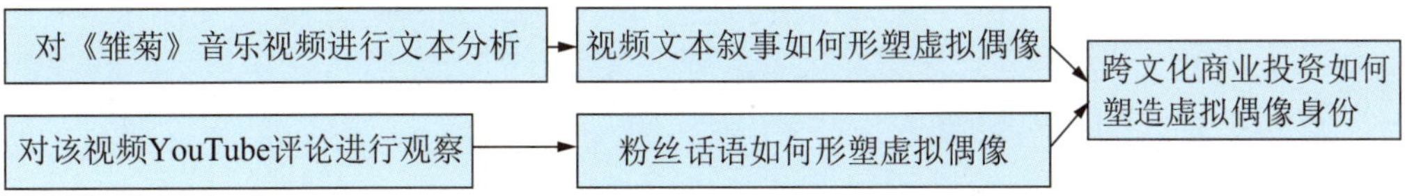

图 4-8　文本叙事和粉丝话语对虚拟偶像形象塑造的影响

① Jihyun Kim, Kun Xu and Kelly Merrill Jr, “Man vs. Machine: Human Responses to an AI Newscaster and the Role of Social Presence,” *The Social Science Journal*, 2022, pp. 1-13.

② March L., “Wrap You Up in My Blue Hair: Vocaloid, Hyperpop, and Identity in Ashnikko Feat. Hatsune Miku-Daisy 2.0,” *Television & New Media*, 2023(08), pp. 894-910.

姚睿等(2021)以虚拟偶像团体 K/DA 为例，探究当代虚拟偶像的传播路径与产业模式(如图 4-9 所示)。研究文章主要分为 5 部分：第一，以虚拟偶像团体 K/DA 引出虚拟偶像的概念并提出由此带来的传播路径和产业模式等问题。第二，详细梳理虚拟偶像经历的萌芽期、发展期和成熟期等发展阶段。第三，分析虚拟偶像的传播路径与美学特征。从传播路径上看，K/DA 带来了电竞圈与偶像圈的破圈。从美学特征上来看，K/DA 在人物、音乐、技术等方面进行了独特、细致的美学规划，并且虚拟偶像不受人类生老病死等生物机体的物理限制，能够建立较好的情感连接。第四，以 K/DA 为例分析虚拟偶像的产业路径与营销手段，如团体出道、“一带多”捆绑销售、“黑料”以及“炒作”等营销手段。第五，总结目前虚拟偶像模式并展望未来发展方向，为国内虚拟偶像产业发展提供经验借鉴。①

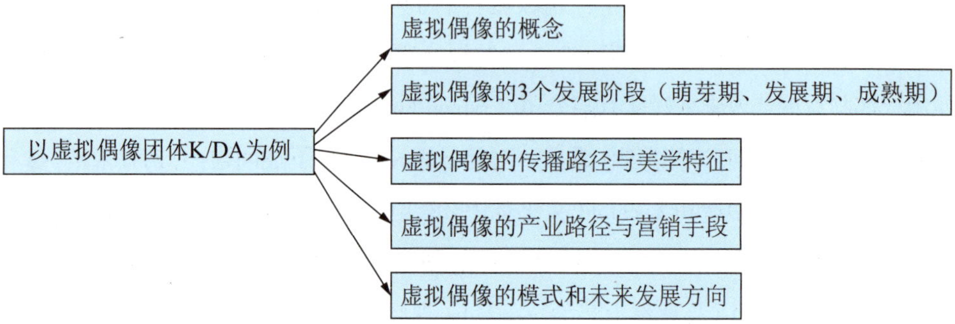

图 4-9　当代虚拟偶像的传播路径与产业模式研究

第四节　虚拟数字人的分析观点

一、虚拟数字人的准人类角色

有学者认为，在现实娱乐活动中，随着技术的发展，特别是随着基于 5G 网络的互动游戏的升级换代，即便只是在弱人工智能的条件下，外观高度逼真的“虚拟人物”都能被运行起来，能在游戏界面中具备一定的准人类角色属性，参与到游戏玩家的直

① 姚睿、黄汀：《当代虚拟偶像的传播路径与产业模式——以虚拟偶像团体 K/DA 为例》，载《现代传播(中国传媒大学学报)》，2021(11)。

接互动之中。①

有学者进一步指出虚拟数字人的陪伴功能。在增强现实技术的赋能下，虚拟世界中的存在物和人都能以日常生活化的姿态直接走入人们的生活。在未来的日常生活中，可能会出现以增强现实方式而陪伴在人类身边的“虚拟伴侣”。这样的“虚拟伴侣”，可能会在日复一日的陪伴过程中获得人类的身份与人格认同，被当作“真实”的人来对待。而如果将来这种“虚拟伴侣”再进一步达到所谓“自然地识别、理解，甚至产生类人情感”的“情感融合”阶段②，那么届时自然人类跟虚拟人物之间的关系，将从当下的“主客二元”关系演化为所谓“多样化的主体间的复杂关系”。③

国内学者探索智能主播的类人化问题，认为智能主播的演进一直是以对人类生物性和社会性的模拟为底层逻辑的，以获得“拟主体性”为最终落点。未来人工智能主播将突破媒介产品的单一属性，在更加宏观的媒介传播生态领域展现“人—机”互构的张力作用。在可预见的人与技术的主体性争夺中，我们应当进一步关注技术设计的重要性，使“智能体设计”成为一种向技术开发者、平台渠道和用户三方赋权的手段，帮助实现人机的共生与协同。④

二、人机交互中的恐怖谷效应

恐怖谷效应指的是机器人与人类的相似程度越高可能引发的人类同理心或厌恶感的现象。⑤ 恐怖谷效应认为，机器人的外观和行为与人类越接近，人们越容易产生积极的正面情感。但是，这种正面的情感到达一个峰值之后，随着相似度的提高，人们会对机器人产生恐怖的感觉，形成所谓的“恐怖谷”；当相似度持续上升到与人类更为接近的程度时，人们对机器人又会重新产生正面的情感。⑥ 虚拟数字人是存在于数字

① 简圣宇：《“赛博格”与“元宇宙”：虚拟现实语境下的“身体存在”问题》，载《广州大学学报》（社会科学版），2022(03)。

② 李洁、袁萍、张瑢：《从工业美学到智能美学》，载《包装工程》，2021(03)。

③ 李莹莹：《后人类语境中的人机关系——以〈爱、死亡与机器人〉为例》，载《广州大学学报》（社会科学版），2020(02)。

④ 周勇、郝君怡：《建构与驯化：人工智能主播的技术路径与演化逻辑》，载《国际新闻界》，2022(02)。

⑤ Carrozzino M. A., Galdieri R., Machidon O. M., et al., “Do Virtual Humans Dream of Digital Sheep?” *IEEE Computer Graphics and Applications*, 2020(4), pp. 71-83.

⑥ Mori Masahiro., “The Uncanny Valley,” *IEEE Robotics & Automation Magazine*, 2012(02), pp. 98-100.

世界的立体“人”，其虚拟样态是以人为蓝本设计的，因此，当人类与虚拟数字人交流互动时是否会产生恐怖谷效应，是虚拟数字人技术设计面临的一个重要问题。

研究人工智能伦理的学者杜严勇认为，恐怖谷效应对于机器人设计的一个重要启示就是提醒人们不仅要关注机器人的功能，还必须要重视机器人的外观，恰当的外观对于人们接受机器人是至关重要的，甚至可以说比机器人的功能更重要。①

三、虚拟数字人带来的认知挑战

有文章讨论了虚拟数字人对人的认知产生“他们是谁”的影响。“人的认知模式只适用于认识有‘自然’性质的事物，包括认识我们自己，但是，当我们提出：‘我们是谁’的问题时，人的认知模式就不起作用了。”②当面对虚拟数字人时，他们会对我们的认知模式带来双重冲击，绝大多数人都会因此遇到认知难题，因为我们不仅要面对“我们是谁”，还需要回应“他们是谁”。当看到清华大学计算机系的“华智冰”、虚拟偶像团体“VSinger 家族”或两个月内吸粉 800 万的虚拟美妆博主“柳夜熙”等虚拟数字人形象，绝大多数人都容易出现心理困惑与认知障碍，即出现“这个‘人’是谁?”的问题。谢新水从康德的哲学视角出发，认为可以将康德的著名哲学命题“我知道什么、我应该做什么、我可以希望什么、人是什么”进行主体转换，这些问题可以转化为很有想象力的新问题：虚拟数字人知道什么？虚拟数字人应该做什么？虚拟数字人可以希望什么？虚拟数字人是什么？这种转换后带来的新问题需要人类进一步思考。③

四、虚拟数字人的多重风险与挑战

扬-菲利普·斯坦(Jan-Philipp Stein)认为，利用虚拟现实技术与已逝之人的数字形象进行交互会给人类社会带来道德挑战。2020 年年初，一部电视纪录片邀请了一位悲伤的母亲，在虚拟现实场景中与已故女儿的数字再现进行互动。受这个首次记录在案的涉及与已故儿童肖像的人机交互案例的启发，斯坦反思这种技术对时空边界的跨越所带来的心理和伦理影响，他认为使用和滥用虚拟的人类娱乐和类似的数字产品，无论如何都不是一个可以通过法律或技术解决的问题。相反，它构成了一种道德挑战，这种挑战将随着社会规范的力量变化而上升或下降。正在进行的数字革命有可能

---

① 杜严勇：《恐怖谷效应探析》，载《云南社会科学》，2020(03)。

② [美]汉娜·阿伦特：《人的境况》，4 页，上海，上海人民出版社，2009。

③ 谢新水：《虚拟数字人的进化历程及成长困境——以“双重宇宙”为场域的分析》，载《南京社会科学》，2022(06)。

会带来对人类身体和身份的深度重新概念化，这可能会使许多弱势群体从强加于他们的身体的限制中解放出来。然而，一旦一个日益虚拟化的世界允许他们在指尖的触摸下构建和重组自己的身体，人们可能会选择在任何东西上建立自己的身份，而不是他们与生俱来的物理本性，这对社会秩序造成的影响是值得进一步思考的。①

进一步从法律层面看，目前新兴的产业虚拟数字人缺乏行业规范，可能会有不法分子利用技术手段假冒人物原型从事诈骗等违法犯罪活动。上海交通大学人工智能治理与法律研究中心秘书长何渊认为，虚拟数字人看上去是与真人高度相似的，不论是跟你打视频还是通电话，普通人可能都难以分辨。② 在当前充斥着深度伪造(deep fake)的社会环境中，作为与真人具有极高相似度的科技产物，虚拟数字人在商业应用中应该十分谨慎和小心，在充分利用其经济价值的同时，也应考虑到可能造成的法律风险。③

① Stein J. P.,"Conjuring up the Departed in Virtual Reality: The Good, the Bad, and the Potentially Ugly," *Psychology of Popular Media*, 2021(04), pp. 505-510.

② 刘乐艺:《"虚拟数字人"展露现实价值》，载《人民日报》(海外版)，2022-02-23。

③ 沈浩、刘亭利:《虚实共融，若即若离：全面进击的虚拟数字人》，载《视听界》，2022(03)。

第五章　模式识别

随着人工智能技术的发展，人脸识别、指纹识别、步态识别等模式识别技术被广泛应用在交通出行、移动支付、医院治疗等场景中。在互联网的信息空间中，模式识别也是一个重要的信息使用手段。

第一节　模式识别的含义与应用

模式识别是研究如何使机器能够检测、理解、模拟环境中行为和事件的技术。[①] 模式识别最早诞生于20世纪20年代，随着20世纪40年代计算机的出现及50年代人工智能的兴起，模式识别技术在60年代迅速发展为一门工程应用的学科。[②] 该理论与方法被应用于诸多领域，如光学字符识别(OCR)、生物身份认证、DNA序列分析、图像理解、人脸识别、表情识别、手势识别、语音识别、数据挖掘和信号处理等。

一、模式识别的含义

模式识别解决的是人工智能中的感知问题，研究主要分为认知科学和信息科学两大范畴。前者主要研究生物体如何感知对象，后者主要研究如何利用计算机实现模式识别的方法和理论。[③] 从问题解决的方法和处理的性质来讲，模式识别可以分为有监督和无监督两大类，其主要区别在于是否对训练集中的数据进行预先标记。根据事物

---

① Chenglin L., "Document Image Recognition: Retrospective and Perspective of Technology," *Frontiers of Data and Domputing*, 2020(02), pp. 17-25.

② [希]Sergios Theodoridis、[希]Konstantinos Koutroumbas:《模式识别》(第四版)，北京，电子工业出版社，2016, p. 1.

③ 范会敏、王浩：《模式识别方法概述》，载《电子设计工程》，2012(19)。

存在形式的不同，识别行为分为识别具体事物和识别抽象事物两种。识别具体事物方面，包括人脸、杯子、稻田等，也包括声波、脑电信号等；识别抽象事物方面，主要体现为不以物质形式存在的现象，如关于某个问题的观点或关于某个人的看法。

从信息科学角度看，让机器具有人的模式识别能力是研究模式识别技术的目的。该技术本质上是一种让计算机通过对所感知的信息进行分析与判别从而具备模拟人类识别能力的数学模型。

综上所述，模式识别是指对表征事物或现象的各种形式信息进行处理和分析，以完成对事物或现象进行描述、辨认、分类和解释的过程。① 模式识别的目标是阐明复杂的决策过程和机制，并利用计算机使这些功能自动化。② 概言之，我们可以把模式识别理解为算法通过抓取客观事物的数据化信息，使机器可以实现人类感知的过程。

实现模式识别过程，一方面要让机器能够自主观察周围的事物和环境，并从观察到的事物及其背景中进一步识别出感兴趣的模式进行深入研究；另一方面需要让机器能够处理和分析可以表征这个模式的各种形式的信息，能够对所观察到的事物和发生的现象进行描述、辨认、分类和解释，最终实现对所观察到的模式进行准确合理的类别归属判断。③

二、模式识别的发展

模式识别的发展历史(如图 5-1 所示)可以追溯到 1929 年奥地利工程师古斯塔夫·陶谢克(Gustav Tauschek)发明的光电阅读机，这也是模板匹配方法(Template Matching)的起源。模式识别的系统研究从 1936 年英国遗传学家罗纳德·费希尔(Ronald Fisher)开始，他首次将模式识别问题数学化，开创统计(Statistical)模式识别的算法流派。早期模式识别主要还是统计学领域的理论研究成果。而模式识别作为一门真正的学科是从 20 世纪 50 年代开始的，诺姆·乔姆斯基(Noam Chomsky)提出形式语言理论(Formal Language Theory)。在此基础上，美籍华人傅京孙(King-sun Fu)提出句法模式识别(Syntactic Pattern Recognition)。而后，随着计算机技术的发展，模式识别在各种应用需求的推动下取得了长足的发展，新的理论和方法相继涌现。20 世纪 80 年代，约翰·霍普菲尔德(John Hopfield)发展了人工神经元网络(Neural Networks)模型理论，开创了应用神经网络进行模式识别的新方法。弗拉基米尔·万普尼克(Vla-

① 张向荣：《模式识别》，1～4 页，北京，电子工业出版社，2020。

② Fukunaga K., *Introduction to Statistical Pattern Recognition*, New York, Academic Press, 1990.

③ 张向荣：《模式识别》，1～4 页，北京，电子工业出版社，2020。

dimir N. Vapnik）和科琳娜·科尔特斯（Corinna Cortes）在20世纪90年代中期提出了支持向量机（Support Vector Machine，SVM），为模式识别这一学科带来了新的理论和活力。目前，模式识别已发展成一门多种学科交叉的学科，这门学科涉及的理论与技术相当广泛，包括数学、信息论、控制论、计算机科学、信号处理、神经心理学等。①

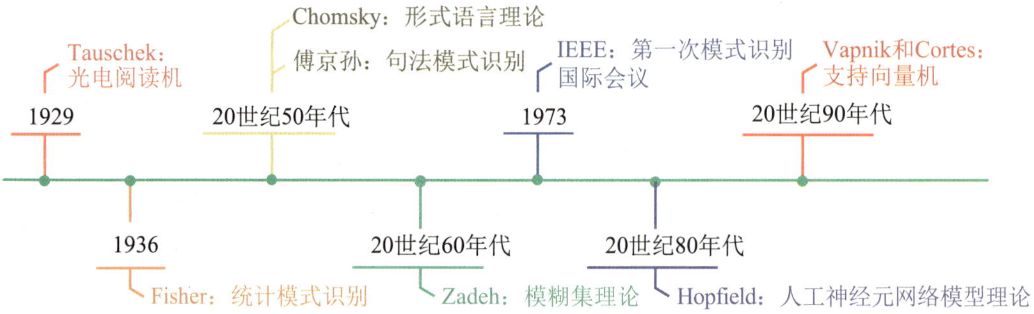

图 5-1　模式识别技术的发展历史

三、模式识别的应用

目前模式识别被广泛应用于计算机工程、机器学、神经生物学、医学、侦探学以及农学、考古学、地质勘探、宇航科学和武器技术等许多重要领域。② 模式识别在新闻传播学范畴的应用主要有人脸识别、语音识别和文本识别。

1. 人脸识别

人脸识别中的身份认证与指纹识别类似，即通过数据化面部信息特征方式进行身份验证。人脸识别的进阶路径是表情识别。面部表情是人类传达人类情感和意图的最直接、最自然的手段之一。面部表情自动分析影响计算机视觉、人机交互和数据驱动动画等许多领域的重要应用。近年来，人脸表情自动识别受到广泛关注。当前，有两种常用的面部特征提取方法：一个是基于几何特征的方法，另一个则是基于外观的方法。③ 但面部表情识别是相当具有挑战性的，因为人脸识别是一个典型的高维度、大类别、小样本的问题，且对微小的个体差异不敏感，由于面部表情的微妙、复杂和可变性，高精度识别面部表情仍然很困难。④ 具体应用如 Facebook 曾经推出的"标签建

① 赵宇明、熊惠霖、周越等：《模式识别》，上海，上海交通大学出版社，2013。

② Webb A. R., *Statistical Pattern Recognition*, New York, John Wiley & Sons, 2003.

③ Shan C., Gong S. and McOwan P. W., "Facial Expression Recognition Based on Local Binary Patterns: A Comprehensive Study," *Image and Vision Computing*, 2009(06), pp. 803-816.

④ 杨健：《人工智能：模式识别》，1～2页、159页，北京，电子工业出版社，2020。

议”功能，对大量用户照片进行人脸识别，从而分析出人物标签信息，帮助其自动识别人们在社交网络上发布的照片与视频。换句话说，用户只要上传照片，系统就会通过人脸识别技术将照片中的人物圈出来，并建议用户标注出这是哪位好友。

2. 语音识别

语音是人与机器交互的重要介质，可以完成90%以上的信息输出。简单来说，语音识别就是让机器能输入和理解人类的语言，能直接接收并识别人类发出的语音，从而作出相应的反应。语音识别技术的基本原理是对于待识别的声音信号，能够让含有语音识别技术的智能体进行接收，并将接收到的语音信号转换成文本信息，然后作出相应的操作。① 作为最早落地的人工智能技术，无论是产业模式、创新能力、应用能力还是企业能力，语音识别技术都是人工智能领域发展状况最好的技术之一。② 语音识别作为物联网的入口之一，在智能家居、车联网、智能穿戴等领域发挥着巨大的作用。除此之外，语音识别的应用还主要集中在人机交互、语音转文字和智能翻译等领域。本书将在第九章“智能语音”中重点介绍相关的技术与应用。

3. 文本识别

文本识别是一种利用计算机来自动识别字符的技术。③ 文本识别处理的信息主要包括两大类：一类是文字信息，主要针对各个国家、地区的不同类型的文本信息进行技术处理。其中文字信息处理技术比较成熟的是印刷体识别技术和联机手写体识别技术，当前依托这些技术推出诸多办公应用系统。另一类是由阿拉伯数字及少量特殊符号组成的数据信息，如邮政编码、财务报表、银行票据等，主要是各种编号和数据统计。④

文本识别的应用主要体现在手写文字识别(Hand Writing Recognition)和光学字符识别(Optical Character Recognition，OCR)等产品上，我国科大讯飞自主研发的印刷文字识别(Printed Text Recognition，PTR)是基于深度神经网络模型的文字识别系统，可以将图片(来源如扫描仪或数码相机)中的印刷字体转化为计算机可编码的文字，具有识别准确率高的特点，支持复杂自然场景下的文字识别，可被广泛应用于身份识别、车牌识别、银行卡识别等场景。

① 张向荣：《模式识别》，1～4页，北京，电子工业出版社，2020。
② 郭福春：《人工智能概论》，40页，北京，高等教育出版社，2019。
③ 张向荣：《模式识别》，1～4页，北京，电子工业出版社，2020。
④ 张向荣：《模式识别》，1～4页，北京，电子工业出版社，2020。

第二节　模式识别的技术原理

在信息传播领域的模式识别技术目标主要有两种：(1)实现海量信息检索的需要，帮助用户从海量多模态数据中迅速提取所需信息；(2)实现人机交互的需要，让智能体“读懂”人类的语言、面孔和情绪，把人类表征转化成“智能体”可以处理的信息。

模式识别的核心技术原理可以分为原数据输入/获取、特征提取、模式分类、结果处理/输出。以最常见的“人脸识别”手机解锁来举例说明，模式识别第一步就是通过手机摄像头获取人脸图像；随后手机会对人脸图像的五官比例、瞳距等特征进行提取；再把这些特征与预存在手机系统里的“密码面孔”特征作分类和对比；如果识别出这张面孔就是“机主”，手机就会自动输出“解锁”的结果，反之则输出“不解锁”的结果。①

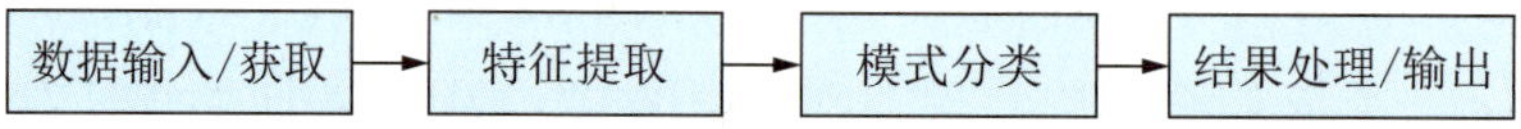

图 5-2　模式识别的核心技术原理②

模式识别的技术区别并不在于“输入端”和“输出端”部分，重点在于特征提取与模式分类这两个环节，也正是这两个环节决定了模式识别的技术水平。目前已发展出两种主流的方式，分别是基于“匹配识别”思维的初阶技术和基于“结构识别”思维的高阶技术。

一、基于“匹配识别”思维的初阶技术

这类模式识别包括文件扫描识别、图片分类识别等常见的应用，应用场景多以实现多模态信息检索为主，因此是较为初阶的模式识别应用，其技术原理是把输入的信息与系统中预存的类别进行“一一对应”(如图 5-3 所示)，类似“找朋友”“连线”的识别思维，是对人类朴素“归类识别”思维的机械复制。

在深度学习技术的算力加持下，这类模式识别技术实现起来已经非常简单，成本

① Theodoridis S.，Koutroumbas K.，*Pattern Recognition*，Amsterdam，Elsevier，2006.

② Theodoridis S.，Koutroumbas K.，*Pattern Recognition*，Amsterdam，Elsevier，2006.

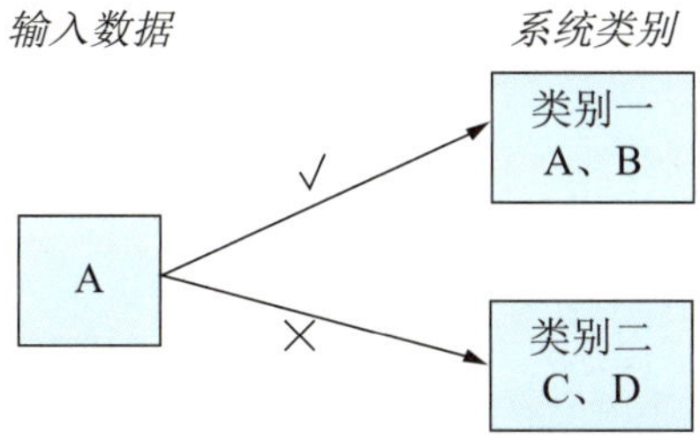

图 5-3 基于“匹配识别”思维的技术原理

也非常低。大部分系统都可以预先存储无尽的识别类别，把提取的信息特征与无尽的识别类别作无数次“一一对应”，最终输出一个有效的结果。从表面来看，这种技术具有强大的判别能力，但其缺陷也显而易见。首先，这类模式只适合处理文本、图片等具象的信息，面对诸如情绪、意识等非结构化的信息时则略显乏力；其次，这类模式缺乏变通，系统不具有较高的“推理能力”，识别的精度和速度完全取决于对识别系统的预先训练以及训练数据的完善性，因此，很容易导致似是而非的数据分类错误。通常来说，这类技术模式是“指哪打哪”型，像一个大型的匹配系统。

二、基于“结构识别”思维的高阶技术

随着人机交互领域对人类情绪、语言、意识等抽象信息的识别需要，曾在 20 世纪 70 年代提出的“通过语法结构识别”的技术思路被重新重视，学者们提出了更高阶的“结构识别”技术方式。① 其技术原理是先对输入数据进行“结构提取”，再把该“结构”进行归类(如图 5-4 所示)，实际是一个抽象分类的过程。例如，在场景识别的应用中，传统“对应识别”的思维已不现实，我们无法搜集不同场景中的所有数据对系统类别进行训练。因此，新的模式识别技术首先在场景中把不同物体、区域边界用节点和连线表示出来，这样一个复杂的场景就可以抽象为一张“点线”组成的结构图(如图 5-5 所示)，再将结构图输入到系统中进行下一步识别和处理。②

因此，这类技术可以有效解决传统基于“匹配识别”思维技术的问题。该项技术未

① Evtodienko L., “Multimodal End-to-End Group Emotion Recognition using Cross-Modal Attention,” arXiv Preprint arXiv: 2111.05890, 2021.

② Bear D., Fan C., Mrowca D., et al., “Learning Physical Graph Representations from Visual Scenes,” *Advances in Neural Information Processing Systems*, 2020(33), pp. 6027-6039.

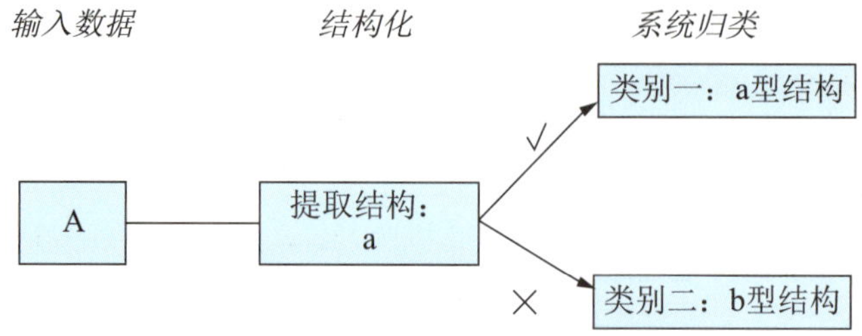

图 5-4　基于“结构识别”思维的技术原理

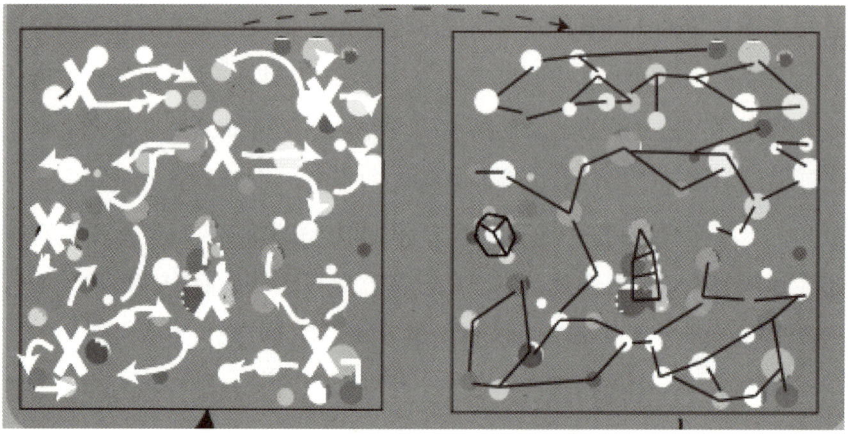

图 5-5　场景识别中的“结构图”提取①

来发展空间很大，尤其是针对人类意识、人类情绪等抽象信息进行处理，而这些信息的识别对深度发展人机交互非常重要。此外，这类技术灵活性高，系统具有较高的推理能力，不仅可以更自主地把输入的信息分解成不同的“零件”，还可以把“零件”再自主组合成不同的“结构”，有效解决一些似是而非的信息的识别问题。

但是，这类技术由于发展时间不长，目前还存在诸多待解决的问题。一些研究将此类技术用于语言识别中，仅能描绘其“字面结构”，却无法提取出语言背后的“符号结构”，使得模式识别仍无法达到对人类语言的深入理解。② 目前系统对抽象性“结构”信息的处理能力仍有不足，识别速度有待提高。

总之，“匹配识别”思维与“结构识别”思维的技术具有明显差异（如表 5-1 所示）。

---

① Bear D., Fan C., Mrowca D., et al., “Learning Physical Graph Representations from Visual Scenes,” *Advances in Neural Information Processing Systems*, 2020(33), pp. 6027-6039.

② Katiyar G., Katiyar A. and Mehfuz S., “Off-line Handwritten Character Recognition System Using Support Vector Machine,” *American Journal of Neural Networks and Applications*, 2017(02), pp. 22-28.

纵观模式识别技术发展历程，从传统的文字识别、图片识别，到目前已被广泛应用的人脸识别、语音识别，再到未来探索中的思维识别、意识识别，可以说模式识别的技术发展始终顺应从低维度的人类感知识别向高维度的人类感知识别的发展路径，未来技术发展逻辑也终将从呆板的、基于原始信息的"一一对应"走向灵活的、基于抽象特性的"推理归纳"。

表 5-1　两种模式识别思维的技术对比

分类	基于"匹配识别"思维的技术	基于"结构识别"思维的技术
应用场景	低维度人类感知的识别(如，文字、图片、面孔等)	高维度人类感知的识别(如，情绪、场景等)
满足需求	满足海量信息搜索需求	满足人智交互需求
识别分类方式	基于原始信息的对比分类	基于结构化提取的归纳分类
优势	简单，成本低，准确度低	灵活，可处理抽象信息，准确度高
劣势	死板，仅可处理具象信息	发展尚不成熟

第三节　模式识别的研究模式

模式识别已被大规模应用于互联网信息传播领域，在传统制定模式识别的各种框架中，统计和机器学习方法得到最全面的研究和实践应用，深度学习技术和方法也受到越来越多的关注。

一、生物模式识别研究

生物识别是指基于个体的生理或行为的自动识别，是传播生理研究领域的重要分析手段。Jain 等(2004)详细梳理生物识别领域主要的生物识别方式，并总结了这些识别方式的优缺点和局限性。可用于生物识别的内容包括 DNA、耳朵、面部、面部热图、手静脉、指纹、步态、手几何特征、虹膜、按键击打、气味、手掌纹路、视网膜、签名和声音共 15 种(15 种生物识别的横向比较结果如表 5-2 所示)。① Jain 指出 DNA 识别主要存在以下局限性：一是容易被污染，别有用心者可以很容易从他人身上

① Jain A. K., Ross A. and Prabhakar S., "An Introduction to Biometric Recognition," *IEEE Transactions on Circuits and Systems for Video Technology*, 2004(01), pp. 4-20.

窃取一段DNA来隐藏自身身份；二是自动识别的效率还有待提高；三是隐私问题，尤其是一些能够从DNA中检测出来的疾病，因为涉及人们的隐私，人们并不总是愿意提供自身的DNA。

表5-2 主要生物识别方式的比较

生物标识符	普适性	独特性	持久性	可采集性	可识别性	接受度	规避性
DNA(脱氧核糖核酸)	高	高	高	低	高	低	低
Ear(耳朵)	中	中	高	中	中	高	中
Face(面部)	高	低	中	高	低	高	高
Facial thermogram(面部热图)	高	高	低	高	中	高	低
Fingerprint(指纹)	中	高	高	中	高	中	中
Gait(步态)	中	低	低	高	低	高	中
Hand geometry(手几何特征)	中	中	中	高	中	中	中
Hand vein(手静脉)	中	中	中	中	中	中	低
Iris(虹膜)	高	高	高	中	高	低	低
Keystroke(按键击打)	低	低	低	中	低	中	中
Odor(气味)	高	高	高	低	低	中	低
Palmprint(手掌纹路)	中	高	高	中	高	中	中
Retina(视网膜)	高	高	中	低	高	低	低
Signature(签名)	低	低	低	高	低	高	高
Voice(声音)	中	低	低	中	低	高	高

在现实场景中，生物识别主要应用于以下方面：一是计算机网络等商业运用，如用户登录、电子数据安全和电子商务等，主要是对密码、钥匙和卡等进行识别；二是与政府相关的应用申请，例如居民身份证、惩教设施、驾驶执照、社会保障、福利支出、边境管制和护照管制等，主要对身份进行识别；三是取证运用，如尸体鉴定、刑事调查、恐怖分子鉴定、终止父母身份和失踪儿童等法医应用，主要是依赖人类专家来匹配生物特征。生物识别的局限性主要包括噪声干扰、类内变化(Intra-class Variations，两次录入数据生成模板有所不同)、独特性和非普遍性。①这些应用场景从传播学角度出发的研究还较少，特别是商业应用带来的隐私伦理等问题还需要进一步研究。

① Jain A. K., Ross A. and Prabhakar, S., "An Introduction to Biometric Recognition," *IEEE Transactions on Circuits and Systems for Video Technology*, 2004(01), pp. 4-20.

二、人脸识别研究

2022 年，O’Neill 等学者研究在人脸识别技术的传播话语(discourse)中儿童是如何被建构的(如图 5-6 所示)。人脸识别技术是近年来最具社会争议的新兴技术之一，因造成种族主义和其他形式的社会危害而受到严厉批评。该研究利用人脸识别的人种数据库，以及对生物识别从业人员的采访，探讨儿童的生物识别监测技术在整个行业中是如何成为一种处于突出地位的监测模式的。在人脸识别中，儿童群体被认为是难度较大的任务，因为成长中的儿童的面孔会随着时间不断发生变化。研究发现，在人脸识别的行业话语中，儿童往往被描绘成无辜(innocent)和顽固不化(recalcitrant)的形象，而面部识别行业已经有效地利用了这两个形象之间的紧张关系，以合法扩大自己的企业利益。①

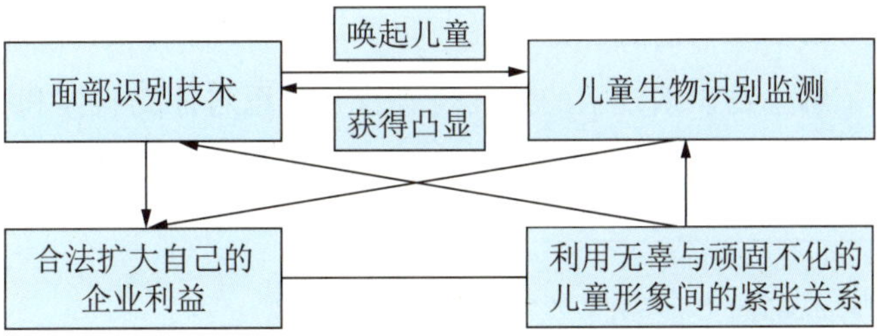

图 5-6　人脸识别技术的传播话语在儿童群体中的情况

也有研究持相反的观点，认为人脸识别和深度造假技术在推进种族平等上可以有所作为。有学者分析电影《双子杀手》中的数字人类，指出其主演和被制造出的数字影像，调解了人们对面部识别和其他数字成像技术的种族化影响的担忧，以及对数字时代电影行业的担忧。该文章进一步研究(如图 5-7 所示)深度模仿视频的出现，说明种族是如何在各种媒体形式的屏幕上传播的，呼吁用数字视觉效果、深度造假和其他先进技术来推进种族正义，而不是重复使用已被认为存在问题的方法。②

① O’Neill C., Selwyn N., Smith G., et al., “The Two Faces of the Child in Facial Recognition Industry Discourse: Biometric Capture between Innocence and Recalcitrance,” *Information, Communication & Society*, 2022(06), pp. 752-767.

② Allison T., “Race and the Digital Face: Facial Recognition Ingemini Man: Convergence,” *The International Journal of Research into New Media Technologies*, 2021(04), pp. 999-1017.

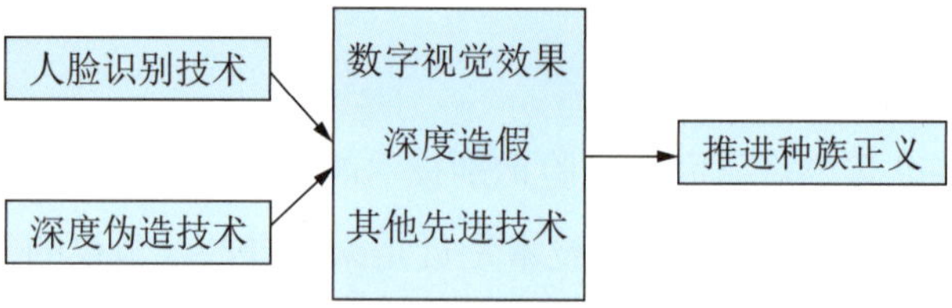

图 5-7　脸部识别与种族主义研究

人脸识别技术不仅被大量应用于种族研究上，也在社交媒体应用上得到快速传播。研究者深入分析 Facebook 的“标签建议”(Tag Suggestion)工具，批判性地探讨人脸识别对日常环境的影响(如图 5-8 所示)。该工具首次将此技术引入在线社交网络。该文使用尼森鲍姆(Nissenbaum)的语境完整性框架，展示安全和治安中与生物识别相关的信息规范是如何将在线社交网络嫁接到它们的迭代语境中的。该研究影响用户理解人脸识别的方式，排除了对其广泛应用的批判性质疑；通过展示上下文共同构成信息规范的过程，对语境驱动的隐私方法进行重要深化；同时，也为市民提供一个重要的工具，让他们了解生物识别技术的发展轨迹，并反思与社交媒体和整个社会使用人脸识别相关的数据实践。①

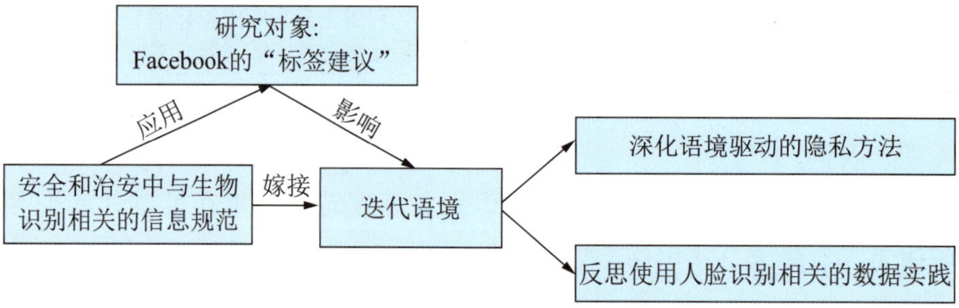

图 5-8　“标签建议”工具对语境的影响

三、模式识别在文本中的实证研究

Luce 等(1998)探究文本识别，特别是口语单词识别方法的优化。研究者使用由 20 000 个单词的转录组成的计算机化词典，计算每个转录的相似性邻域。他们选取一些变量，在一系列行为实验中检验了对听觉词识别的影响，这些实验采用了噪声中词的感知识别、听觉词汇决策和听觉词命名 3 种实验范式。结果发现(如图 5-9 所示)，

① Norval A., Prasopoulou E., “Public Faces? A Critical Exploration of the Diffusion of Face Recognition Technologies in Online Social Networks,” *New Media & Society*, 2017(04), pp. 637-654.

相似邻域中单词的数量和性质会影响单词识别的速度和准确性。于是，他们开发出邻域概率规则来充分预测识别性能，并基于此规则提出一种听觉词识别模型，即邻域激活模型。该模型描述相似邻域结构对区分记忆中单词的声音表示过程的影响。这些实验的结果对当前在正常和听力受损的儿童和成人人群中的听觉单词识别概念具有重要意义。①

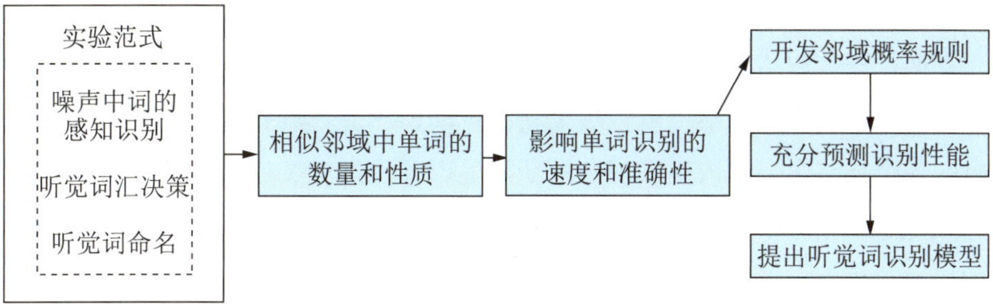

图 5-9　文本识别的方法优化

希拉·扎希德(Hira Zahid)等(2022)对迄今为止通过机器学习分类器识别并梳理乌尔都语手语识别模式完成的所有工作进行文献回顾。学者们使用结构化的关键字集从 PubMed、IEEE、Science Direct 和 Google Scholar 等数据库中提取 20 篇符合资格要求的研究文章。文献筛选的结果分为两部分：一是乌尔都语手语所有可用数据集；二是用于识别乌尔都语手语的所有机器学习的技术。梳理结果发现，与许多基于字符、数字或句子的公开数据集相比，只有基于 USL 符号的图片数据集是唯一公开可用的，这说明可利用的公开数据集较少。研究还发现，除支持向量机(SVM)和神经网络之外，无监督机器学习分类器的使用频率较低，技术发展不成熟，整体模式识别的基础发展仍处于初级阶段。②

① Luce P. A., Pisoni D. B., "Recognizing Spoken Words: The Neighborhood Activation Model," *Ear and Hearing*, 1998(01), pp. 1-36.

② Zahid H., Rashid M., Hussain S., et al., "Recognition of Urdu Sign Language: A Systematic Review of the Machine Learning Classification," *PEERJ Computer Science*, 2022.

第四节　模式识别的分析观点

一、模式识别对新闻生产的影响

一方面，学者们认为模式识别可以重建新闻操作流程。人脸识别、声纹识别、图像识别、大数据搜索等技术可以被用于新闻传播的采写、编辑、分发与评论管理和用户体验的各个环节中。纳入模式识别的新闻生产分发过程突破了传统新闻业的形态和思维。① 从技术角度来看，模式识别技术与新媒体传播几乎是形影相随，以语音与图像识别技术为代表，在多维度的融合中逐渐发展成为支撑智能传播的主力军，在内容制作、内容审核、内容分发、数据反馈等方面具有显著优势。②③④

另一方面，模式识别被应用到新闻生产中会对新闻生产带来某些影响。与新闻相关的视觉信息处理、语音处理、自然语言处理等技术在商业化发展进程中，将新闻线索发掘、新闻文本写作、评论策展、标题制作、网页编辑、新闻分发渠道的诸多流程推向新闻生产的幕后“黑箱”，使人类现有认知水平对其真实度、可信度、透明度难以判断。⑤

学者们指出，媒体预警督促机构和个人履行社会责任，防范权力“任性”，在满足公众知情权、提供抉择技术应用依据、缓解信息表达失衡、提升社会反应能力、构建技术风险议题、强化主管部门善治理念等方面，同样有助于模式识别技术应用的规范。⑥

二、模式识别拓展用户体验的范畴

从用户角度来看，模式识别的应用能改善用户体验。人脸识别、图像识别、语音

① 陈昌凤、霍婕：《以人为本：人工智能技术在新闻传播领域的应用》，载《新闻与写作》，2018(08)。

② 刘雪梅、杨晨熙：《人工智能在新媒体传播中的应用趋势》，载《当代传播》，2017(05)。

③ 彭兰：《增强与克制：智媒时代的新生产力》，载《湖南师范大学社会科学学报》，2019(04)。

④ 孟笛、柳静、王雅婧：《颠覆与重塑：人工智能时代的新闻生产》，载《中国编辑》，2021(04)。

⑤ 仇筠茜、陈昌凤：《黑箱：人工智能技术与新闻生产格局嬗变》，载《新闻界》，2018(01)。

⑥ Johann Hofmann, Griffeye, “How Facial Recognitionis Helping Fight Child Sexual Abuse,” *Biometric Technology Today*, 2020(3), pp. 7-10.

识别、音视频识别以及体感技术手段，结合不间断的人工智能算法学习能力，从一定程度上修正了过去受众调查的偏差，实现对信息传播的精准监测，并延伸了用户对于信息的阅读和感知，可以帮助用户将求知延伸到难以触及的未知，带来的是更加自由高效的新媒体体验。①

进一步看，这种用户体验能够建立人机情感社交关系。通过语言识别和图像识别等技术，人工智能算法可以进行一定程度上的情感分析处理，从而帮助机器产生对个体情感、情绪的细致把握，并通过技术模仿人类肌肉运动，从而实现微表情和肢体语言的表达、识别和回应②③，这样的情绪识别及反馈(emotion recognition and response)使传统的基于计算机为中介的人际传播(Computer-Mediated Communication，CMC)转变为以 AI 为中介的人机传播模式(AI-Mediated Communication，AIMC)，这在智能传播领域被认为是未来人机互动实践的重要发展目标之一。④

但模式识别对用户认知会产生风险。如沃尔特·李普曼(Walter Lippmann)所言，作为"认知的吝啬鬼"(cognitive miser)，人们通常在有限的信息下快速作出认知判断，却在认知推理的各个环节中引入偏见。⑤ 公众认知受媒体认知的影响，媒体对模式识别应用的认知水平将会直接影响受众的认知与价值判断，媒体所营造的拟态环境能够塑造公众思考问题的角度。人脸识别技术应用风险的非理性放大以及其场域中识别与被识别主体的矛盾激化，会衍生出更多的社会风险。因为媒体报道天然具有放大功能，智能技术及其所构建的新型媒体环境，将会成为社会风险前所未有的放大场域。⑥

三、模式识别对隐私权利的挑战

人脸识别技术将个人的私人生活与公共生活紧密联结起来，人脸信息作为生物识

① 刘雪梅、杨晨熙：《人工智能在新媒体传播中的应用趋势》，载《当代传播》，2017(05)。

② Nass C.，Moon Y.，"Machines and Mindlessness：Social Responses to Computers，"*Journal of Social Issues*，2020(01)，pp. 81-103.

③ Nass C.，Lee K. M.，"Does Computer-synthesized Speech Manifest Personality? Experimental Tests of Recognition，Similarity-attraction，and Consistency-attraction，" *Journal of Experimental Psychology：Applied*，2001(03)，pp. 171-181.

④ 周勇、郝君怡：《建构与驯化：人工智能主播的技术路径与演化逻辑》，载《国际新闻界》，2022(02)。

⑤ 牟怡：《从诠释到他异：AI 媒体技术带来的社交与认知变革》，载《上海师范大学学报》(哲学社会科学版)，2020(01)。

⑥ 蒋晓丽、邹霞：《新媒体：社会风险放大的新型场域——基于技术与文化的视角》，载《上海行政学院学报》，2015(03)。

别信息属于个人信息的范畴。但是，人脸识别数据不是单一存在的数据，与人脸信息绑定的个人信息越多，隐私暴露的可能性就越大，对个体权利伤害的可能性也就越大。而且人脸识别技术对个体权益的侵害不单是隐私权的侵害，还涉及肖像权、财产权、自由权等多种个人权益。①

人脸识别、语音识别等技术包含了大量个人生物特征、语义特征等信息，通过算法无孔不入地进入了各类场景，这样的应用强化了模式识别技术下对于权力的监控，并扩大了其广度与深度，很容易使人类产生受制于智能技术的恐惧与担忧，这在一定程度上会减损个人在智能媒体上享有的言论、集会和结社自由。②

学者们还进一步提到模式识别损害个人权利的风险。平等权是公民享有的基本权利，不受歧视权从平等权中发展而来。③ 在人脸识别、语音识别等技术应用的生命周期中，集聚着芯片厂商、算法厂商、移动终端厂商、行业应用厂商、安全解决方案厂商等众多角色，可能会带来各种问题，诸如人脸等个人生物特征信息的泄露方式复杂多样，技术滥用与不正当竞争事件频发，整个识别过程充斥着歧视与偏见等。由于相关行业标准、行政处罚、法律救济匮乏以及技术本身的高度专精化等原因，监管难度和成本被进一步提升，严重损害了个人应当享有的平等权益。④⑤

四、评判模式识别技术的社会效用

模式识别技术深度参与到人们的日常生活。针对该技术的社会效用，学者们莫衷一是，但总的来说可以被归纳成两种视角，分别是技术中立论和社会效用论。由于模式识别技术具有简单、直观、弱隐私、易接受等特征⑥，一些学者主张技术价值中立论（Value-neutral of Technology），认为技术仅是一种手段，它本身并无善恶。技术所带来的社会影响取决于人利用技术造出什么，它为什么目的而服务于人，人将其置于什

① 张秀：《智能传播视阈下伤害最小化伦理原则探讨——以智能人脸识别技术为例》，载《当代传播》，2020(02)。

② 王丹娜：《生物识别：传统信息安全在新技术环境的创新应用》，载《中国信息安全》，2019(02)。

③ 蒋洁：《人脸识别技术应用的侵权风险与控制策略》，载《图书与情报》，2019(05)。

④ 方陵生：《脸部识别系统：个人隐私终结者》，载《世界科学》，2015(03)。

⑤ Lohr S.，"Facial Recognition is Accurate, if You're a White Guy," *The NewYork Times*, 2018.

⑥ 张秀：《智能传播视阈下伤害最小化伦理原则探讨——以智能人脸识别技术为例》，载《当代传播》，2020(02)。

么条件之下。[①] 一些学者则相反，他们更主张技术价值负荷论(Value Load of Technology)，认为技术从来不是中性的，而是一种人类个性的投射。[②]

与此同时，另外一些学者从社会效用视角剖析模式识别的影响，“最大多数人的最大幸福”是功利主义伦理学的基本原则，也成为许多公共政策和功利论法学立法的基本原则。虽然智能识别技术可以提高管理水平和工作效率，但有学者质疑此技术是否能带来最大多数人的最大社会效用。如果以社会效用最大化的功利主义伦理原则作为智能人脸识别技术的伦理基本原则，那么如何证明智能人脸识别技术能够实现社会效用最大化的结果就成为一个伦理难题。[③]

但对于社会效用观点，也有学者提出质疑。他们认为主张追求“最大幸福”的功利主义，是要找出强调合意的最大公约数。由于人脸识别技术和应用对人的生物特征进行了广泛采集，其实不存在“共同意志”的数据资产，使用权自然归数据存储方支配。当数据变成某些掌握技术资源机构的资产，“幸福”也就沦为数据资产支配者的个体性幸福。虽然新闻媒体有“社会良心”的美誉，但是在涉及公众数据安全问题上，模式识别技术如何代表“最大多数人的最大幸福”，这是数字时代智能传播治理的重点事项。[④]

五、模式识别的技术风险

马歇尔·麦克卢汉(Marshall Mcluhan)认为媒介是人的延伸这一观点，人脸识别技术被认为是摆脱了具身依附的束缚，这是因为它不仅可以识别面孔等内容，还可以识别链接图像中的具体对象和细节信息。[⑤] 模式识别的应用会带来技术风险。

一方面是技术被隐秘操纵的潜在威胁。人脸识别、语音识别等人工智能技术的悖论在于它们都是由人设计的程序，基于计算、数据、推理，而不是主动性的思考。编程之后的程式化，导致猫脸经过修饰，也可能被人工智能识别为人脸。这样一来，算法导致

---

① Mesthene E. G., “The Role of Technology in Society,” *Technology and Culture*, 1969(04), pp. 489-536.

② [法]让-伊夫·戈菲：《技术哲学》，116页，北京，商务印书馆，2000。

③ 张秀：《智能传播视阈下伤害最小化伦理原则探讨——以智能人脸识别技术为例》，载《当代传播》，2020(02)。

④ Johann Hofmann, Griffeye, “How Facial Recognitionis Helping Fight Child Sexual Abuse,” *Biometric Technology Today*, pp. 7-10.

⑤ Johann Hofmann, Griffeye, “How Facial Recognitionis Helping Fight Child Sexual Abuse,” *Biometric Technology Today*, pp. 7-10.

的偏差将极易被主动利用，算法本身也可能被干预，导致信息被篡改或删除；此外，算法本身是由人来设置和建构的，因此也不可避免地夹杂着人的局限与偏见。[①][②]

另一方面是技术本身的安全问题。人脸识别、图像识别、语音识别等技术发展的难点在于数据。随着应用场景不断拓展，算法模块也随之越发复杂，会暴露出群体安全风险[③]，使模式识别技术面临着数据和道德双重安全压力。面部信息、语音信息等个人生物特征，作为表明自然人与机器人之间天然生物差异的重要信息，这类信息对应的数据资料如被非法或不正当掌握，将会严重威胁人身安全、信息安全、经济安全甚至是国家安全。[④][⑤]

---

① ［美］马文·明斯基：《心智社会：从细胞到人工智能，人类思维的优雅解读》，77页、348页，北京，机械工业出版社，2016。

② 雷霞：《搜索引擎智能推荐的权力控制与人的能动性》，载《现代传播（中国传媒大学学报）》，2021（05）。

③ Lohr S.，"Facial Recognition Is Accurate, if You're a White Guy," *The NewYork Times*, 2018.

④ Snow J.，"Amazon's Face Recognition Falsely Matched 28 Members of Congress With Mugshots," *American Civil Liberties Union*, 2018.

⑤ 洪杰文、兰雪：《从技术困境到风险感知：对智媒热的冷思考》，载《新闻与传播评论》，2019（01）。

第六章　深度伪造

2017 年 12 月，Reddit 社交网站上一个名为"deepfakes"的用户使用深度学习技术进行视频伪造，深度伪造自此开始流行，该用户的网名"deepfakes"也成为深度伪造的代名词。社交媒体上，越来越多深度伪造产品被创作和传播，在给人们带来乐趣的同时，也给个人信息安全、公众人物名誉权和网络安全等带来风险与挑战。当前关于深度伪造的研究主要集中在政治、社会、个人隐私安全和法律法规制定等领域。

第一节　深度伪造的含义与应用

一、深度伪造的含义

深度伪造是利用人工智能技术将数字图像中的面部结构、声音、行为进行部分替换，进而生成逼真的虚假数字图像的技术。Deepfake（深度伪造）实际上是"Deep Learning"（深度学习）和"Fake"（造假）的结合，是通过深度学习这种人工神经网络技术进行的合成和伪造的技术。深度伪造现在被广泛应用于政治新闻、电影制作、娱乐体验、广告营销、语音诈骗等领域。简单来说，深度伪造的目标是对文本、声音、图片、视频等多媒体形式进行高度还原再现或伪造篡改，以生成非真实但逼真可信的媒体内容。① 深度伪造是一种图像和声音的合成技术，由于较多使用在恶意造假方面，常被贴上负面标签。但深度伪造也有善意使用、发挥正面意义的应用。

① Mirsky Y., Lee W., "The Creation and Detection of Deepfakes: A Survey," *ACM Computing Surveys (CSUR)*, 2021(01), pp. 1-41.

二、深度伪造的特点

视频或者图像要想被定性为深度伪造需要同时满足技术属性、非事实属性和高逼真度属性这 3 个属性。技术属性指的是该视频或者图像使用人工智能合成技术。深度伪造的底层技术是深度学习，具体来说主要有生成式对抗网络（Generative Adversarial Network，GAN）、卷积神经网络（Convolutional Neural Network，CNN）、循环神经网络（Recurrent Neural Network，RNN）和变分自编码器（Variational Auto-encoder，VAE）。① 不运用人工智能技术的伪造被称为浅伪造（Shallow Fakes）或廉价伪造（Cheap Fakes）。② 非事实属性指的是伪造出的数字图像必须是非事实的，如果是对原始视频的创意剪辑则不属于深度伪造。高逼真度属性则是强调合成的数字图像逼真度高，伪造痕迹小，普通人难以分辨真假。

深度伪造在传播领域的应用得到发展，主要具有制造真实性和操作易用性的特点。以人工智能技术合成逼真的虚假图像和语音，制造具有真实感的虚假视频内容，会让普通人真假难辨。同时，技术的快速发展，使得深度伪造技术具有易用性。目前软件市场上诸如 FakeApp、DeepFaceLab、Faceswap、Face2Face、DeepNude 等换脸软件的操作十分简单，加上声音处理程序的应用，使得普通人能够越来越方便地使用深度伪造。

三、深度伪造的主要应用

随着智能技术的不断进步，深度伪造应用的技术门槛也越来越低，与深度伪造技术相关的应用正在朝着大众化、普及化的方向发展。在美国，深度伪造应用大致被分为以下几类：一是换脸，主要被应用在某些特定类型的网站上；二是对嘴型，多用于伪造政治、娱乐领域的名人视频；三是动作迁移，指的是将一个人的肢体动作移植到另一个人的身上。本节主要列举政治新闻、影视、广告营销和犯罪领域的深度伪造应用。

---

① 梁瑞刚、吕培卓、赵月等：《视听觉深度伪造检测技术研究综述》，载《信息安全学报》，2020(02)。

② Verdoliva L.，"Media Forensics and Deepfakes：an Overview，" *IEEE Journal of Selected Topics in Signal Processing*，2020(05)，pp. 910-932.

1. 政治新闻领域

在许多情况下，人类更依赖视觉信息，而不是其他形式的感官信息，这种现象被称为科拉维塔(Colavita)视觉主导效应。① 深度伪造综合视觉和听觉的虚假形式，在政治传播中具有很强的误导性。在国外，深度伪造被越来越频繁地应用于政治新闻领域，比如许多美国知名政治人物都被伪造做出异常行为，这些深度伪造的视频对政治人物的形象造成了一定的负面影响。

有研究表示，用户触及描绘政治人物的深度伪造作品，会显著地恶化用户对该政治人物的态度。② 不仅如此，深度伪造还让人们对真实情况感到困惑，降低人们对社交媒体上新闻的信任。③

2. 影视领域

在电影制作方面，《速度与激情 7》中某演员在拍摄中途因车祸不幸逝世，制作方邀请他的两个弟弟代替拍摄，继而再通过深度伪造技术进行面孔替代，最终完成整部电影的制作。国内的影视制作也曾运用深度伪造技术，一些演员因行为失范而被限制公开露面，在其参与的且未播的影视作品制作中一般采用深度伪造技术进行面孔替换，以保证影片能够顺利播出，减少制片方损失。

在个人应用软件的体验方面，以色列公司推出了 Deep Nostalgia，可以对静态照片进行动态处理，让已经去世的人做出眨眼、微笑和动头等简单动作，让逝者在网络空间复活。

3. 广告营销领域

合成(Synthetic)广告操纵工具相对较新，该领域的相关研究仍处于起步阶段。④ 目前主要有以下几个方面的应用：一是替换广告中主角的面孔或声音，增强传播效果，使广告受到更广泛的关注。二是个性化定制广告，广告主根据从社交媒体、零售

---

① Koppen C., Spence C., "Seeing the Light: Exploring the Colavita Visual Dominance Effect," *Experimental Brain Research*, 2007(04), pp. 737-754.

② Dobber T., Metoui N., Trilling D., et al., "Do (Microtargeted) Deepfakes Have Real Effects on Political Attitudes?" *The International Journal of Press/Politics*, 2021(01), pp. 69-91.

③ Vaccari C., Chadwick A., "Deepfakes and Disinformation: Exploring the Impact of Synthetic Political Video on Deception, Uncertainty, and Trust in News," *Social Media+ Society*, pp. 1-13.

④ Campbell C., Plangger K., Sands S., et al., "Preparing for an Era of Deepfakes and AI-Generated Ads: A Framework for Understanding Responses to Manipulated Advertising," *Journal of Advertising*, 2021, pp. 1-17.

传感器和忠诚度计划中提取的数据，实时生成定制广告给每个客户①，该定制广告的应用基于这样一套逻辑：如果用户发现自己常去的街角有一位身材、发色、肤色和自己近乎一致的人穿着一套看上去很适合的衣服，那么就可能会增加用户点击购买这套服装的可能性。三是应用于众包营销(Crowdturfing)领域。深度伪造除了可以生成图片、语音、视频外，还可以生成文本。芝加哥大学的研究人员训练了一个神经网络算法用于撰写餐厅的评论，从生成的评论内容来看，与人类撰写的几乎没有区别，这增加了众包营销的可能性，说明利用这一技术制造民意的假象能够影响活动和市场营销。②

4. 犯罪领域

深度伪造在犯罪领域已形成相当规模的灰色产业链。深度伪造技术在早期依赖大数据提供的训练样本，只有公众人物的网络数据量才可以满足，而现在新的深度伪造应用只需要极少的样本。

深度伪造不良视频已经严重侵害了世界众多女性的权益并造成许多负面社会影响，如社会歧视、伴侣暴力、失业等。例如，在短视频平台上，有人通过简单的深度伪造技术，利用明星的面孔和声音骗取老年人的感情和金钱，一些老年人被警察告知被骗后仍然不相信视频是伪造的；世界多个国家和地区发生了利用深度伪造语音技术模仿公司高管进行金融诈骗的事件；互联网安全专家公司 Symantec 曾报告利用深度伪造音频的诈骗案例，犯罪分子通过电话会议、YouTube、社交媒体以及 TED 演讲获得公司高管的音频，然后用机器学习技术复制高管声音，致电财务部门的高级成员要求紧急汇款。③

从法律角度来看，深度伪造技术被应用于电影制作、广告营销、商业体验等领域，一般情况下是合法的；但研究者认为当该技术被应用于引导政治舆论、制造假新闻、生成不良视频、电信诈骗等领域时，有关部门就应出台相应的法律法规对其予以限制或禁止。

---

① Campbell C., Plangger K., Sands S., et al., "Preparing for an Era of Deepfakes and AI-Generated Ads: A Framework for Understanding Responses to Manipulated Advertising," *Journal of Advertising*, 2021, pp. 1-17.

② Fletcher J., "Deepfakes, Artificial Intelligence, and Some Kind of Dystopia: The New Faces of Online Post-fact Performance," *Theatre Journal*, 2018(04), pp. 455-471.

③ 澎湃新闻：《报告称人工智能语音诈骗兴起，利用公开音频合成高管声音》，2020-07-29。

第二节　深度伪造的技术原理

深度伪造是一种基于生成式对抗网络(GAN)模型实现的技术，其核心思想来源于博弈论中的“零和博弈”。它可以通过对“源数据”的学习，用特定人的声音、外貌和动作拼接出虚假的声音、图片或视频。[①] “深度伪造在获取了大量原始图像数据后，利用神经网络算法对人的生物特征加以识别提取，通过不断对比验证，实现模仿对象和被模仿对象面部的完美嫁接。”[②]

一、深度伪造技术的实现步骤

深度伪造技术的实现分为以下 3 个步骤：第一步，定好伪造目标，准备好被伪造的真实材料和另一份将替换的材料；第二步，使用学习模型对这两份材料进行训练[③]；第三步，将两份材料进行替换、嫁接、叠加，并合成为新的虚假材料。以 AI 换脸技术为例，假设我们的伪造目标是用 A 的脸替换 B 的脸，那么我们首先就要准备好与 A、B 这两张脸的表情、五官分布、肌肉走向等有关的大量材料，再进一步通过学习模型对这些材料进行训练，最后再将 A 的脸拼接到 B 的脸上。

二、基于深度学习的深度伪造技术

基于深度学习的算法，主要有两种技术被应用于深度伪造：一个是基于编码器-解码器(Encoder-Decoder)技术，另一个则是基于生成式对抗网络技术。

1. 基于编码器-解码器技术[④]

第一步，准备两对编码器和解码器，其中：编码器 A 的作用是提取 A 的面部特

---

① 黄家星：《“深度伪造”中个人隐私的保护：风险与对策》，载《华东理工大学学报》(社会科学版)，2022(01)。

② 石婧、常禹雨、祝梦迪：《人工智能“深度伪造”的治理模式比较研究》，载《电子政务》，2020(05)。

③ Lin B. S., Hsu D. W., Shen C. H., et al., “Using Fully Connected and Convolutional Net for GAN-Based Face Swapping,” 2020 IEEE Asia Pacific Conference on Circuits and Systems (APCCAS), pp. 185-188.

④ 张煜之、王锐芳、朱亮等：《深度伪造生成和检测技术综述》，载《信息安全研究》，2022(03)。

征，解码器 A 的作用是根据提取特征重建并尽可能还原 A 的面部表情；编码器 B 的作用是提取 B 的面部特征，解码器 B 的作用是根据提取特征重建并尽可能还原 B 的面部表情(如图 6-1 所示)。

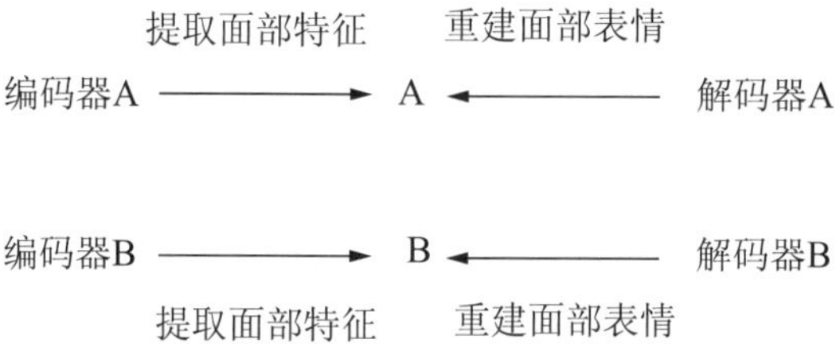

图 6-1　两对编码器和解码器

第二步，交换解码器 A 和解码器 B，即在对两者面部特征进行解码时，使用不同的解码器来对两张脸的面部呈现进行重构。例如，要用 A 替换 B，就是要保留 B 的面部表情和 A 的面部特征，即利用编码器 A 所提取的面部特征和解码器 B 所重建的面部表情来共同生成带有 A 的面部特征、B 的面部表情的"新 B"，从而完成最终的换脸(如图 6-2 所示)。

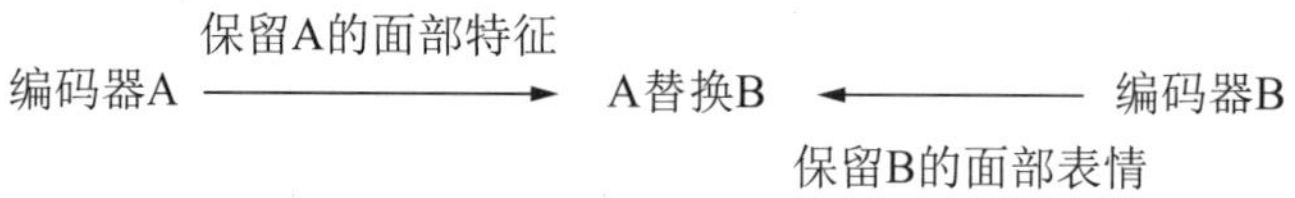

图 6-2　交换解码器实现换脸

2. 基于生成式对抗网络技术

生成式对抗网络是利用博弈理论同时训练生成器(Generator)和鉴别器(Discriminator)，即一个生成模型和一个判别模型。判别模型用于判断一张给定的图片是不是真实的图片(从数据集里获取的图片)，生成模型的任务是去创造一个看起来像真实图片的图片。这两个模型一起进行对抗训练①，具体过程如下：生成模型产生一张图片去欺骗判别模型，然后判别模型去判断这张图片是真是假，最终在这两个模型训练的过程中，两个模型的能力越来越强，最终达到稳态。②"生成器试图模拟一种数据分布，使得生成的数据无法被鉴别器识别为伪造数据；而鉴别器试图最大化其鉴别能力，尽

① 黄家星：《"深度伪造"中个人隐私的保护：风险与对策》，载《华东理工大学学报》(社会科学版)，2022(01)。

② DivinerShi：《生成对抗网络 GANs 理解（附代码）》，https：//blog. csdn. net/sxf1061926959/article/details/54630462，2017-01-20。

可能地区分‘生成数据’和‘真实数据’。”[①]同时，当鉴别器鉴定生成器生成的数据或内容为虚假时，它就会给生成器反馈一条线索，从而使其在下次生成数据时更清楚如何使自己生成的数据更加真实。

利用生成式对抗网络技术进行深度伪造的目标在于同时训练一个生成逼真样本的生成器和一个鉴别真实数据和生成数据的鉴别器，直至生成器生成的数据无限接近于真实数据，而鉴别器也无法辨别生成数据的真伪。[②] 要利用这种方法进行深度伪造，需要使用大量人脸图片来对这两个神经网络进行反复训练，使其经由深度学习掌握人类的面部特征、表情特征等，进而能自动生成、创造出原本并不存在的逼真的人脸图像。基于生成式对抗网络的方法不需要第一种方法中特定、成对的数据集，因此，相比第一种方法更加高效。

第三节　深度伪造的研究模式

深度伪造在信息传播领域往往与虚假信息、假新闻等研究主题相联系，学者们从用户角度探讨了深度伪造流行的原因，针对如何识别做了实证研究，并关注深度伪造在信息流通中对社会的影响。

一、深度伪造流行的原因

深度伪造的流行一方面是由于算法等技术的推动，另一方面得益于用户主动使用和分享的意愿，后者是深度伪造技术能够扩散的关键。学者们从用户心理角度开展了相关实证研究。赛菲汀・艾哈迈德(Saifuddin Ahmed)(2022)探究用户故意分享深度伪造作品的动机。已有研究表明用户只有在认为深度伪造作品内容准确时才会进行分享，而较少探究用户故意分享深度伪造作品的动机。但与一般的错误信息相比，分享深度伪造作品可能会带来更广泛传播，为社会带来更大的危害。为此，研究者假设“害怕错过”(Fear of Missing Out，FOMO)是用户社交媒体使用和故意分享深度伪

① 张伟：《基于生成式对抗网络的高光谱图像聚类算法及应用系统》，硕士学位论文，南京理工大学，2019。

② 张亚、金鑫、江倩等：《基于自动编码器的深度伪造图像检测方法》，载《计算机应用》，2021(10)。

造作品的中介因素，用户的认知能力对上述中介关系起到调节作用（如图 6-3 所示）。研究者收集了 1 242 名美国受访者和 1 050 名新加坡受访者的数据。在数据测量方面，用户故意分享深度伪造作品的测量改编自已有研究，用户社交媒体使用则采用 6 个项目进行测量，FOMO 利用前人测量的 10 个条目，认知能力也通过 10 个条目题进行测量。研究者采用最小二乘法、逻辑回归等方法探究变量间的相关关系，结果显示，用户社交媒体使用、FOMO 与用户故意分享深度伪造呈正相关。认知能力较低的人表现出更高水平的 FOMO 和更多的分享行为。FOMO 对用户社交媒体使用和故意分享深度伪造作品具有正向中介作用。认知能力具有调节作用，这种调节作用对于认知能力低的个体而言比认知能力高的个体影响更为显著。①

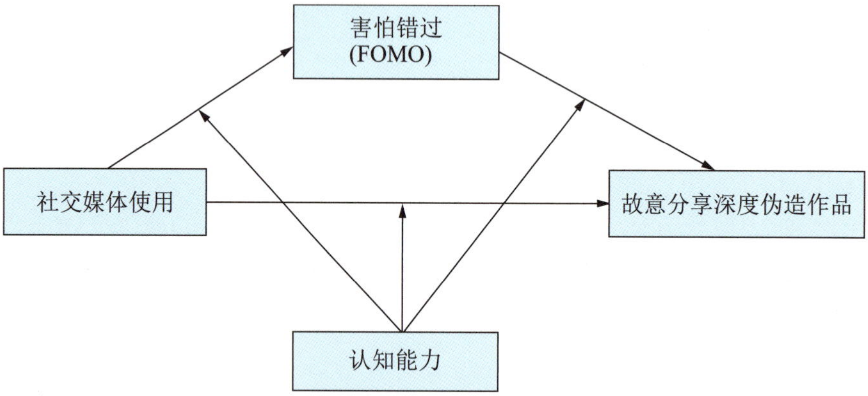

图 6-3　用户社交媒体使用与故意分享深度伪造作品研究

Lee YoungAh 等（2021）探讨深度伪造媒体内容和观众反应，以更好地理解深度伪造潜在的社会和心理影响。作者通过对 YouTube 十大深度伪造视频及其观众评论（n = 2 689）的内容分析，调查媒体元框架对观众反应的影响程度。结果表明（如图 6-4 所示），视频元框架、视频类型（带有评论的深度伪造视频或原创深度伪造视频）以及视频上的不喜欢数量对观众反应（态度和感知现实主义）有相当大的影响，而大多数观众表达了中立或不相关的态度。这项探索性研究揭示深度伪造是如何呈现的，以及其他人对此的反应可能会影响公众间的相互作用。因此，研究认为有必要适当警告公众用

① Ahmed S.，"Disinformation Sharing Thrives with Fear of Missing Out Among Low Cognitive News Users：A Cross-national Examination of Intentional Sharing of Deep Fakes，" *Journal of Broadcasting & Electronic Media*，2022（01），pp. 89-109.

户在不断进步的深度伪造技术面前的脆弱性。①

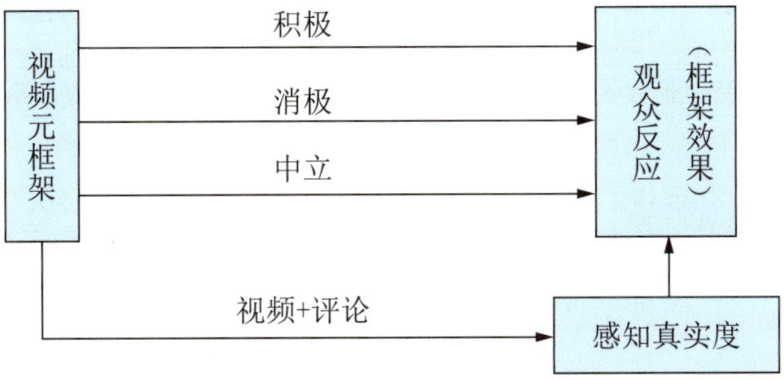

图 6-4　深度伪造视频内容的受众效果研究

二、深度伪造的识别

有些学者从用户角度研究对深度伪造的识别，尤其针对新闻从业者的识别能力。Himma-Kadakas(2022)等研究记者如何利用核心技能来辨别虚假信息，并分析虚假信息通过新闻事实核查过滤器(Journalistic Fact-checking Filter)被发布的原因(如图 6-5 所示)。研究对象为来自网络、广播和电视新闻编辑室的 20 名记者，其中 11 名记者来自爱沙尼亚公共广播公司，9 名记者来自商业媒体机构。研究者将半结构化访谈与出声思考法(Think-aloud Method)相结合对研究对象进行探究。研究结果显示，记者使用传统的新闻技能(例如核实消息来源和批判性思维等)足以辨别大部分的虚假信息。然而，当面临时间压力时，记者愿意承担未进行事实核查的风险，往往会凭借自己的专业经验发布新闻。而当信息来源看似可信且信息呈现在官方社交媒体平台或记者的个人社交媒体页面上或记者对特定主题缺乏更深入的了解时，记者需要承担的未进行事实核查的风险会更高。无论记者属于哪个媒体平台，深度伪造的视频和照片都是最难辨别的。这项研究的结果对于培训新闻专业的学生和训练记者如何辨别虚假信息有所裨益。②

一些研究则是从技术角度探究深度伪造的识别。亚历山大・戈杜拉(Alexander Godulla)等(2021)探究 Twitter 平台上用户如何识别深度伪造内容。该研究指出，自动生

① YoungAh Lee, Kuo-Ting (Tim) Huang, Robin Blom, et al.,“To Believe or Not to Believe: Framing Analysis of Content and Audience Response of Top 10 Deepfake Videos on YouTube,” *Cyberpsychology, Behavior, and Social Networking*, 2021(03), pp. 153-158.

② Himma-Kadakas M., Ojamets I.,“Debunking False Information: Investigating Journalists' Fact-Checking Skills,” *Digital Journalism*, 2022(05), pp. 866-887.

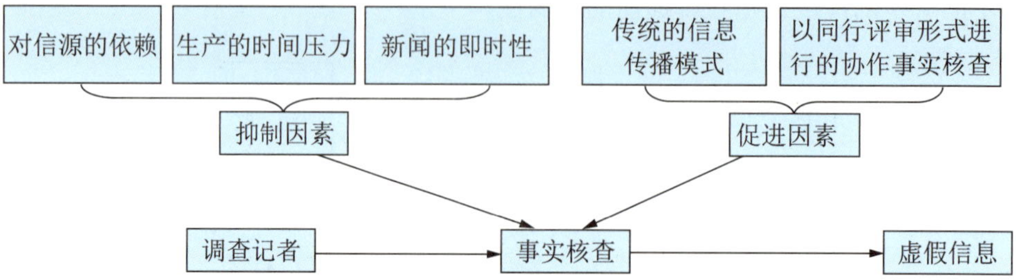

图 6-5　新闻记者对深度伪造内容的识别研究

成的点击诱饵、假新闻和假评论的传播破坏了互联网作为可靠信息来源的真实性(如图 6-6 所示)。研究者通过探索不同的深度学习模型来研究自动生成短文本的识别问题。为了提高分类结果，该研究使用文本增强技术和分类器超参数优化；对于单词嵌入和矢量化使用 Glove 和 RoBERTa，并且比较密集神经网络、卷积神经网络、门控循环网络和分层注意网络的性能，最终在 TweepFake 数据集上的实验达到了 89. 7% 的准确率。①

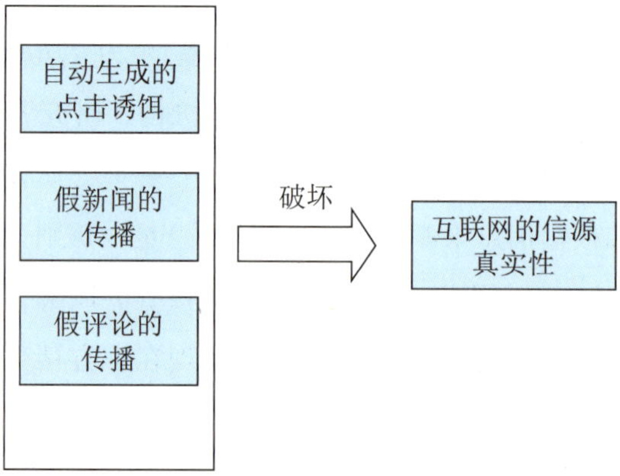

图 6-6　互联网平台对深度伪造内容的研究

普拉尚萨 · 阿格拉瓦尔(Prashansa Agrawal)等(2021)研究深度伪造对社交网络和消息平台上内容生产的影响。该研究指出，社交网络平台分享的深度伪造的图像(或视频)容易被用于操纵大众引发网络攻击行为(如图 6-7 所示)。这些袭击造成公众的耻辱、种族暴力，甚至夺走生命。随着先进图像处理工具的兴起，深度造假已经自动

① Godulla A. , Hoffmann C. P. and Seibert D. , "Dealing with Deepfakes — An Interdisciplinary Examination of the State of Research and Implications for Communication Studies," *Studies in Communication and Media*, 2021(01), pp. 72-96.

化。许多研究旨在讨论不同类型的图像/视频修改，并调查相应的方法和工具，强调使用先进的机器学习工具和事实核查来检测虚假图像和视频，通过不同的互补方法来阻止在互联网上制作和传播操纵性的伪造图像和视频的行为，并且提出基于区块链的整体解决方案。①

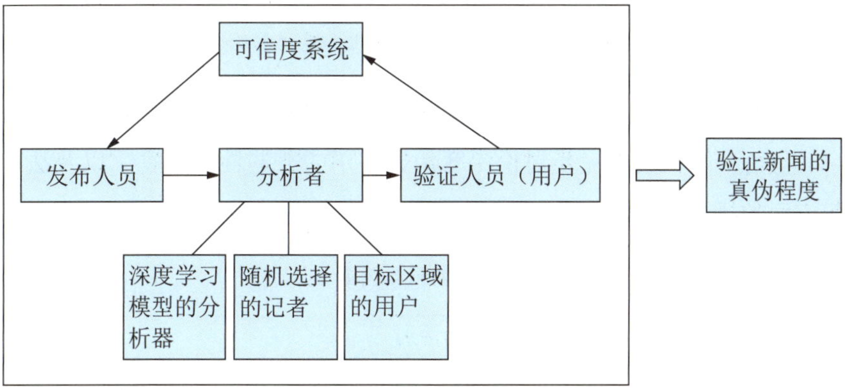

图 6-7　深度伪造对社交网络和消息平台上内容生产的影响

三、深度伪造的社会影响

Xudong Yu 等(2021)探讨幸福感是否能够改善人们对非自身党派群体两极分化的态度及由此带来对识别深度伪造能力的影响。已有研究大多集中在负面情绪和整体情绪对政治态度和行为的影响上。同时，也有研究表明幸福感带来的快乐会降低个人的怀疑态度和他们识别欺诈嫌疑人的能力。因此，研究者假设幸福感容易使人们不太仔细审查信息，更有可能支持阴谋论，降低识别深度伪造的能力。由此，有的研究者探究幸福感等积极情绪对于非自身党派群体两极分化的态度的影响。研究者在美国、波兰和荷兰 3 个国家进行研究，共调查了 3 611 名参与者。研究者在这些研究中通过控制诱发幸福感的方式、设置对照组、采用自我评估模型量表，进行正负面情绪比较。研究结果显示(如图 6-8 所示)，没有发现任何证据表明幸福感会影响人们对非自身党派群体两极分化的态度、阴谋论，以及识别深度伪造的能力。②

① Agrawal P., Anjana P. S. and Peri S., "DeHiDe: Deep Learning-based Hybrid Model to Detect Fake News Using Blockchain," in Proceedings of the 22nd International Conference on Distributed Computing and Networking, 2021, pp. 245-246.

② Yu X. D., Wojcieszak M., Lee S., et al., "The (Null) Effects of Happiness on Affective Polarization, Conspiracy Endorsement, and Deep Fake Recognition: Evidence from Five Survey Experiments in Three Countries," *Political Behavior*, 2021(03), pp. 1265-1287.

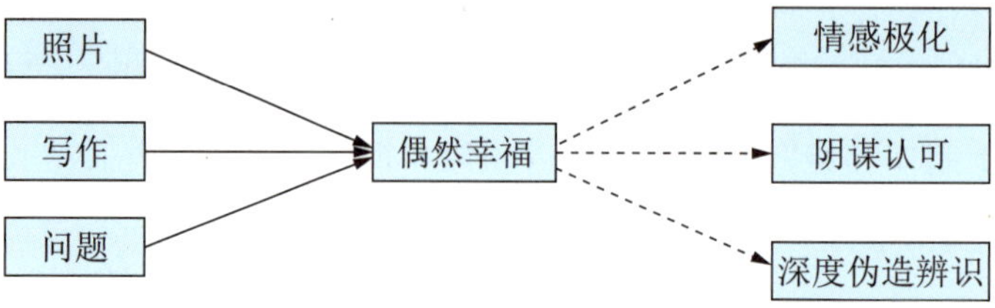

图 6-8　幸福感对党派两极分化态度的影响研究

阿舍尔·弗林(Asher Flynn)等(2022)探究了深度伪造对于不良内容传播的影响(如图 6-9 所示)。研究者进一步讨论深度伪造滥用的普遍性和危害，以及法律制约和预防犯罪方面的挑战。①

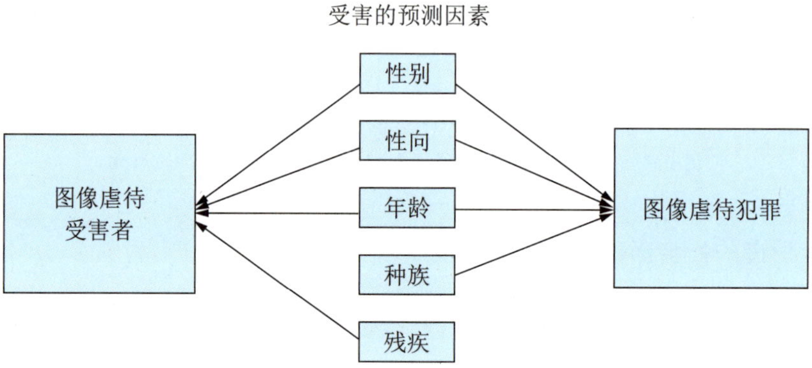

图 6-9　深度伪造对于不良内容传播的影响

Wang 等(2022)认为尽管深度造假技术背后有实用价值，但人们非常关注深度造假是如何对社会大众构成巨大威胁的。该技术生成真实面孔的副本并创建新的真实图像的能力，引发了对隐私、身份和道德问题的担忧。这项研究旨在解释深度造假和当前深度造假技术的滥用。研究结果表明，同理心、内容曝光和性别是影响观众对流行偶像深度伪造不良视频的愤怒和内疚情绪的关键预测因素(如图 6-10 所示)。研究表明，要有效解决深度伪造不良内容传播问题，需要社会、行业和内容消费者的共同努力。②

① Flynn A., Powell A., Scott A. J. and Cama E., "Deepfakes and Digitally Altered Imagery Abuse: A Cross-Country Exploration of an Emerging form of Image-Based Sexual Abuse," *The British Journal of Criminology*, 2022(06), pp. 1341-1358.

② Wang Soyoung, Kim Seongcheol, "How Do People Feel about Deepfake Videos of K-Pop Idols?" *The Journal of Korean Institute of Communications and Information Sciences*, 2022(02), pp. 375-386.

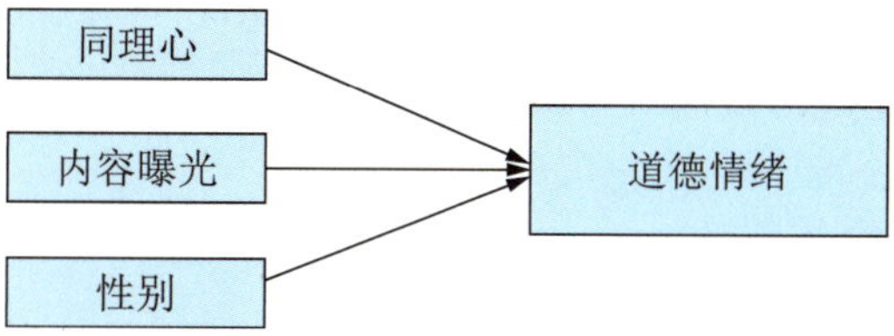

图 6-10　深度伪造不良视频的影响因素

第四节　深度伪造的分析观点

深度伪造能够实时调整一个人的面部表情和声音表达，这项技术是一把双刃剑，在信息传播、安全、伦理道德、法规等领域引发诸多讨论。

一、深度伪造带来信息真实性担忧

在信息传播领域，深度伪造技术引发人们对真实性的担忧。因为面部表情和声音等表达行为通常被认为是能提供信息发送者情绪状态的真实线索①，如果深度伪造技术可以随意操纵这些表达行为，那么就有可能为欺骗开辟新途径，尽管有时候这种欺骗并非是恶意的。例如人们可能会使用面部滤镜来假装微笑，或者通过语音转换使自己看起来比实际更为自信等。②

有学者进一步指出深度伪造技术引起人们对信息透明度的关注。因为在虚拟对话中使用这种技术会导致说话者不知道对话者是如何听到或看到他们的情况，也就是说，他们自己的声音或面孔是否在他们不知情的情况下发生了变化。③

进而深度伪造技术引发人们对信息自主权的担忧。非语言对行为的影响通常是无意识的。在一项关于声音转换的实验研究中，用更强势的声音拨打医疗救援电话的患者，从医生那里获得了更紧急的医疗反应，但医生并没有将他们的行为归因于患者的

① Porter S. , Brinke L. T. , "Reading between the Lies: Identifying Concealed and Falsified Emotions in Universal Facial Expressions," *Psychological Science*, 2008(05), pp. 508-514.

② Guerouaou N. , Vaiva G. and Aucouturier J. -J. , "The Shallow of Your Smile: the Ethics of Expressive Vocal Deep-fakes," *Philosophical Transactions of the Royal Society*, 2021.

③ Guerouaou N. , Vaiva G. and Aucouturier J. -J. , "The Shallow of Your Smile: the Ethics of Expressive Vocal Deep-fakes," *Philosophical Transactions of the Royal Society*, 2021.

声音；相反，他们错误地将其归因于更紧急的医疗状况。① 因此，能够触发这种无意识反应的技术在本质上是可以被人为操纵的。②

二、深度伪造引发信任危机

深度伪造技术也会引发新媒体的信任危机。深度伪造技术造成新媒体信息传播过程中出现许多谣言、虚假新闻等夸大和扭曲事实的现象。③ 在大数据时代，数据海量，内容良莠不齐，信息真假难辨，用户更加难以应对瞬息万变的信息，这已然为信任危机埋下"炸弹"。深度伪造技术在新媒体领域的广泛应用，使得信息生产走向更加畸形的状态，伪造变得更加不容易被察觉④，再加上缺乏对信息客观性和公正性的监管，使新媒体遭遇前所未有的信任冲击。

深度伪造技术引发人们对公平的担忧。言语交流中的表达行为对后续行为有强烈的影响。研究表明，当供应商与顾客互动时表现出积极、真实的表情可以卖出更多手机⑤，或者在商业谈判中假装愤怒的谈判代表可以获得更好的价格⑥。而为这种情况设计的算法操纵可能会迫使人们作出不合理或不公平的决定。⑦

三、深度伪造对政治宣传的"入侵"

从社会安全角度看，深度伪造技术的主要用途是创建虚假但可信的视频，这些视频叙述或"说出"相关人物从未真正说过的话。因此，深度伪造视频很可能会被用于宣

① Boidron L. , Boudenia K. , Avena C. , et al. , "Emergency Medical Triage Decisions are Swayed by Computer-manipulated Cues of Physical Dominance in Caller's Voice," *Scientific Reports*, 2016(06), pp. 1-6.

② Guerouaou N. , Vaiva G. and Aucouturier J. -J. , "The Shallow of Your Smile: The Ethics of Expressive Vocal Deep-fakes," *Philosophical Transactions of the Royal Society*, 2021.

③ 邓滢、汪明：《网络新媒体时代的舆情风险特征——以雾霾天气的社会涟漪效应为例》，载《中国软科学》，2014(08)。

④ 王霞：《教育的信任危机与重建》，载《西北师大学报》(社会科学版)，2019(05)。

⑤ Tang C. , Seal C. R. and Naumann S. E. , "Emotional Labor Strategies, Customer Cooperation and Buying Decisions," *Journal of Management and Marketing Research*. 2013(13), pp. 1-15.

⑥ Côté S. , Hideg I. and Van Kleef G. A. , "The Consequences of Faking Anger in Negotiations," *Journal of Experimental Social Psychology*, 2013(03), pp. 453-463.

⑦ Guerouaou N. , Vaiva G. and Aucouturier J. -J. , "The Shallow of Your Smile: The Ethics of Expressive Vocal Deep-fakes," *Philosophical Transactions of the Royal Society*, 2021.

扬负面的政治意图。从负面角度来看，深度伪造视频很可能被用于捏造政治人物的丑闻。① 例如，伪造视频可能会出现政府官员受贿的情景，或一段虚假的音频剪辑可能会“揭露”候选人在选举前夕的犯罪行为。② 深度造假技术被错误利用时会严重危害社会的安全与稳定。

从国家安全角度看，深度伪造可以作为一种虚假信息的形式，为战略、战术欺骗提供支持。当发生武力冲突或者战争时，深度伪造可能会产生特殊的影响。例如，深度伪造可能会促使战争恶意造成平民伤亡的假新闻更加可信。

四、深度伪造带来隐私侵权与性别暴力问题

在隐私侵权方面，深度伪造技术的恶意使用多见于不良内容传播领域和公众人物负面形象制造。王利明教授认为隐私权主要包括生活安宁和私人秘密两方面③，被应用于不良内容传播的深度伪造对个人隐私的生活安宁和私人私密这两方面都造成了破坏。而针对公众人物形象的恶意诋毁，也可能催生一条完整的非法交易产业链。互联网的匿名性及低门槛使违法犯罪成本越来越低廉，也会使得这样的隐私侵权乃至更加恶劣的犯罪行为更加频繁。

在性别暴力方面，深度伪造技术会利用个人的性别身份来满足他人的需求，因为个人的脸、声音和身体可以被替换成虚拟的。深度伪造的视频传递这样一个信息，即受害者可以随意遭受侵犯和侮辱。这些深度伪造的作品降低了骚扰、侵犯和侮辱他人的成本，几张图片就能够创作一个虚假的换脸视频。在技术发展的暗面，犯罪的温床也随之扩大。许多不法分子利用深度伪造的视频来作为恐吓他人的残酷武器。

Maras 等认为深度伪造视频的主要问题在于任何人都可以在没有相关人员同意的情况下制作露骨的内容。虽然这些深度伪造的视频有一部分是搞笑内容和其他正常内容的表达，但绝大部分都是不良视频。这项技术的存在侵蚀了人们对视频的信任，并对其在法庭上的证据价值产生不利影响。研究强调在法庭上将视频作为证据处理的必要性，并提请注意其目前和未来对法庭视频证据认证过程的影响。最终，随着技术的

① J. Bothal, H. Pieterse, “Fake News and Deepfakes: A Dangerous Threat for 21st Century Information Security,” Proceedings of the 15th International Conference on Cyber Warfare and Security (ICCWS), 2020, pp. 57-66.

② Bobby C., Danielle C., “Deep Fakes: A Looming Challenge for Privacy, Democracy, and National Security,” *California Law Review*, 2019(107), pp. 1753-1820.

③ 王利明：《隐私权概念的再界定》，载《法学家》，2012(01)。

改进，将需要开发和利用并行技术来识别和揭露深度伪造视频。①

五、深度伪造的建设性意义

学者们也讨论了深度伪造的积极作用。在医疗领域，对于那些不能轻易表达情绪的患者，如肌萎缩侧索硬化患者(Amyotrophic Lateral Sclerosis Patients)，他们可以依靠辅助语音技术进行交流②，带有笑意的声音(a smiling voice)转换可以让他们看起来比实际更快乐。③ 在服务业方面，人们通常会根据语音或面部表情的变化而进行随后的行动，深度造假技术在这种情况下可以推动人们作出积极的行为。例如，通过改变接线员疲惫的语音，能够减少呼叫中心对话中的攻击性行为④，或在在线招聘平台上应用性别语音变化来减轻性别偏见等。

在教育方面，学者们认为深度伪造技术能增强教育工作者为学生提供信息的能力。利用深度伪造技术制作出历史人物直接与学生对话的视频，让原本毫无吸引力的讲座重获新生。这项技术还会改变现有的影视作品，尤其是音轨，在教育中以更形象地阐明教学观点。例如，战争电影中的一个场景可以被修改成指挥官和她的法律顾问在讨论战争法律的应用。如果这项技术做得好，在课堂讲授中结合场景会具有更强的临场感，这也许比教授让学生凭空想象变化的场景要好得多。⑤

六、提高对深度伪造法律监管的重视程度

针对深度伪造的法律监管共有以下 3 种思路：第一，对“深度伪造”技术进行规

---

① Maras M. H., Alexandrou A., “Determining Authenticity of Video Evidence in the Age of Artificial Intelligence and in the Wake of Deepfake Videos,” *The International Journal of Evidence & Proof*, 2019(03), pp. 255-262.

② Nijboer F., Morin F. O., Carmien S. P., et al., “Affective Brain-Computer Interfaces: Psychophysiological Markers of Emotion in Healthy Persons and in Persons with Amyotrophic Lateral Sclerosis,” in 2009 3rd International Conference on Affective Computing and Intelligent Interaction and Workshops, 2009, pp. 1-11.

③ Guerouaou N., Vaiva G. and Aucouturier J.-J., “The Shallow of Your Smile: the Ethics of Expressive Vocal Deep-fakes,” *Philosophical Transactions of the Royal Society*, 2021.

④ Rohrmann S., Bechtoldt M. N., Hopp H., et al., “Psychophysiological Effects of Emotional Display Rules and the Moderating Role of Trait Anger in a Simulated Call Center,” *Anxiety Stress Coping*, 2011(24), pp. 421-438.

⑤ Bobby C., Danielle C., “Deep Fakes: A Looming Challenge for Privacy, Democracy, and National Security,” *California Law Review*, 2019(107), pp. 1753-1820.

制，包括美国《2019 年深度伪造报告法案》《2020 财年国防授权法案》《深度伪造责任法案》等；第二，从“生物信息保护”的角度进行风险规制，包括美国伊利诺伊州在 2008 年颁布的《生物识别信息隐私法案》；第三，针对具体隐私风险进行规制，包括美国加利福尼亚州《犯罪：欺骗性记录》《非法传播或出售他人影像》等。①

我国对于深度伪造的风险规制尚处于初始阶段，但是对于隐私风险以及恶意传播等方面的规制已经引起我国政府及相关部门的重视。② 2020 年 1 月 1 日，国家互联网信息办公室、文化和旅游部、国家广播电视总局联合印发的《网络音视频信息服务管理规定》正式生效，对基于恶意深度伪造技术的虚假新闻、音视频的发布和传播进行规范和约束，明确规定任何组织和个人不得利用相关技术危害国家安全、破坏社会稳定、扰乱社会秩序、侵犯他人合法权益；深度伪造技术产品应以显著方式标识，且不得应用于虚假新闻信息的制作、发布与传播。

---

① 黄家星：《“深度伪造”中个人隐私的保护：风险与对策》，载《华东理工大学学报》(社会科学版)，2022(01)。

② 商希雪：《生物特征识别信息商业应用的中国立场与制度进路——鉴于欧美法律模式的比较评价》，载《江西社会科学》，2020(02)。

第七章　机器写作

机器写作能够高效生产信息，已经被广泛应用到财经、体育、突发事件等新闻报道中，极大地提高了新闻生产效率，催生了新闻行业发展的新业态。与此同时，机器写作也引发了新闻著作权归属、虚假消息等问题的讨论。

第一节　机器写作的含义与应用

在机器写作出现之前，计算机技术在新闻业中的主要应用包括计算机辅助新闻(Computer Assisted Reporting)和数据新闻(Digital Journalism)等新闻实践。随着人工智能技术的发展以及与新闻业态的逐渐融合，机器写作(Robot Journalism)应运而生。

一、机器写作的含义

机器写作又可以称为机器新闻、自动化新闻(Automatic Journalism)，指的是运用算法，将数据进行加工处理并转化成叙事体新闻文本的方式。换句话说，就是在不依靠人工输入的情况下，通过计算机程序自动生成文本的过程。与机器写作类似的概念还有计算新闻（Computational Journalism)、算法新闻(Algorithmic Journalism)和机器写作新闻(Machine Written News)，这些概念之间尚未进行严格的区分，但均与算法相关。相较而言，机器写作更为规范和确切的名称应该是“自动化新闻”。国外学者马特·卡尔森(Matt Carlson)将自动化新闻定义为“在排除或限制人类干预的情况下，由预先设定的程序将数据转化为新闻文本的自动算法过程”①，考虑到“机器人”一词能

① Carlson M.，“The Robotic Reporter：Automated Journalism and the Redefinition of Labor，Compositional Forms，and Journalistic Authority，” *Digital Journalism*，2015(03)，pp. 416-431.

够更为形象地反映人工智能技术的介入，在此使用"Robot Journalism"（机器写作）这一概念来指代自动化新闻。

二、机器写作的类型

机器写作的核心技术是自然语言处理技术（Natural Language Processing，NLP），还涉及数据挖掘、机器学习、知识图谱、深度学习等其他技术。从技术发展与应用情况来看，机器写作目前仍处于初级阶段，属于弱人工智能。机器写作主要有"人工模板+自动化数据填充"和"聚合类新闻文本自动化生成"两类，前者是基于模板的填充，相对简单，也是目前使用较多的类型，也就是是"人"事先设计好写作内容的格式，只需要机器搜索匹配相关内容到格式中即可，就像是做"填空题"一样完成报道的写作①，这类机器写作整个生产过程往往只需要很少的人工干预，甚至完全不需要任何人工干预。②聚合类新闻文本自动化生成则是指对抓取的结构化数据进行读取和计算后生成的新闻。这类机器写作技术难度相对比前一类大很多，因为在这种模式下，整篇文本都需要由计算机来生成，不仅仅是"填空"的方式。

三、机器写作的应用

机器写作是人工智能在传媒领域较为成熟的应用技术，同时也是算法技术迭代和大数据发展的共同产物。机器写作最早起源于美国，我国传媒业随后也积极开发应用，目前已经被广泛应用到新闻报道中。

1. 机器写作在国外的应用

2014 年 3 月 7 日，《洛杉矶时报》上关于一场 4. 7 级地震的自动化报道被视为机器写作发展的一个重要里程碑。这则报道完全由名叫 Quakebot 的机器算法生成，它在地震发生后仅仅 3 分钟内就完成全文撰写到发布，且在形式上与人类记者撰写的报道几乎没有任何差别。③ 由此，世界领先的传媒机构也纷纷开始探索合作开发或自主研发机器写作的相关应用。机器写作应用的报道领域主要集中在财经、体育、气象、自然灾害、房地产等，如 Cyborg 帮助记者在每个季度快速制作各公司收益报告的报道，

① 何苑、张洪忠：《原理、现状与局限：机器写作在传媒业中的应用》，载《新闻界》，2018(03)。

② 常江：《生成新闻：自动化新闻时代编辑群体心态考察》，载《编辑之友》，2018(04)。

③ Ghuman R. , Kumari R. , "Narrative Science: A Review," *International Journal of Science and Research* (*IJSR*), 2013(09), pp. 205-207.

Heliograf 帮助报道 2016 年里约奥运会①，美国媒体集团 McClatchy 与自动化新闻提供商 United Robots 合作常规化发布房地产销售信息类新闻。②

机器写作需求的增长带动其商业化应用的发展。美国自动化透视公司(Automated Insights)的自然语言生成平台 Wordsmith 和自动写作技术公司叙事科学(Narrative Science)最具代表性。Wordsmith 可将原始数据自动转换为有个人色彩、有深度且风格多变的叙事文章。2014 年，Wordsmith 为其客户创造出了 10 多亿篇文章和报道，其中包括美联社、雅虎和康卡斯特等。③ Narrative Science 的目标主要是为小型报刊提供机器写作服务，是 Automated Insights 公司的主要竞争对手。此外，全球范围内具有代表性的自动化写作公司还有德国的 AX Semantics、Text-ON、2txtNLG、Retresco 和 Textomatic，法国的 Syllabs 和 Labsense，以及英国的 Arria。

2. 机器写作在中国的应用

2015 年起，机器写作开始进入中国新闻生产领域，发展势头十分迅猛，主要推动力来自互联网公司和新闻机构。2015 年 9 月 1 日，腾讯财经开发的撰稿机器人 Dreamwriter 发布第一篇机器写作新闻《8 月 CPI 同比上涨 2.0%，创 12 个月新高》，标志着我国机器写作的起步。2015 年 11 月，新华社宣布“快笔小新”投入使用。2016 年，包括“Writing-bots”“DT 稿王”“Xiaomingbot”“小冰”在内的多个机器写作应用陆续上线。2017 年，“小南”“小封”“每经小强”等纷至沓来。在短短 3 年时间里，互联网公司和新闻机构已基本完成了对机器写作的布局。机器写作在新闻生产效率方面表现优异。Dreamwriter 年均新闻写作实际发稿量已超过 50 万篇 8 000 万字，以 2018 年 11 月 15 日为例，机器人共写作天气新闻 1 298 篇、财经新闻 773 篇、汽车新闻 546 篇、房产新闻 126 篇、体育新闻 76 篇。④

3. 生成式机器写作 ChatGPT 的应用

基于大语言模型(Large Language Model)开发而成的人工智能产品 ChatGPT 一经推出就快速引起全球的广泛关注，用户数量在短短两个月内突破了 1 亿。ChatGPT 是

---

① Rob Tornoe，“Machine Made：News Publishers Adopt Artificial Intelligence (A. I.) Technologies to Tell Data-driven Stories，”*Editor and Publisher*，2021.

② WNIP，“Robots Produce the Information，Journalists do the Journalism：McClatchy Goes Real Estate Robotic，”*Editor and Publisher*，2022.

③ 腾讯科技：《机器写作软件 Automated Insights 把自己卖了》，2015-02-13。

④ 甘雄：《腾讯机器人日均写稿过千篇 你读的新闻可能是 AI 写的》，http：//gd. sina. com. cn/sztech-news/hlw/2019-01-07/detail-ihqfskcn4716822. shtml，2019-01-07。

OpenAI 公司 GPT-3.5 模型①的直接应用，内容是生成型的机器写作，模型的技术原理是基于多层变换器解码器(Multi-layer Transformer Decoder)的方法来预测下一个单词的概率分布。ChatGPT 是自然语言技术领域里程碑意义的产品，是算力提升的一个标志性成果。许多媒体机构已经开始尝试利用 ChatGPT 来完成宣传文案的初稿和搭建写作框架。

第二节　机器写作的技术原理

从新闻传播领域来看，机器写作的基本技术逻辑是基于数据库资源的数据统计与运算，形成新闻报道角度，甚至是故事化符号模态②，然后利用系统既定的新闻报道模板生成新闻。基于此，其技术原理可划分为数据获取、数据提取和模板训练。

一、数据获取

机器写作的第一个步骤是抓取有用的数据。与传统新闻写作不同的是机器不需要到事件现场进行采访，而是通过网络爬虫技术抓取现成的信息作为写作素材。暗网之外的互联网新闻网站、社交媒体等数据都可以成为机器写作抓取的数据来源。机器还可以根据具体需求建构成互相核对、互相补充、互相延伸、互相纠错的数据库、语料库、词汇库、知识库等，实现智能化标签、聚类与匹配功能，以便对数据进行后续的关联与重组。

二、数据提取

传统模式下，记者经多次筛选得到最有价值的信息，但该过程会耗费许多时间和精力。机器写作则可以节省信息采编和创编的时间，在完成数据获取建立知识库之后，通过强大的数据分析能力，快速、择优地提取多特征的碎片化信息，挖掘隐藏于其间的差异、趋势与内在关系，并且使用自然语言生成等技术将非结构化数据转为结

① 截至 2023 年 3 月 11 日。
② 漆亚林、陆佳卉：《人机协同：媒体智能演化路向》，载《中国报业》，2015(23)。

构化数据，让更多的数据和知识活起来。①

三、模板训练

人类利用模板进行机器写作已有一段历史，最常见的例子有发送电子邮件时在文末自动套用的个性签名及祝福语等信息。当下，机器人新闻写作虽然具有新闻必备的5个基本构成要素，即谁(Who)、说了什么(Says What)、通过什么渠道(In Which Channel)、对谁说(To Whom)、取得了什么效果(With What Effect)。但若直接发布机器手稿，新闻可读性必会受到较大影响。目前通行的机器写作内容，多数都是简单的具有时效性的短新闻，或者只是堆砌人物或事件的描述性事实报道，很少能够形成有观点、有态度的深度性文章。② 为尽量避免此类情况，业界尝试在原机器新闻的基础上，通过语义规则库、自动纠错与润色等功能，最大限度地减轻模板新闻所造成的阅读体验不佳的情况。

机器写作自动生成完整新闻报道的核心技术在于自然语言生成。自然语言生成包括文本到文本的生成(Text-to-text Generation)、意义到文本的生成(Meaning-to-text Generation)、数据到文本的生成(Data-to-text Generation)以及图像到文本的生成(Image-to-text Generation)等，意在构建高效的基于语言信息处理的计算机模型，通过将抽象概念和一定的语义、语法规则的结合来生成文本。例如，在人类学习一门新的外语时，常常需要借助例句和造句练习来理解词或短语的用法。通过对例句的反复学习和练习，学习者能够达到举一反三，甚至脱离例子达到自行创作的水平。机器对自然语言进行学习的过程与此相似，但更为复杂。在学习过程中，机器需要的是切割得更加精细的“颗粒”数据以及更加丰富的写作模板，通过信息量化和结构化成具有关联性的数据颗粒的集合。由此，机器才能够对每个元素在整体文本中扮演的角色和各自的权重进行标注，发现它们之间组合的规律。模板则像例句一样，里面预先指定了可用特定数据进行填充或替换的“空位”，就像选词填空题的效果一样。投入大量的模板进行训练可以为“颗粒数据”提供更加丰富的应用语境。③

① 许志强、汪洋、张森：《人工智能时代机器新闻写作的原理、现状与未来》，载《电视研究》，2021(01)。

② 韩晓乔、张洪忠、何苑等：《文科思维与技术思维的碰撞：新闻传播经验应用在机器写作技术开发中的个案研究》，载《全球传媒学刊》，2018(04)。

③ 何苑、张洪忠：《原理、现状与局限：机器写作在传媒业中的应用》，载《新闻界》，2018(03)。

传统新闻采编系统下的稿件在发布之前，人工编辑均会对文字稿进行编校和同意发布署名。机器新闻重构了采编流程，通过机器独立完成新闻的撰写和发布，实现新闻报道的全程高度自动化。这一过程简单来说可以总结为：让机器按照写作题材的要求匹配、搭建出合理的模板，并与恰当的数据进行关联生成新闻报道。

四、大模型写作

ChatGPT为代表的大模型应用生成式技术以“字词接龙”形式实现文本生成。通过引入自回归机制，ChatGPT能将每一轮历史对话的信息和当前用户追问的信息同时纳入模型，自动生成新的预测序列，并进一步结合已习得的海量数据、具体对话语境，逐步预测回复文本的各个字词，并生成新的回复文本。这项技术突破机器写作的模板化模式，将文本预测的基本单元由句段精细到字词层级，继而生成更多样、灵活、自然的文本内容。

第三节　机器写作的研究模式

机器写作相关的传播学实证研究大致可以分为两条主线。第一条主线是从传播者的视角出发，研究机器写作对选题策划、新闻生产、新闻报道、新闻理念、媒体从业者的角色变化产生的影响。第二条主线即从受众的视角出发，评估不同领域(健康、科技、体育等)机器写作的传播效果，特别是受众对机器新闻写作的可读性、客观性、可信度、说服力、专业性的感知。

一、传播者视角的机器写作研究

阿比加南・查克拉博尔蒂(Abhijnan Chakraborty)等(2018)研究了机器写作在新闻选题策划上的应用，提出了“Samar”框架(算法)来自动管理新闻。随着新闻编辑室涌现出大量新闻内容，媒体网站需要为读者策划有趣的新闻。尽管传统上新闻完全由人工编辑策划，但不断增加的新闻量已导致媒体机构采用算法进行编辑。研究者提出“Samar”框架，通过优化所选故事的新近度、相关性和多样性来自动管理新闻(如图7-1所示)。首先，新近度被衡量为策划新闻和新闻发布时间之间的差异。其中时间差可以根据上下文以秒、分钟或小时计算，以此来对所有候选新闻新近度进行标准化打分；为计算新闻的相关性，研究者开发一个有监督的二元分类器（Supervised Binary Classifier），并使用预测的策划概率作为相关性分数。在某种程度上，这个分数表示新闻价值，主要使用以下类别：一是新闻摘要，二是作者姓名，三是新闻主题（或关键字），四是新闻类别，五是在过去 7 天内未发布的相同主题的故事。由于特征 1 至 4 是文本的特征，研究者首先训练 4 个具有单独特征的文本分类器；其次，使用将策展/非策展类的预测概率作为顶层支持向量机（Support Vector Machine，SVM）分类器的特征；再次，将故事的相关性分数测量为该 SVM 分类器预测的策展概率；最后，在多样性上，可以通过策划的新闻报道涵盖不同主题的方式来衡量多样性。形式上，"Samar"试图在精选集 S 上最大化函数 f（S）。由此，研究者建构、训练出"Samar"。为验证"Samar"的有效性，研究者收集 2015 年 7 月至 2016 年 6 月出现在美国两家报纸上的所有报道，来评估"Samar"在策划新闻报道方面的表现，发现"Samar"在编辑决策上的表现优于网站的编辑对管理新闻制订的基本标准，讨论"Samar"在媒体新闻编辑室中的潜在应用。①

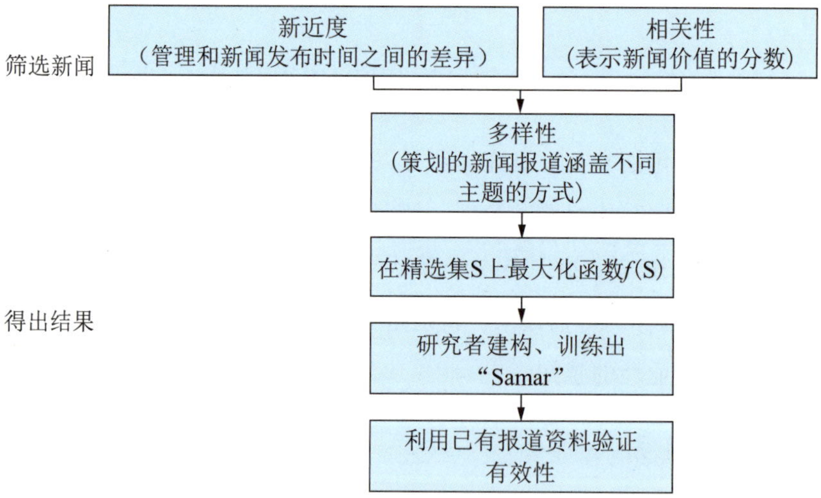

图 7-1　机器写作在新闻选题策划上的应用

瑞安·琼斯（Rhianne Jones）等（2019）研究机器写作对数据驱动的新闻生产和发布的影响。这项研究是对计算新闻领域的拓展，研究对象是两项"原子化"（Atomizing）新

① Chakraborty A., Luqman M., Satapathy S., et al., "Editorial Algorithms: Optimizing Recency, Relevance and Diversity for Automated News Curation," Companion of the The Web Conference, 2018, pp. 77-78.

闻实验。“原子化”是一种基于对象的方法，旨在使用可以自动化、算法化进行组合的媒体组件，使新闻更具适应性和可伸缩性。运用案例研究法和调查法的研究结果表明(如图 7-2 所示)，分散的新闻有助于提高效率和个性化，处于向“结构化新闻”的转变中。研究者强调“原子化”的特征：记录、重组和重用，并说明它如何打破传统的方法。研究发现，记者正在“为机器写作”，将非结构化信息转换为结构化数据，从而实现内容的自动重组和未来的重用。该研究提出一项研究议程，试图描绘结构化的新闻领域，将其置于数据和技术的政治背景中，并进一步考虑对公共服务新闻的影响。①

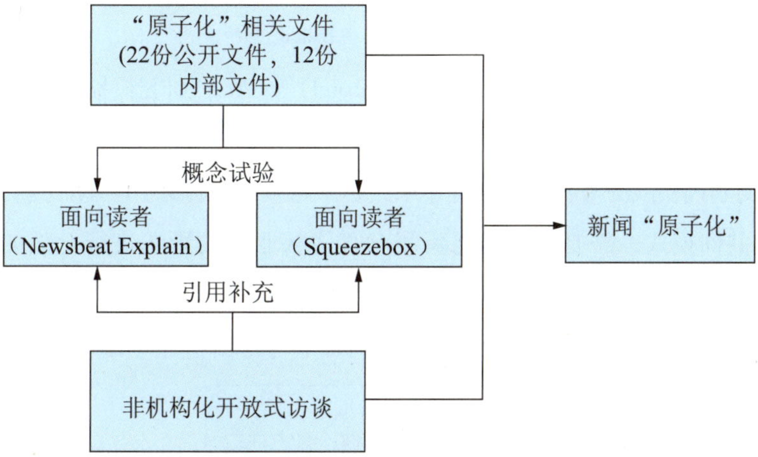

图 7-2　机器写作对数据驱动的新闻生产和发布的影响

乔纳森·斯特雷(Jonathan Stray)(2019)研究机器写作在调查性报道中的应用(如图 7-3 所示)。研究运用问卷调查法调查机器写作在调查性报道中取得的成就，以及机器写作可以帮助调查性新闻解决的问题。研究发现，新闻报道的问题往往是特定报道的独有问题，这意味着培训数据不容易获得，复杂模型的成本无法在多个项目中摊销。与新闻相关的许多数据不是公开获取的，而是掌握在政府和私人实体手中，往往需要收集、谈判或购买。新闻推理需要非常高的准确性或大量的人工检查，以避免诽谤的风险。具有“新闻价值”的因素往往是深刻的社会政治因素，因此很难进行计算编码。人工智能在调查性新闻领域发展的可能性在于数据准备任务，比如从不同文件中提

① Jones R., Jones B., “Atomising the News: The (In)Flexibility of Structured Journalism,” *Digital Journalism*, 2019(08), pp. 1157-1179.

取数据，以及跨数据库记录的概率链接。①

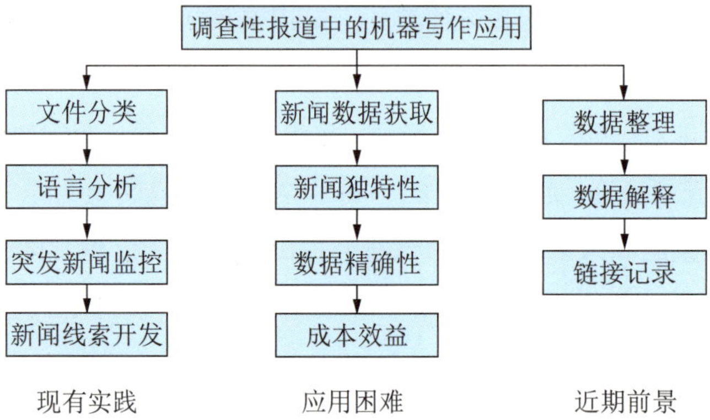

图 7-3 机器写作在调查性报道中的应用

萨缪尔·丹宗·尚博(Samuel Danzon-Chambaud)等(2023)研究机器写作对媒体从业者的新闻理念的影响(如图 7-4 所示)。这一研究提出采用自动化新闻需要考虑的必要问题，同时反思其对新闻实践的潜在影响。近年来，越来越多的媒体采用自动化新闻。为识别新闻机构的共同模式，需要将自动化新闻对媒体从业者的影响进行全面的实证调查。具体研究问题为在新闻编辑室中引入自动化新闻是否会改变或加强目前普及的新闻信念以及研究自动化新闻对媒体从业者的影响时需要考虑哪些基本维度。②

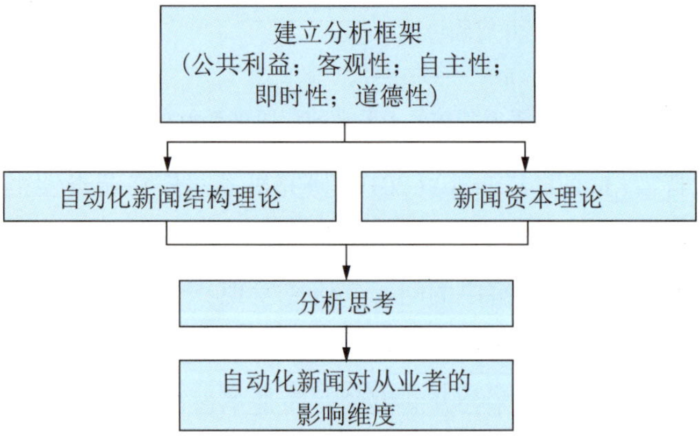

图 7-4 机器写作对媒体从业者的新闻理念的影响

① Stray J., "Making Artificial Intelligence Work for Investigative Journalism," *Digital Journalism*, 2019(08), pp. 1076-1097.

② Danzon-Chambaud S., Cornia A., "Changing or Reinforcing the 'Rules of the Game': A Field Theory Perspective on the Impacts of Automated Journalism on Media Practitioners," *Journalism Practice*, 2023(02), pp. 174-188.

Wu 等(2019)研究机器写作给新闻生产者带来的角色变化(如图 7-5 所示)。研究揭示了在自动化新闻发展阶段，新闻工作者在新闻制作时相对于机器角色认识的变化，并评估了机器能够在多大程度上增强新闻生产过程中的权力。研究采用访谈法，基于行动者网络理论，对来自 12 个地区和国际新闻机构的 15 名新闻编辑进行面对面采访，解构这些新闻编辑对自动化和新闻实践的理解。研究结果揭示机器在新闻采集和新闻发布阶段产生的变革作用。但部分新闻工作者也坚持认为他们仍然掌握着新闻生产过程的所有阶段，表明他们希望保护自己作为最终意义仲裁者的角色。①

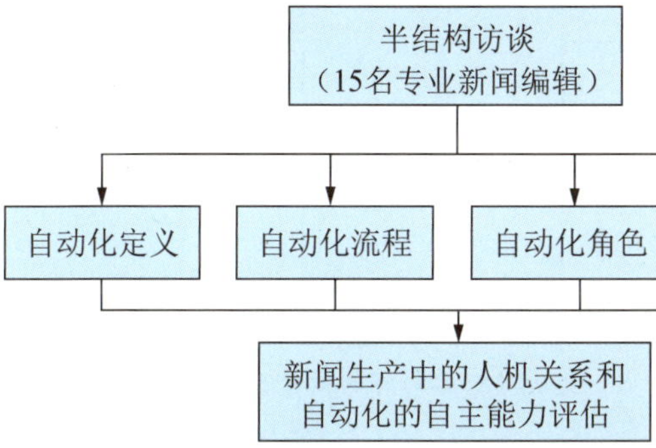

图 7-5　机器写作给新闻生产者带来的角色变化

还有学者对 27 名记者进行访谈以探究记者在工作中对于算法的使用和感知情况，发现记者几乎以完全被动的姿态将算法逻辑引入新闻的生产、传播过程②；另一项对新闻从业者的研究则表明，尽管记者通常愿意尝试有利于他们工作的人工智能驱动技术，但技术人员却很难将它们整合到新闻工作流程中。③

二、受众视角的机器写作研究

安德烈亚斯·格雷费(Andreas Graefe)等(2020)研究受众对机器写作的效果感知(如图 7-6 所示)。他们运用元分析的方法，总结读者如何感知自动化新闻的可信度、质量

① Wu S., Tandoc E. C. and Salmon C. T., "Journalism Reconfigured: Assessing Human-machine Relations and the Autonomous Power of Automation in News Production," *Journalism Studies*, 2019(10), pp. 1440-1457.

② de Haan Y., van den Berg E., Goutier N., et al., "Invisible Friend or Foe? How Journalists Use and Perceive Algorithmic-Driven Tools in Their Research Process," *Digital Journalism*, 2022(10), pp. 1775-1793.

③ Gutierrez Lopez M., Porlezza C., Cooper G., et al., "A Question of Design: Strategies for Embedding AI-Driven Tools into Journalistic Work Routines," *Digital Journalism*, 2023(03), pp. 484-503.

和可读性。这项研究涉及 4 473 名参与者与 12 项实验。其中，实验组阅读机器写作的文章，对照组阅读真人写作的文章。通过对比研究发现，读者对可信度的看法没有差异，人类撰写的新闻在质量方面略有优势，在可读性方面具有巨大优势。实验进一步表明，当参与者被告知他们正在阅读一篇人类撰写的文章时，他们对文章的可信度、质量和可读性给出了更高的评价。这些发现可能会导致新闻机构避免披露它们的新闻故事报道是自动生成的事实，从而凸显自动化新闻带来的道德挑战。①

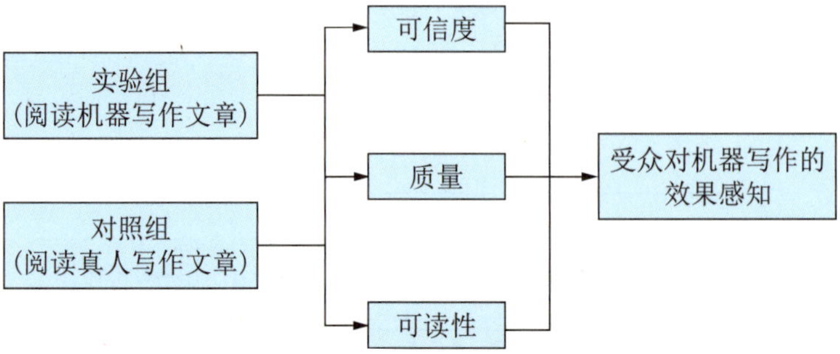

图 7-6　受众对机器写作的效果感知

Yanfang Wu(2020)探究读者如何比较评价机器写作的新闻，如何评价自动新闻写作与人类写作，以及研究互联网时代新闻质量标准如何改变的问题。为此，研究者设计了 3×2 的混合实验，即涉及体育、金融和政治 3 类新闻主题，以及机器写作与人类写作两类作者主体。实验在 Amazon MTurk 平台进行，总共招募来自美国的 370 名成年参与者。首先，实验控制新闻主题，检测作者主体，将新闻分为有来源和作者信息、没有来源和作者信息两类，从体育、金融和政治 3 个不同的新闻领域各选择一条机器撰写的新闻和一条由人类撰写的新闻，让所有参与者阅读两种条件下的 6 条新闻(即机器写作的体育新闻、人类写作的体育新闻、机器写作的金融新闻、人类写作的金融新闻、机器写作的政治新闻和人类写作的政治新闻)。其次，实验控制作者主体来检测新闻主题，让每个参与者阅读来自体育、金融和政治 3 个领域之一的机器写作和人类写作的版本。最后，改编已有的成熟量表测量客观性和可信度，评价机器写作和人类写作的新闻之间的差异。研究结果显示，在认知权威理论的框架内，自动撰写的新闻报道被评为更客观、可信和带有更少的偏见。然而，在客观性和可信度评级方面，组合评估条件(具有来源和作者信息的新闻报道)和仅消息评估条件(没

① Graefe A., Bohlken N., "Automated Journalism: A Meta-Analysis of Readers' Perceptions of Human-Written in Comparison to Automated News," *Media and Communication*, 2020(03), pp. 50-59.

有来源和作者信息的新闻报道）之间存在显著差异，但没有偏见。此外，在政治、金融和体育新闻报道领域，机器撰写和人工撰写的新闻报道的客观性和可信度评分存在显著差异。①

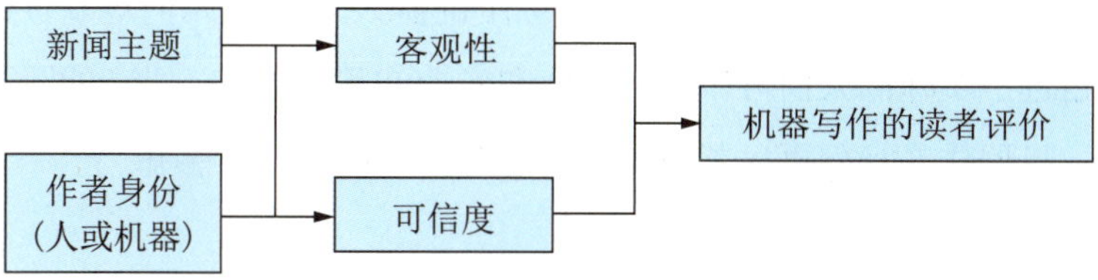

图 7-7　读者对机器写作新闻的评价

Chenyan Jia 等研究机器写作内容消费过程中用户的选择问题。该研究采用实验法，设计了一个 2×3×2 的实验，实验控制条件分别是“作者归因：人类 vs 算法”与“文章态度：态度一致的新闻 vs 态度挑战的新闻 vs 中立的故事”以及“文章主题：枪支控制 vs 堕胎”的混合设计在线实验（N＝351），检验当用户阅读机器写作新闻时是否会发生选择性曝光。研究发现，当新闻文章被宣布为由机器编写时，选择性曝光和选择性回避得到实践，即人们更有可能选择态度一致的新闻，而不是挑战态度的新闻，并且对于据称由算法和人类记者撰写的故事，态度一致的新闻故事比挑战态度的新闻更可信。对于态度一致的枪支权利新闻，人们更有可能将自己暴露在人类归因而不是算法归因的新闻中。②

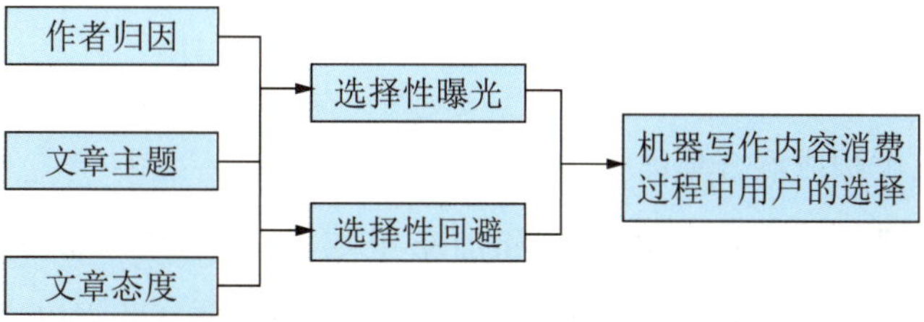

图 7-8　机器写作内容消费过程中用户的选择研究

Bingjie Liu 等（2019）研究受众对机器写作的可信度和专业性的感知（如图 7-9 所示）。他们重点关注新闻作者的身份以及人与机器的关系将如何影响新闻作者和新闻处理与评价的问题。他们采用实验法，设计了一个 2×2×2 的实验，实验条

① Wu Y.，“Is Automated Journalistic Writing Less Biased? An Experimental Test of Auto-Written and Human-Written News Stories，”*Journalism Practice*，2020（08），pp. 1008-1028.

② Jia，Chenyan and Johnson T. J.，“Source Credibility Matters：Does Automated Journalism Inspire Selective Exposure?”*International Journal of Communication*，2021（15），pp. 3760-3781.

件分别是“作者身份：人 vs 机器”“新闻机构”和“新闻类型”的受试者之间的在线实验(N=355)。通过对相应变量的采集和分析，研究认为机器写的新闻引发的用户情感参与较少，因此显得更客观。然而，与人类写手相比，机器写手被认为不太专业。对于一个更受信任的媒体机构来说，使用新闻写作机器人增强了人们对新闻客观性的感知，但同时也进一步降低人们对作者可信度和专业知识的感知。当新闻写作需要更多信息处理时，机器作者身份更显著地增强人们对新闻可信度的感知。①

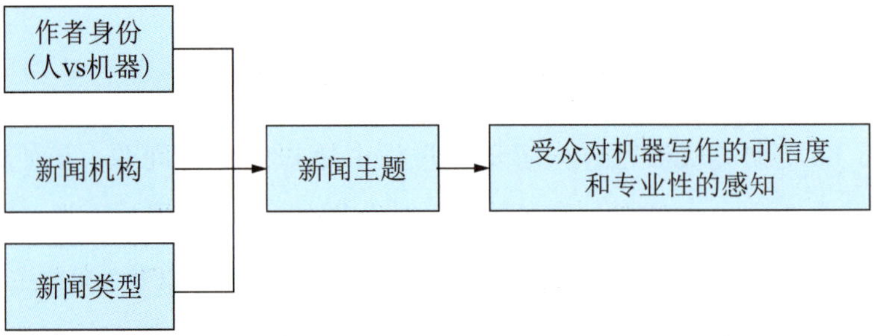

图 7-9　受众对机器写作的可信度和专业性的感知

第四节　机器写作的分析观点

一、机器与人类在新闻生产中的角色争锋

1. 机器与人类构成混合集体

亚历克斯·普里奥(Alex Primo)和加布里埃拉·扎戈(Gabriela Zago)(2015)认为“人类和非人类构成了一个混合集体，是他们的连接使新闻得以实现”。低边际成本、高效率和可创建的广泛的定制化写作促使更多的技术活动被纳入新闻制作过程中。在新闻领域，机构、个人和作为其贡献者的技术之间的界限日益模糊。新闻工作是通过人类和非人类行为者产生的，后者被认为“活动者”，或与人类行为者合作的物质对象。技术应该被视为与人类一起的“新闻的共同创造者”，而不是被视为渠道或中介。人们作为变革性角色，参与新闻创作、分发和消费的全部过程。算法能够释放人

① Liu B., Wei L., “Machine Authorship In Situ: Effect of News Organization and News Genre on News Credibility,” *Digital Journalism*, 2019(05), pp. 635-657.

类记者，以追求更多分析性、调查性的故事，并根据他们管理新闻的方式改变新闻消费习惯。①

2. 人类具有不可替代性

机器的自主能力在新闻收集、写作和分发阶段变得更加突出。机器能够在初始编程后自动工作，以便自己选择要什么内容，用什么数据填充新闻报道，使用什么模板，以及发布什么内容。人类只是在这里扮演"检查"的角色。这可以鼓励记者追踪或跟进某些故事，迫使记者调查信息，推动记者深入挖掘他不太感兴趣的问题或话题。很明显，机器肯定已经成为新闻的共同创造者，能够调整和改变最终的新闻产品。但是，匡文波认为新闻特写、新闻评论等体裁稿件的写作仍离不开人类。② 欧阳霞从心理上分析了机器无法代替记者的原因，她认为新闻写作过程必然经历复杂的心理活动，而只有人类可以运用自己的思维去遵循新闻写作的原则。③

3. 重塑人类定位：挖掘人类创造力、情感张力的价值

负责多个智能写作平台落地的北京大学的万小军教授认为："即使写作机器人获得大规模应用，也不会让记者丢饭碗，而是有序地开展分工合作、各司其职。写稿机器人负责生产陈述基本事实的稿件，记者负责生成对事件的深度分析报道。研发写作机器人的目的是要解放记者和编辑，让他们做更有创造性的事。"机器新闻写作背景下记者的价值定位：第一，有情感的现场采访者；第二，有创造力的深度报道者；第三，挖掘"人+机器"最大价值的人机写作者。

二、机器写作的技术优势与劣势

1. 如何正确理解机器写作

韩晓乔、张洪忠等通过实际参与机器写作技术开发后发表的研究认为，目前新闻传播学术界有一个流行观点，即夸大机器写作的功能，担心机器写作会取代人的思想而变得不可掌控，甚至走偏。其实，了解机器写作的原理后，就知道机器写作只是一个写作的高效辅助工具而已，本身并不能形成观点，其生成的文章背后还需要体现人

① Primo A., Zago G., "Who and What Do Journalism? An Actor-network Perspective," *Digital Journalism*, 2015(01), pp. 38-52.

② 匡文波：《记者会被机器人取代吗?》，载《新闻与写作》，2017(09)。

③ 欧阳霞：《机器无法替代人新闻写作的心理依据》，载《青年记者》，2017(25)。

的观点。①

那些认为机器写作可以完全替代人或者认为机器写作有价值观的说法其实都是不准确的。现阶段，机器新闻写作的原理是基于大数据驱动，通过数据检索、数据分析、自然语言处理等算法将所需信息填入人工设计的模板中，不能从真正意义上完成有逻辑、有态度观点的自动化文本生成。机器擅长处理海量数据，能够弥补人的大脑在信息储备、数据处理上的弱势，更快速、精准地找到完成新闻文本需要的信息，从而减轻人类的工作量。但由于技术的局限，机器不能理解复杂的逻辑关系，甚至无法区别主被动关系，因此仅依靠机器生成文本无法构成一篇逻辑严密的新闻报道。此外，机器还不能进行采访，只能引用网络上已有的信息。也就是说，机器写作无法采集到线下事实，只能按照“人”设定的模块来写作，只是一个基于算法的依赖互联网大数据来源的写作工具。②

机器写作在新闻领域更适合被当作一种写作辅助工具，来帮助人类处理海量复杂的信息，将人从反复枯燥的劳动中解放出来，但人的工作仍然具有不可替代性。媒体从业者在自动化文本生成工具的开发中担任着设计师的角色。专业的新闻编辑可以为机器新闻写作工具制定写作框架，根据不同新闻资讯的题材设计出更符合人类阅读习惯和信息需求的写作规则。机器写作还不可避免地需要人工写作的内容来进行完善——所有的模板衔接语均由人类完成。③

2. 机器新闻写作的优势

机器新闻写作速度快，时效性高。④ 机器新闻不仅写稿速度加快，还支持 7×24 小时不间断工作，加之机器不需要太长的反应和分析时间，因此稿件的日均产量可以指数攀升。诸多灾难类事件，是在短时间内最先发布的机器新闻报道。

机器新闻写作生产成本低。虽然机器新闻包括程序开发和数据库建设等多个模块，前期投入极大，但一旦投入使用，便会根据预先设定好的程序，进行无穷尽的数据处理(如数据追踪、交互、过滤等)和内容输出，尤其是对高数据密度、高信息透明

① 韩晓乔、张洪忠、何苑等：《文科思维与技术思维的碰撞：新闻传播经验应用在机器写作技术开发中的个案研究》，载《全球传媒学刊》，2018(04)。

② 何苑、张洪忠：《原理、现状与局限：机器写作在传媒业中的应用》，载《新闻界》，2018(03)。

③ 韩晓乔、张洪忠、何苑等：《文科思维与技术思维的碰撞：新闻传播经验应用在机器写作技术开发中的个案研究》，载《全球传媒学刊》，2018(04).

④ Clerwall C.，“Enter the Robot Journalist：Users’ Perceptions of Automated Content，” *Journalism Practice*，2014(05)，pp. 519-531.

度、低语境的财经类、体育类、民意调查等内容，几乎不费吹灰之力便可挖掘出数据之中隐藏的规律，这必会迅速降低稿件的边际成本。①

机器新闻写作可信度更高。Andreas 展开的一项研究中，发现读者都选择更相信机器新闻。② 机器新闻没有生命、情感因素和社会关系，其以客观数据为基础，可在不受主观因素(如人类编辑的感知洞察、价值偏好、经验判断等)干扰的情况下，挖掘出单个看似意义不大的数据和文本的社会价值，给人以超乎局部观点和眼界的全局视角。

3. 机器新闻写作的局限性

机器新闻写作可读性差。付松聚认为，机器新闻在主体构建和逻辑结构安排方面，有明显堆砌数据的感觉。③ 王江涛则认为机器新闻存在段落结构的连接性障碍、事实与观点逻辑错位、现实与历史叙事拼贴式结合的 3 个问题④，致使机器写作新闻具有较差的可读性。

机器新闻写作公式化与同质化严重。⑤ 机器新闻主要是通过算法进行数据收集，并将其填入提前编好的表达模板中。机器不能像人一般进行思辨，缺乏非模式化思维与创造能力，使机器新闻更像机械操作，稿件千篇一律。不够丰富的模板和较为单一的语言，既无法增强新闻的传播效果，又无法扩大新闻报道的用户群体。

机器新闻写作语气生硬。⑥ 一篇优秀的稿件，除新闻要素外，还需考量段落衔接、事实与逻辑的合理性等因素。机器新闻中，为不改变匹配的模板(无论是自动还是人工方式)，稿件通常在小范围内选择词汇与修辞，这不仅影响了内容质量，而且极易在段落之间产生逻辑混淆。同时，在算法“黑箱”面前，甚至出现了“流量工厂”驱逐优质新闻的问题。

---

① 许志强、汪洋、张森：《人工智能时代机器新闻写作的原理、现状与未来》，载《电视研究》，2021(01)。

② Graefe A., Haim M., Haarmann B., et al., “Readers' Perception of Computer-Generated News: Credibility, Expertise, and Readability,” *Journalism*, 2018(05), pp. 595-610.

③ 付松聚：《从 8 月 CPI 报道看机器新闻与人工新闻差异何在》，载《中国记者》，2015(11)。

④ 王江涛：《机器人新闻写作的局限与不足——基于腾讯财经写作机器人 Dream writer 作品的分析》，载《传媒观察》，2016(07)。

⑤ Carlson M., “The Robotic Reporter: Automated Journalism and the Redefinition of Labor, Compositional Forms, and Journalistic Authority,” *Digital Journalism*, 2015(03), pp. 416-431.

⑥ 何苑、张洪忠：《原理、现状与局限：机器写作在传媒业中的应用》，载《新闻界》，2018(03)。

三、机器写作的伦理困境

1. 算法偏见

英国学者斯科特·拉什(Scott Lash)指出："在一个媒体和代码无处不在的社会，权力越来越存在于算法之中。"①机器新闻写作所依托的核心技术就是算法技术，而算法技术具有非常强的专业性和复杂性，这就决定算法设计者具有较高的技术垄断权力。如果缺乏相应的规制手段，必然会出现权力滥用问题，继而引发机器新闻写作技术伦理困境，这主要体现在隐形的算法偏见和市场的反向推荐两个方面。

2. 新闻失实与隐私侵犯

机器新闻写作的实现主要依赖大数据技术，因果关系的阐明是新闻报道的根本指向，是揭露事件真相、维护当事人权益的重要路径。也就是说，缺乏因果关系解释的机器新闻写作，很容易形成新闻失实和隐私侵犯的数据伦理困境。

3. 著作权多重观点纷争

王迁等少数学者(2017)认为机器新闻"本质上仍然属于执行既定流程和方法，并通过计算获得确定的结果，与体现个性化的智力创作存在根本区别"，因而不能构成"作品"。② 张俊发(2019)认为应该将创作主体与权利主体区分开来，以作品受众为标准，建立作品与创作者的关系。③ 孙山(2018)建议将人工智能的所有人"视为"作者。④

---

① 王茜：《打开算法分发的"黑箱"——基于今日头条新闻推送的量化研究》，载《新闻记者》，2017(09)。

② 王迁：《论人工智能生成的内容在著作权法中的定性》，载《法律科学(西北政法大学学报)》，2017(05)。

③ 张俊发：《人工智能新闻的著作权保护》，载《山东科技大学学报》(社会科学版)，2019(06)。

④ 孙山：《人工智能生成内容著作权法保护的困境与出路》，载《知识产权》，2018(11)。

第八章　智能采编

2021年，人民日报社推出由百度提供技术支持的“创作大脑”来助力智能时代的智慧编辑部建设，“创作大脑”具备直播智能拆条、在线视频快编、图片智能处理、智能字幕制作、可视化大数据、智能写作、新闻转视频、实时新闻监测等功能。[①] 百度大脑智能创作平台基于自然语言处理、知识图谱、视觉、语音的整合技术能力，为创作者提供多项技术支持，助力新闻生产的策、采、编、审、发全流程，全面提升内容生产效率。世界主要媒体开始将“采编流程智能化”作为新闻业与人工智能技术相结合而进行深度媒体融合的重要切入点和聚焦点。

第一节　智能采编的含义与应用

一、智能采编的含义

智能采编指采用人工智能技术实现信息的采集、编辑全过程。在新闻传播领域，新闻采编指人工智能技术驱动下针对新闻文字、视频和语音等进行采集、编辑和审核的全流程。智能采编是机器写作、大数据和智能算法在新闻采编上的综合应用，通过自然语言处理技术对信息进行加工，生成新闻产品，在新闻主体、技术和产品上集中体现了自动化智能化新闻采编的特点。[②] 智能采编模式呈现出“人机交互”态势，“从智力技术来讲，随着计算机和数字网络的产生，人们思想表达的静态模式被一种动态

① 青年记者编辑部：《媒体脸谱》，载《青年记者》，2021(01)。
② 张静：《人工智能新闻采编模式的认知科学哲学探究》，载《中国广播电视学刊》，2021(08)。

表达机制所代替，这就是互动的信息智力技术集”。①

智能采编过程区别于传统新闻采编的特点在于以下 3 点：首先，是新闻采编的主体有变化。智能采编采用机器人新闻写作，机器人新闻就是以人工智能技术为基础，模拟新闻采编主体(记者、编辑)的工作过程，其运作由计算机软硬件结合实现。“传统新闻体系中的记者编辑作为新闻传播主体，直接参与对新闻信息的实际采集、撰写和报道等一系列新闻生产实践活动。机器人新闻则通过工程师预先编写软件程序，利用计算机对新闻数据做加工处理，并由智能算法自动生成新闻文本。这种机器人新闻从新闻数据的收集分析，到算法生成、智能分发各环节没有人为干预，多数流程内容不再视觉可见而变成虚拟性存在，但其新闻采编过程都在模拟人类主体对新闻信息的加工模式。”②其次，是新闻采编技术的变化。人工智能新闻与传统新闻间的核心区别就在于采编方式中“智能技术工具”的加入，正是以“智能化”为代表的媒介新技术重构了新闻劳动的机制。③ 智能采编过程还利用大数据分析和机器学习算法模型来完成内容分析。最后，是新闻加工过程的变化。智能采编是从数据搜集分析到稿件撰写生成及分发流程中实现采编流程和产品内容的自动加工。“通过机器学习对新闻从业者的新闻认知和实践过程做智能化模拟运行，利用自动化数据生成新闻算法模板。”④

二、智能采编的发展历程

国内外新闻机构越来越多地利用人工智能通过改变新闻生成、生产、发布和共享的方式来构建整体的采编系统和平台。自 2014 年以来，美联社一直在使用人工智能生成关于企业盈利报告等相关文章，通过自动转录、摘要工具和故事模板的智能采编系统来提高生产效率。⑤ 2017 年，《华盛顿邮报》发布了 Heliograf 系统，该系统能用定量数据生成整篇文章。《华盛顿邮报》使用该系统来生成关于选举结果和体育报道等主题的文章。2018 年，《福布斯》杂志推出了一个名为 Bertie 的人工智能内容管理系统，

---

① 张怡：《虚拟的文明化与文明的虚拟化》，载《哲学分析》，2017(04)。

② 张静：《人工智能新闻采编模式的认知科学哲学探究》，载《中国广播电视学刊》，2021(08)。

③ 张静：《人工智能新闻采编模式的认知科学哲学探究》，载《中国广播电视学刊》，2021(08)。

④ 张静：《人工智能新闻采编模式的认知科学哲学探究》，载《中国广播电视学刊》，2021(08)。

⑤ Veitch M.，“How AI is Becoming an Integral Part of the News-making Process，” https：// blogs. lse. ac. uk/polis/2021/01/25/how-ai-is-becoming-an-integral-part-of-the-news-making-process/，2021-01-25.

可以提供内容和标题建议。路透社使用 Lynx Insight 系统用于生成与企业盈利和并购等主题相关的文章。彭博社使用 Cyborg 进行内容创作和管理。①

国内的媒体机构从 2019 年开始将智能硬件、机器人、无人机等人工智能技术广泛应用于新闻信息采集过程，提高信息采集效率。② 新华社是国内率先试水人工智能采编内容生产平台的主流媒体之一，它在 2017 年推出首个人工智能平台“媒体大脑”，2018 年升级为“媒体大脑 · MAGIC 智能生产平台”。“新华智云”也在 2019 年推出智能采编机器人，其中包括突发识别机器人、内容搬运机器人、多渠道发布机器人、热点机器人等在内的 8 款协助记者、编辑采集新闻信息的机器人。这些机器人能够在地震、台风等突发自然灾害中在第一时间传回新闻报道需要的重要信息资源。③ 2019 年，人民日报社联合百度成立“人工智能媒体实验室”，打造新闻报道策划、采访、生产、分发全链条智能媒体生产平台。2021 年，深圳报业集团开始使用全媒体指挥中心，采用威创一体化智能融合显控用系统，实现智慧融合、随心分发、统一操控。2022 年，人民日报社技术部基于一线采编需求对智能采编系统进行调整，展示 AI 编辑部 3.0 版，强化了内容生产的智能化、云端化、移动化、轻量化，推出 AI 编辑部移动版，具有事实核查、5G 全媒体生产、热点汇聚、智能会议纪要、一键生成视频、播报数字人等新功能，全面优化新媒体作品生产设计流程，深度赋能报社全媒体报道。北京时间客户端是北京广播电视台重要的新媒体平台，北京时间参与打造的中国首个广播级智能交互——真人数字人“时间小妮”，是北京广播电视台在“人工智能与新闻采编深度融合”方面所取得的最新突破性成果。④ “时间小妮”正逐步接入北京时间客户端，与稿件系统、交互系统、数据系统深度结合，在端内提供新闻播报、知识讲解、交互问答、广告代言、客户服务等全方位交互服务。2022 年北京冬奥会期间，AI 主播“时间小妮”参与了赛事报道。

总体上看，第一代全媒体信息采编系统强调“大而全”，借助计算机技术完成相对

① Schmelzer R.，“AI Making Waves In News And Journalism，” https：//www.forbes.com/sites/cognitiveworld/2019/08/23/ai-making-waves-in-news-and-journalism/？sh=2908d4837748，2019-08-23.

② 赵蓓、张洪忠：《2019 年人工智能技术在中国传媒业的应用与思考》，载《新闻与写作》，2019(12)。

③ 赵蓓、张洪忠：《2019 年人工智能技术在中国传媒业的应用与思考》，载《新闻与写作》，2019(12)。

④ 高星：《广播电视新型主流媒体建设路径研究》，载《声屏世界》，2022(14)。

全面的信息搜集和整理，而新一代的系统强调"全而深"，不仅要搜集到全面的数据，更需要"消化"分析数据、"挖掘内幕"、产生高附加价值的内容，实现真正"智能化"的突破。目前的应用都还有一定的探索性质，更成熟和有广泛推广意义的智能采编应用还要依靠技术迭代来实现。

三、智能采编的应用

全媒体信息采编系统是智能采编在新闻媒体中的具体应用，将音视频处理、语音识别和人脸识别等人工智能技术融合，把大数据挖掘、传感器等技术手段或者新闻记者采集的图片、文字和音频信息集成到智能系统中，能够帮助新闻编辑人员快速获取新闻线索并生成内容，提高采编效率，减少新闻信息采集、整理、传递过程中耗费的时间和人力资源。

1. 智能采访与智能采集

智能采访即媒体采用智能技术进行信息的采集和完成对访谈对象的采访。媒体采用5G、AI等技术突破时空限制，构建多元化的采访场景。"新华社的5G全息异地同屏访谈中，被访者的声音、表情、动作以全息投影的形式呈现在演播间中，打造记者与采访对象隔空交流的场景，带来强烈的视觉冲击感。七维科技的Vi Cave智能演播室，通过混合现实拍摄、红外跟踪定位等技术，实现虚拟场景与实景的结合与切换，使演播室具备构建多元场景的能力。"①

在国外，News Labs作为一家创新孵化器成立于2012年，是架构记者与研发部门间的桥梁，将智能技术应用于新闻领域的信息搜集环节之中，推动新闻进行智能化改革与创新。Juicer作为News Labs的明星产品，提供了新闻聚合和内容提取API，能够从全球其他新闻网站获取文章，自动解析文章内容并基于相关的数据库资源为内容打标签，如人、地点、组织和事物。

2. 智能编辑系统

国外的智能文档和语音编辑系统已经被广泛使用，包括SMARTedit系统②、苹果

---

① 韩诚：《5G赋能新闻生产云采编》，载《青年记者》，2020(21)。

② Tessa Lau, Steven A. Wolfman, Pedro Domingos, et al., "Learning Repetitive Text-editing Procedures with SMARTedit," in *Your Wish Is My Command: Giving Users the Power to Instruct Their Software*, Burlington, Morgan Kaufmann, 2001, pp. 209-226.

口述、谷歌文档语音编辑器①和 Windows 语音识别②等。SMARTedit 系统通过机器学习的程序来执行重复文本的编辑任务。③ 文档编辑由一系列相互独立的单元任务构成。单元任务是指对选定的文本块进行操作，一个文本块首先由用户标识，可以被四处移动、修改或格式化；修改操作的权限包括插入新文本，或者删除所选块。语音文档编辑领域的一个优点是它能够排除现实世界的复杂性，如电子硬件、材料、感觉系统和周围物体的影响，以及传感器的可变性。语音文档编辑系统可以执行一些操作，如删除和插入单词；创建和编辑分项列表；改变单词、段落或句子的顺序；将一种时态转换为另一种时态；或者对风格进行微调。④ 在这些系统中，用户可以随时进行口述编写，然后通过使用预定义的命令来编辑文档。⑤

在内容编辑环节，人工智能也承担了更多的编辑工作。“人民日报社在全国两会期间推出的‘智能云剪辑师’，具备人物动态追踪、多方位修复视频画质等智能编辑功能。”“央视网启用人工智能编辑部，致力于将人工智能大规模应用于新闻实践，并推出‘I 学习’‘融媒智控云矩阵’等智能化新闻产品。”“海南广电引进‘微剪’智能编辑系统，实现智能化的云剪编、云分发等功能。”⑥除此之外，短视频平台也通过运用智能化视频剪辑、视频美颜、滤镜以及视频渲染等智能编辑手段来提高信息编辑效率和效果。

3. 智能信息核查

智能算法技术可以针对已经发布的内容进行验证，目的在于减少虚假新闻。⑦ 对此有“基于内容模型的算法”和“基于社会情境的算法”两种主流算法。前者应用较早，依托自然语言处理技术，主要分析新闻内容，原理是获取大量假新闻之后，将带有真

---

① Google, “Type with your Voice: Edit your Document,” https: //support. google. com/docs/answer/4492226, 2020-02-22.

② Microsoft, “Microsoft. 2020. Windows Speech Recognition Commands,” https: //support. microsoft. com/en-ca/help/12427/windowsspeech-recognition-commands. 2020-02-23.

③ Tessa Lau, Steven A. Wolfman, Pedro Domingos, et al. , “Learning Repetitive Text-editing Procedures with SMARTedit,” in *Your Wish Is My Command: Giving Users the Power to Instruct Their Software*, Burlington, Morgan Kaufmann, 2001, pp. 209-226.

④ Ades S. , Swinehart D. C, “Voice Annotation and Editing in a Workstation Environment,” Technical Report CSL-86-3, XEROX Corporation, Palo Alto Research Center, 1986.

⑤ Kudashkina K. , Pilarski P. M. and Sutton R. S. , “Document-editing Assistants and Model-Based Reinforcement Learning as a Path to Conversational AI,” arXiv Preprint arXiv: 2008. 12095, 2020.

⑥ 韩诚：《5G 赋能新闻生产云采编》，载《青年记者》，2020(21)。

⑦ 乔笛宇：《算法驱动下自动化事实核查的原理与局限》，载《青年记者》，2021(16)。

假标记的新闻数据输入程序，进而统计真假文本的语义特征差异。后者则主要分析信息传播过程中的情境，根据交互情境核查假新闻。①

《华盛顿邮报》创建了一种"Truth Teller"算法来增强其对政治演讲的事实核查。《华盛顿邮报》的政治编辑说，事实核查是一项艰巨的任务，"Truth Teller"的目标不是让机器完全分辨真伪，而是为人类提供一个警告系统，以便更深入观察事实。"Truth Teller"依赖人工事实核查者来建立和维护数据库，在发现假新闻之后提供更多信息，以此加快信息核查的速度，以期达到新闻事实的实时核查。②

新闻核查算法在社交媒体领域较为常用。国内的应用平台主要在微博，中国科学院曹娟团队建立了一个衡量可信度的指标体系系统，评估微博信息是否为假新闻。③国外如 Facebook 的帖子可以根据"喜欢"它们的用户而被高度准确地分类为骗局和非骗局。其中分类的方法一个是基于逻辑回归，另一个是基于改编的布尔众包算法。④此外，国外媒体 Twitter 也应用核查算法进行假新闻的鉴别。Twitter 使用 IBM Watson 和自然语言处理来跟踪和删除辱骂性消息。Watson 还会干扰消息中的音调和不同视觉的含义，因此，它可以在几秒内分析数百万条淫秽和不恰当的信息。⑤

第二节　智能采编的技术原理

智能采编实质是指借助人工智能技术高效采集信息，并将零散信息转化为可传播的内容产品的过程，核心环节包括智能采集、智能编辑。而新闻传播领域的智能采编则特指将人工智能用于新闻采访与编辑流程，使其智能化、自动化的过程。由于新闻

① 陈昌凤、师文：《智能化新闻核查技术：算法、逻辑与局限》，载《新闻大学》，2018(06)。

② Cervieri M.，"Instant Fact-Checking? Washington Post's Truth Teller Goes There，" http：//mediashift. org/2013/03/instant-fact-checking-washington-posts-truth-teller-goes-there085/，2013-03-26.

③ Temming M.，"People are Bad at Spotting Fake News. Can Computer Programs do Better?" https：//www. sciencenews. org/article/can-computer-programs-flag-fake-news，2018-07-26.

④ Tacchini E.，Ballarin G.，Della Vedova M. L.，et al.，"Some Like It Hoax：Automated Fake News Detection in Social Networks，" arXiv，2017.

⑤ Kenyon T.，"How are Social Media Platforms using AI?" https：//aimagazine. com/ai-strategy/how-are-social-media-platforms-using-ai，2021-06-21.

编辑流程的特殊性，该场景下智能采编延伸出智能审核环节。① 因而，从技术层面来看，智能采编是用于采集、编辑、审核文字、音视频、行为数据等多种技术的集合，而不是单指某一项特定技术。

我们以一条快讯的生成过程来理解智能采编过程。首先，需要经模式识别、自然语言处理等技术在互联网中采集相关素材；其次，利用智能写作等技术对素材作删减、拼接等编辑；最后，再经由算法作敏感词过滤等审核步骤，最终完成。智能采编是一套完成“原料—半成品—试吃品—成品”过程的技术系统。

一、智能采集环节的技术原理

该环节的技术步骤包括信息搜寻、信息预处理两个部分(如图 8-1 所示)。②

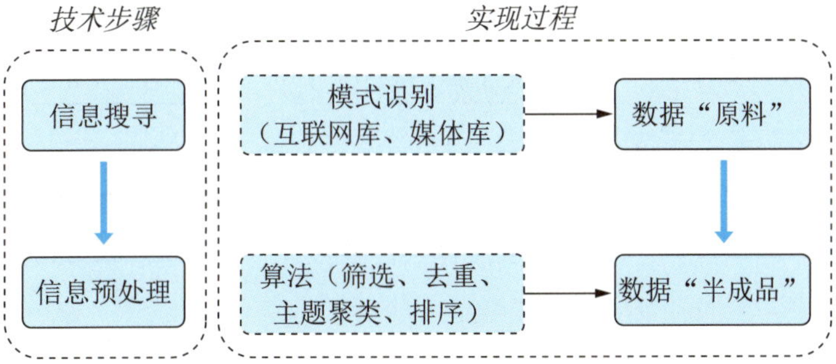

图 8-1　智能采集环节的技术原理

信息搜寻包含两层内容：一层是搜寻数据库数据，另一层则是搜寻采访数据。在搜寻数据库数据中，主要利用模式识别技术在数据库中提取相匹配的各种形式数据“原料”，其数据库包括互联网信息库以及媒体内部由相关从业者自建的媒体信息库；在搜寻采访数据时，则通过语音存储、语音转文字、采访速记等技术，将实地采访获得的内容转化为电子数据，再根据采编目的对采访的电子数据快速搜寻提取。信息预处理依靠算法技术对“原料”作筛选、去重、主题聚类、排序，从中能初步展示新闻内容的重要性、新鲜度等特征，形成便于后期编辑的数据“半成品”。可见，智能采集技术只能完成从数据“原料”到数据“半成品”这一步骤。

① Bass A. Z. , “Refining the ‘Gatekeeper’ Concept: A UN Radio Case Study,” *Journalism Quarterly*, 1969(01), pp. 69-72.

② Croft W. B. , *Advances in Information Retrieval Recent Research from the Center for Intelligent Information Retrieval*, New York, Springer, 2000.

智能采集环节的技术基于人工智能的“计算”路径设计，通过算力驱动实现传统采编流程中人类“劳力”的解放，其优势在于能极大减少新闻记者、编辑在前期信息整理过程中的劳动力成本，例如提高信息筛选效率、降低信息核对错误率等。但其劣势也很明显，由于缺乏“人类智能”的参与，智能采集很容易忽略长尾信息市场中有价值的信息，在采集时出现系统性偏差。目前该环节的技术发展已较成熟，未来其提升空间主要是“算力”方面，更全面、高效的算力能帮助智能采编提升“自动化”水平。

二、智能编辑环节的技术原理

该环节的技术步骤包括建模、学习、实操 3 个部分(如图 8-2 所示)。①

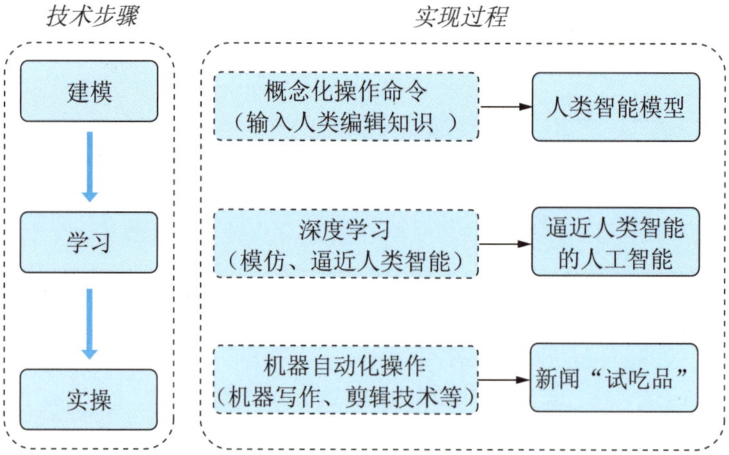

图 8-2 智能编辑环节的技术原理

建模指的是建立人类智能模型，即技术人员和新闻工作者协作建立与新闻编辑相关的人类知识模型，包括新闻专业主义知识、新闻领域知识、用户新闻消费偏好、新闻市场偏好、新闻规章政策等，并将该模型中的知识“翻译”成机器能够听懂的操作命令；学习即基于深度学习技术，使人工智能不断模仿、逼近人类编辑；实操即具体编辑技术的自动化操作过程，人工智能在人类智能模型的指导下依靠机器写作、机器剪辑等技术，输出新闻文本和视频。该环节主要实现从“半成品”到“试吃品”这一步骤。

智能编辑环节的技术更多基于人工智能的“学习”路径设计，即通过“学习力”驱动实现对传统采编流程中人类“智力”的解放。因而它不是简单的“计算加工”过程，

① Van Dalen A. , “The Algorithms behind the Headlines: How Machine-written News Redefines the Core Skills of Human Journalists,” *Journalism Practice*, 2012(05-06), pp. 648-658.

而是“赋值加工”过程，利用人工智能为信息赋予人类社会需要的公共性、有趣性、知识性等价值。但是其赋值有效性仍取决于人工智能对人类智能的建模学习程度。

目前该环节的技术发展处于初级阶段，仅能满足人工智能对人类社会中规则性、规律性知识的学习，在更高阶的价值判断、情感分析等方面表现不佳。未来提升空间主要是“建模学习”方面，一个更逼近人类智能的编辑系统能有效提升智能采编的“智能性”。

三、智能审核环节的技术原理

审核环节包括敏感信息审核及真假信息审核两种任务类型，其技术步骤包括内容读取、交叉验证两部分(如图 8-3 所示)。

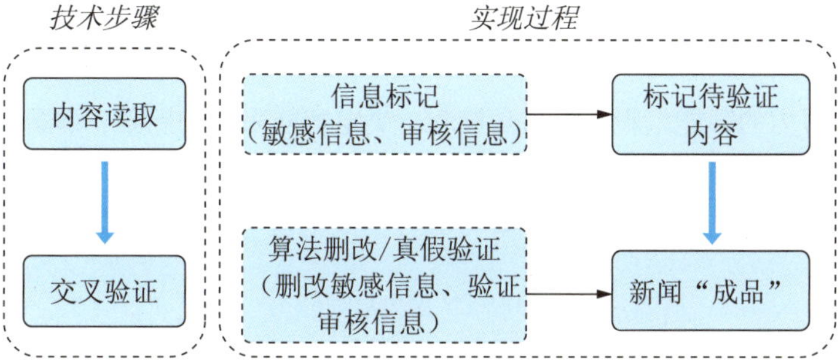

图 8-3　智能审核环节的技术原理

内容读取指的是将已经完成的音视频或文字内容读取到审核系统，审核系统会基于文字、图像、语音识别技术将信息进行分类。如果存在敏感词，系统则将其标记为敏感信息；如果存在假消息嫌疑，系统则将其标记为假消息；如果均不存在，系统则完成审核。交叉验证，即审核系统基于算法技术将已标记信息与数据库中的其他信息一一比对验证，并分类处理标记信息。如果发现该敏感词不宜发布，算法技术将对该信息作删除、重改；如果发现信息不实，算法技术则会根据数据“假消息”的信任度评级结果删除该信息。

智能审核是使“成品”成为“发布品”的关键工序，是一个集人工智能与人类智力于一体的环节，对维护信息生态意义重大。但是目前智能审核技术存在明显的缺陷，其“算力”和“学习力”都明显不足——不仅无法读取一些模棱两可的信息，更无法完成对新闻公共性、人文性等高维价值的审核。因而，目前实践中该环节主要是以人类编辑主导、人工智能辅助。智能审核是对人类编辑解放程度最低的一个环节，其未来技术提升空间应该考虑智能审核技术与人工审核过程如何更好地实现协同。

综上，整个智能采编技术系统的核心技术原理可以总结为图 8-4 所示。

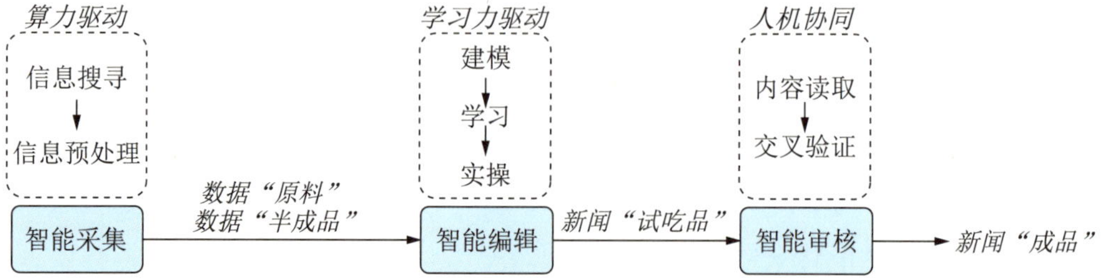

图 8-4　智能采编系统的技术原理

综观智能采编技术系统，人工智能技术利用其“算力”和“学习力”，同时实现人类“劳力”和“智力”两方面的解放。因而“算力”和“学习力”也是未来智能采编技术系统需要着力提升的两个技术方向。高算力的智能采集是基础，决定智能采编的下限，即自动化程度；高学习力的智能编辑与审核是核心，决定智能采编的上限，即智能化程度。

第三节　智能采编的研究模式

随着智能采编技术在新闻传播领域的应用越来越广泛，研究者对其进行了大量研究。一是关注智能采编系统本身的有效性和准确性，既通过开发模型来验证智能采编系统的有效性，又对已有智能采编系统的比较分析。二是通过访谈法分析媒体从业人员对智能采编的认知。三是深入分析智能采编对新闻业的影响，媒体从业者、新闻编辑室角色是否发生转换。四是探讨智能采编如何真正融入新闻实践，包括价值观与文化的融合。五是从受众角度研究智能采编的影响。

一、智能采编系统的分析

梅瑞迪思·布鲁萨德(Meredith Broussard)(2015)研究智能采编在调查性新闻上的应用，旨在开发一个专家系统来提升记者发现原创公共新闻的能力。该研究发现基于人工智能的算法系统能够帮助记者增强自身整理数据和识别调查性报道机会的能力，更好地报道公共事务，例如教育、交通、金融等新闻。他们开发了该模型的原型，为其取名“Stacked Up”，并将其用于分析教育数据。Stacked Up 包括一系列调查性故事和一个完整叙述框架内的报道工具，其中报道工具是由动态的、个性化的数据可视化组成的。研究证实，这个系统十分有效(如图 8-5 所示)，不仅模型原型是成功的，而且从原型中衍生出来的故事的社会影响也是正向的。该研究的意义在于，在公共事务问题的报道上，他们基于智能采编技术开发的专家系统能有效帮助新闻编辑室和记者讲述更引人注目的、数据丰富的新闻故事。①

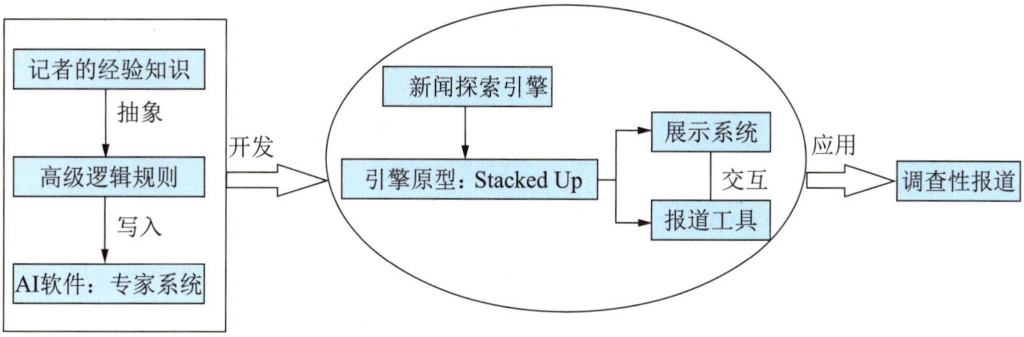

图 8-5　新闻探索引擎的开发与应用

亨茨(Heintz)等(2022)旨在探究人工智能驱动的文本处理器 Wordvice AI Proofreader 编校的准确性和有效性(如图 8-6 所示)。Wordvice AI Proofreader 是最近开发的基于网络的人工智能驱动的文本处理器，可以对用户输入的文本进行实时自动校对和编辑。Google Docs 和 Microsoft Word 是目前较为流行的校对应用程序和自动写作分析工具，这两种应用程序主要为学者校对手稿设计。研究方法为将 Wordvice AI Proofreader、经验丰富的人类学术编辑和其他两个流行的校对应用程序完成的校对文本进行比较分析。使用 GLEU 指标②来评估编校水平，GLEU 分数越高，校对工具所识别和纠正的错误和问题的百分比就越高。结果发现，与经验丰富的人类学术编辑、其他校对应用程序相比，Wordvice AI 的校对分数最高，Wordvice AI 校对器的性能达到或接近于人类编辑器的水平，识别出类似的错误并在大多数示例段落中提供建议。Wordvice AI Proofreader 可与专业编辑和校对一起使用以确保自然、流畅的表达，能够提高稿件写作效率并帮助用户更有效地与全球科学界交流。③

① Broussard M., "Artificial Intelligence for Investigative Reporting," *Digital Journalism*, 2015(06), pp. 814-831.

② Mutton A., Dras M., Wan S. and Dale R., "GLEU: Automatic Evaluation of Sentence-level Fluency," Paper Presented at Proceedings of the 45th Annual Meeting of the Association of Computational Linguistics, 2007.

③ Heintz K., Roh Y. & Lee J., "Comparing the Accuracy and Effectiveness of Wordvice AI Proofreader to Two Automated Editing Tools and Human Editors," *Science Editing*, 2022(01), pp. 37-45.

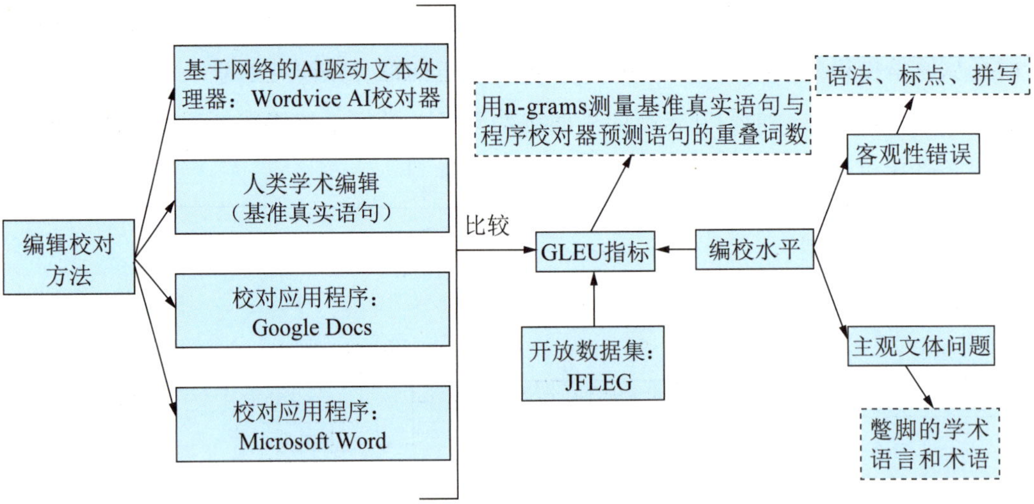

图 8-6　AI 编辑校对器 Wordvice AI 的有效性研究

二、智能采编对新闻工作者的影响研究

艾伦·穆诺里亚尔瓦（Allen Munoriyarwa）等（2023）研究发达国家智能采编被采用的程度，以及记者和编辑如何看待智能采编在新闻制作实践中的使用。这项研究的实证材料来自对南非记者的半结构化采访，这些记者来自 6 个采用人工智能技术的媒体机构。受访者包括受雇于这些媒体机构的记者、编辑和人工智能专家，来自不同群体，其中一些人在新闻领域有丰富的经验；另一些人在人工智能方面拥有值得称赞的专业知识，被新闻机构招募来简化人工智能工作。访谈的问题包括新闻编辑部在新闻报道中采用智能采编的程度、智能采编对记者个人的好处，以及智能采编如何改变了他们的新闻报道等内容。研究发现（如图 8-7 所示），南非主流新闻编辑部总结出 3 种智能采编在新闻编辑室的用途：整体挪用、专有技术挪用和人工智能的特定任务挪用。他们还发现，南非记者对智能采编存在质疑，这种质疑是由对失业的担忧、采用人工智能的成本、有限的培训、围绕人工智能的道德问题及其在民主进程中的有效性所驱动的。① 该研究的意义在于证实了智能采编的应用受到不同地域新闻业发展水平的影响，在欧洲和美国新闻编辑部发现的关于人工智能的乐观情绪无法转移到南非的新闻编辑部。

① Munoriyarwa A., Chiumbu S. and Motsaathebe G., "Artificial Intelligence Practices in Everyday News Production: The Case of South Africa's Mainstream Newsrooms," *Journalism Practice*, 2023(07), pp. 374-1392.

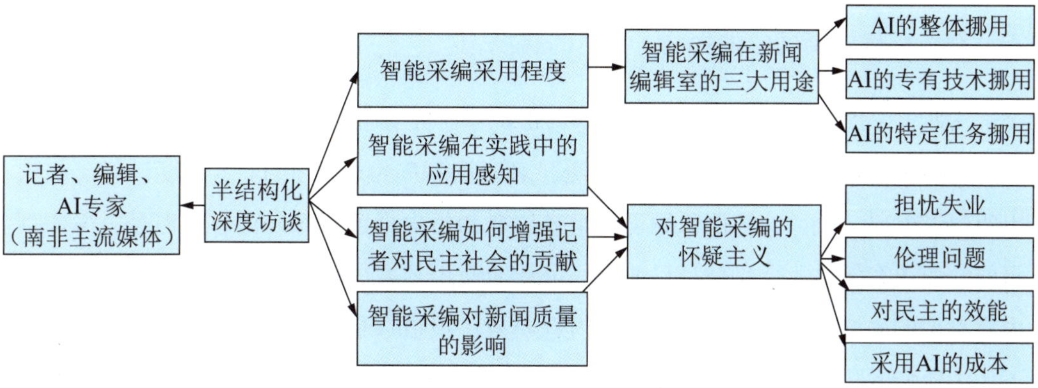

图 8-7　智能采编在南非主流媒体中的应用和影响

萨迪亚·贾米尔(Sadia Jamil)(2021)研究低收入国家的新闻业是否已经开始感受到智能技术对新闻实践和新闻编辑室的影响。这项研究调查巴基斯坦记者如何看待作为传播者/主体的智能采编技术，以及他们如何看待人机交流过程。他们使用深入访谈的定性方法，并通过主题分析得出研究结果(如图 8-8 所示)。研究发现，巴基斯坦男性和女性记者在看待智能采编作为传播者或其在与智能采编设备的交流过程中的整体角色时关注程度不同。女记者既不太害怕失去工作，也不担心自己的公众参与和沟通能力。然而，女记者在工作环境中处于劣势地位，并且社会风气对女记者的态度不太友好，这两点共同压制了她们对巴基斯坦新闻实践中人工智能变革的看法。这一研究的意义在于它利用人机交流框架，推进了关于智能采编如何改变低收入国家新闻实践的研究，这对于比较智能采编在其他类似的社会经济背景和新闻媒体生态中的影响至关重要。①

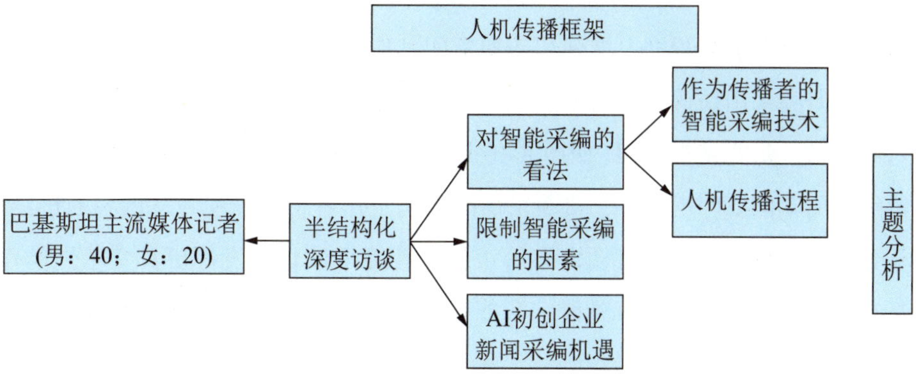

图 8-8　智能采编在巴基斯坦主流媒体中的发展

① Jamil S., "Artificial Intelligence and Journalistic Practice: The Crossroads of Obstacles and Opportunities for the Pakistani Journalists," *Journalism Practice*, 2021(10), pp. 1400-1422.

三、智能采编对新闻业的影响：角色的转换

杰西卡·库纳特(Jessica Kunert)等(2020)①研究智能采编如何影响德国体育新闻业的结构和实践行为，他们采用访谈法，对资深新闻编辑做了11个深度访谈。结果表明(如图8-9所示)，智能采编可以生成比赛和历史报道等额外内容。但是，考虑到目前的商业案例，业余足球是目前唯一可行的使用领域。许多参与者认为智能采编的内容对他们的读者来说是附加性的，内容质量比报道数量更重要。同时，媒体机构并不认为他们的角色正在发生变化，但认为自动化是补充他们工作的有用工具，少数人则使用自动创建的文章作为深度报道的基础。此外，所谓的"元作家"还没有成为现实，因为数据处理和新闻写作仍然是分开的。

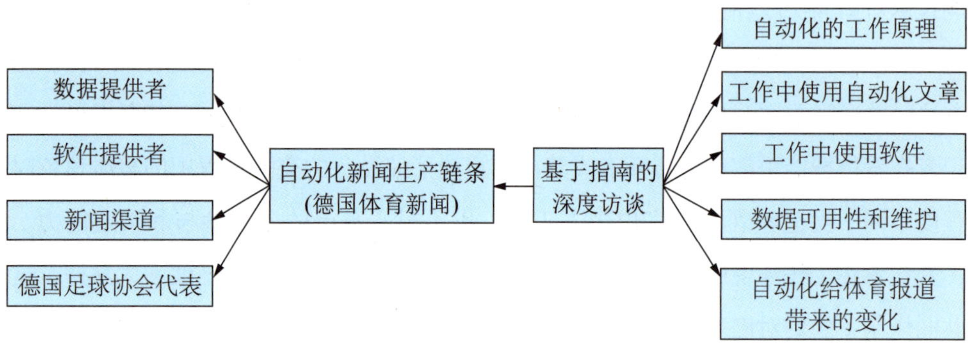

图8-9　德国体育新闻生产链中智能采编的应用

Wu等(2019)②研究智能采编广泛应用后新闻工作者在新闻制作阶段角色的变化，并评估机器能够在多大程度上增强和施加新闻制作过程的权力。在行动者网络理论的指导下，该研究采用访谈法，对来自新加坡本地和国际新闻机构的15名新闻编辑进行面对面采访。研究结果表明(如图8-10所示)，新闻工作者对新闻业自动化的定义比机器编写的新闻要广泛得多，接受采访的新闻工作者将其描述为从内容的机器聚合和漏斗到数据抓取和故事的自动发布等工作。智能采编正在发挥更具变革性的作用，尤其是在新闻采集和新闻发布阶段，智能采编被应用在越来越多的新闻写作场合中，

① Kunert J., "Automation in Sports Reporting: Strategies of Data Providers, Software Providers, and Media Outlets," *Media and Communication*, 2020(03), pp. 5-15.

② Shangyuan Wu, Edson C. Tandoc Jr and Charles T. Salmon, "Journalism Reconfigured—Assessing Human-machine Relations and the Autonomous Power of Automation in News Production," *Journalism Studies*, 2019(10), pp. 1440-1457.

因为机器能够有效减少执行这些任务所需的时间和劳动力，让记者能够更深入地挖掘故事或追求更具挑战性的新闻。该项研究还发现，受访者很快就淡化了机器的力量，声称人类记者在新闻生产过程的所有阶段，尤其是在新闻选择和编辑阶段仍然保持着主动性。因此，记者被视为对机器的主导者，因为他们为机器的工作方式提供指导、监控其操作并检查其最终输出，他们还能够做机器无法做的事情，比如为选题升华立意、增加故事色彩和故事深度。这些回应表明记者希望在新闻制作的不同阶段能保持自己的权力，尤其是在作出直接影响内容的重要编辑决策时。事实上，即使他们欢迎某些流程中的自动化，新闻工作者仍然将自己视为意义的最终仲裁者，通过将技术置于“人”的控制之下来给编辑赋予特权。

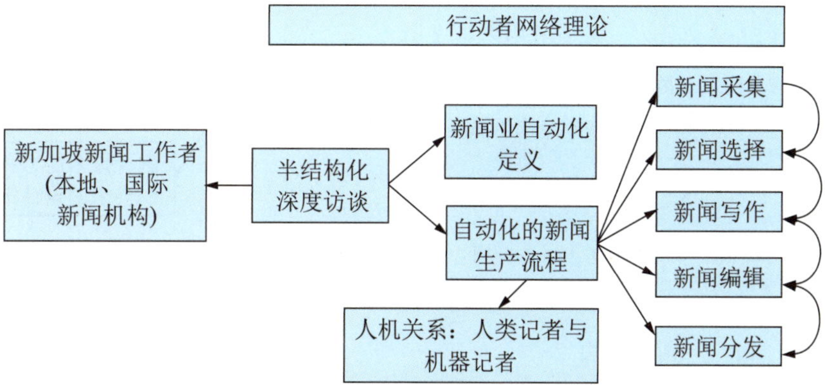

图 8-10　智能采编在新加坡自动化新闻生产中的应用

四、智能采编与新闻实践的融合

玛丽塞拉·古铁雷斯·洛佩斯(Marisela Gutierrez Lopez)等(2023)探究人工智能驱动的工具如何渗透进新闻日常工作中(如图 8-11 所示)。人工智能技术如何与新闻编辑室的实践、价值观、惯例和社会文化体验相融合的问题往往被大众所忽视。研究者采用多种方法在伦敦的两家新闻编辑室调查人工智能在新闻制作中的应用：首先，研究者对某媒体进行了民族志研究，研究对象为制作新闻内容的记者、编辑以及为新闻编辑室设计和开发内部技术的技术人员。其次，研究者组织了对另外一家报社记者的采访。最终，研究者收集了 22 名参与者的样本，包括对 5 名记者的参与式观察以及对 17 名记者和技术专家的采访。数据收集以半结构化访谈提纲为指导，该提纲探讨参与者的工作实践和技术使用情况，重点关注算法如何融入新闻工作。访谈提纲的内容包括：你如何撰写故事？你使用什么工具以及如何使用？如果被访者是技术专家，还会被问及新技术如何融入新闻编辑室的文化和价值观。研究者专注于被访者与各种工具的交互，而不是将数据收集范围缩小到特定的 AI 技术(例如受众数据或搜索引擎)。研究结果表明，虽然记者通常愿意尝试有利于他们工作的人工智能技术，但技术人员很难将它们整合到新闻工作流程中。在新闻业中作出复杂的决策需要人类判断，并且在人工智能工具设计中应该优先考虑新闻价值。研究者认为，人工智能驱动的工具需要符合新闻业的专业实践和价值观，只有这样才能被完全接受为一种编辑工具。因此，将新技术嵌入新闻工作流程需要记者和技术人员之间的密切合作，以及融合工作惯例和价值观的社会技术设计。①

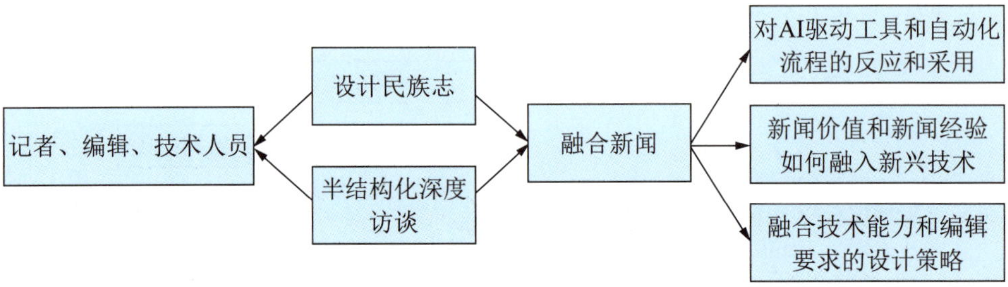

图 8-11　融合新闻：智能采编融入日常新闻工作

五、智能采编对受众的影响

安娅·沃尔克(Anja Wölker)等(2021)②探讨了用户如何看待智能采编新闻的消息和来源的可信度，以及智能采编新闻如何影响用户选择的问题(如图 8-12 所示)。本文以 300 位欧洲用户为样本，通过在线调查的实验设计(N=300)来开展研究。每位被访者被随机分配到以下 4 个条件之一：第一，具有指定计算机来源的自动化文本(N=85)；第二，具有指定人类来源的人类文本(N=70)；第三，具有指定计算机和人类来源的组合自动化-人类文本(N=65)；第四，没有任何指定来源的自动化文本的控制条件(N=80)。被试者在年龄、性别、受教育程度、金融和体育新闻的媒体消费或关于智能采编新闻的经验知识方面，各组之间没有统计学上的显著差异。由于用户无法自己验证所有事件，他们需要信任记者和编辑，这使得可信度成为新闻业的重要品质。

① Gutierrez Lopez M., Porlezza C., Cooper G., et al., "A Question of Design: Strategies for Embedding AI-Driven Tools into Journalistic Work Routines," *Digital Journalism*, 2023(03), pp. 484-503.

② Wölker A., Powell T. E., "Algorithms in the Newsroom? News Readers' Perceived Credibility and Selection of Automated Journalism," *Journalism*, 2021(01), pp. 86-103.

反过来，可信度判断可能是影响用户选择媒体的标准之一。研究结果表明，在很大程度上，对人类、自动化和组合内容来源的可信度看法可能被认为是相等的，只有体育文章被认为自动化内容比人类信息更可信。此外，可信度并不是用户选择或避免消费内容的可能性变量，算法对新闻质量的影响在很大程度上是欧洲新闻读者无法察觉的。

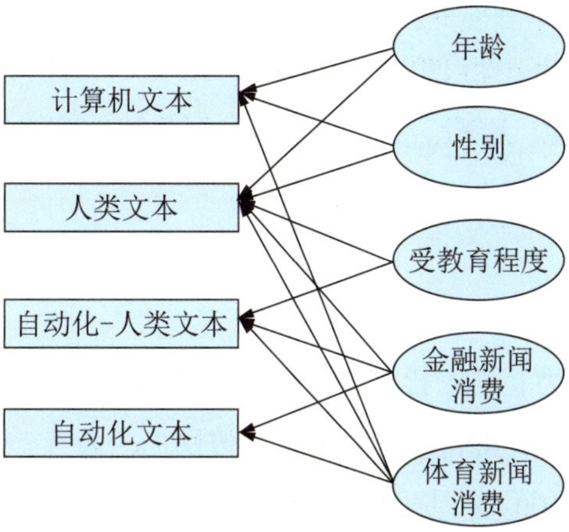

图 8-12　用户对自动化文本和人类文本的可信度比较

Tingyao Hsu 等(2019)探究用户如何接受和编辑人工智能生成的故事，从而为未来的研究人员创建更有用的故事生成系统提供参考(如图 8-13 所示)。考虑到现代人工智能算法生成的故事质量，用户几乎不可避免地在使用机器生成故事之前对其进行人工编校。在人工智能生成的视觉叙事任务中，输入 5 张照片就可以自动生成一篇描述照片的短篇小说。在视觉故事后期编辑上，对于每个故事，研究者从 Amazon Mechanical Turk 招募了 5 个人来进行编辑，然后对两者进行比较，结果发现，人类用户编辑后的故事略短、编辑后的故事有以下特征：使用的词汇更具多样性、经常用代词替换

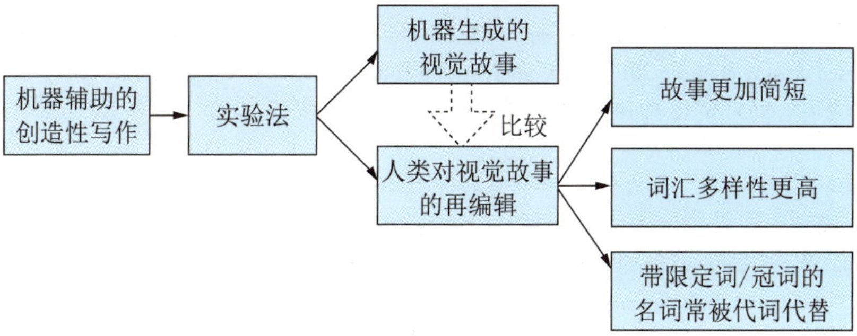

图 8-13　用户对机器生成视觉故事的再编辑

名词及其限定词/冠词。①

第四节 智能采编的分析观点

智能技术的发展不断向人类的认知技能学习方向发起挑战，因此，人工智能在新闻采编上的应用拟发展出一种模拟甚至替代人类心智认知能力的新闻信息高度智能化加工系统②，在信息收集、选择、生产、分发全环节实现智能化新闻和智能化采编。

一、人工智能技术对传统采编的概念重塑

1. 智能采编工作的新意义

张洪忠等(2018)认为，人工智能是传媒生产力提升的一次技术革新，作为现代科学发展结晶的人工智能被应用到传媒领域，对传媒的内容生产和传播效果都产生了革命性的变革。马克思在100多年以前指出“生产力中也包括科学”，进而“科学技术是生产力”的当代诠释是马克思主义生产力理论中国话语形成的起点。从这个角度来看，人工智能提升内容生产效率、海量搜索和选择信息、缩短新闻生产流程等技术应用，都是提升了传媒生产力。③

智能采编对传统采编工作中的主体及其关系进行了重新概念化。④ 数字化、智能化的技术变革中，传统采编工作也发生了改变。人工智能等新技术、新应用催生了去语境化的内容和动态生成的内容，从而改变了传统采编的工作流程。⑤ 采编范式由“面向文档”向“面向对象”发生转变。智能化技术编辑与技术写作过程交织在一起，

① Hsu T. Y., Hsu Y. C. and Huang T. H., “On How Users Edit Computer-Generated Visual Stories,” Extended Abstracts of the 2019 CHI Conference on Human Factors in Computing Systems, 2019, pp. 1-6.

② 张静：《人工智能新闻采编模式的认知科学哲学探究》，载《中国广播电视学刊》，2021(08)。

③ 张洪忠、石韦颖、刘力铭：《如何从技术逻辑认识人工智能对传媒业的影响》，载《新闻界》，2018(02)。

④ Eble M., “Content vs. Product: The Effects of Single Sourcing on the Teaching of Technical Communication,” *Technical Communication* (*Washington*), 2003(03), pp. 344-349.

⑤ Andersen R., “The Rhetoric of Enterprise Content Management (ECM): Confronting the Assumptions Driving ECM Adoption and Transforming Technical Communication,” *Technical Communication Quarterly*, 2007(01), pp. 61-87.

使得智能采编内容的细节更加复杂。① 未来，智能采编工作要通过人工智能技术的发展和计算机认知能力的提升，模拟新闻领域专家的知识推理和信息决策技能，引导智能算法程序的开发设计，发展出适应自然认知系统功能的智能体工具以辅助人类新闻采编工作。②

2. 智能采编技术推动采编工作者适应新角色

智能采编技术是对传媒人的一种解放。工业革命带来机械操作的自动化车间，像卓别林电影《摩登时代》所展现的场景一样，很多重复性体力工作被机器的流水线作业替代，人从拥挤的手工作坊中被解放。“而人工智能给传媒业带来的一个重要变化是将传媒人从日常烦琐的重复性工作中解放出来，就像工业革命将产业工人从手工工作的繁重中解放出来一样，传媒人在人工智能技术协助下可以花更少时间完成工作，人们有更多自由时间去思考、承担智力性工作或者娱乐休闲。自动化合并内容、实时追踪核查信息、一站式剪辑服务、机器写作、视频自动配音等人工智能技术在传媒领域的运用，一方面正在将传媒人大量从烦琐工作中解放出来，传媒人使用这些技术可以更便捷地完成工作，对技术的把控更具有主动性。另外一方面，这些人工智能技术的运用更是对传媒人思想的一种解放，激发更多想象空间，可以有更多内容生产的创造，更多媒介形态的探索。”③

作为新闻认知和采编主体的人，在智媒技术环境中既创造利用着智能机器运作新闻传播，同时也被它影响和改造着自身。④ 人工智能技术使新闻生产日趋自动化，“传统采编人员对于‘时间’的感知发生转变，搜集和整合信息的工作边界被重塑，旨在‘训练’算法的‘元作家’或‘元记者’成为采编人员的新角色”，他们所开展的实际工作其实是在驯化算法。⑤ 新入行的采编人员会改变以往由岗位上的前辈“传帮带”的状况，大部分年轻记者与编辑可能只负责自动化新闻生成过程中的部分工作，这些工作通

① Williams J. D., “The Implications of Single Sourcing for Technical Communicators,” *Technical Communication (Washington)*, 2003(03), pp. 321-327.

② 张静：《人工智能新闻采编模式的认知科学哲学探究》，载《中国广播电视学刊》，2021(08)。

③ 张洪忠、石韦颖、刘力铭：《如何从技术逻辑认识人工智能对传媒业的影响》，载《新闻界》，2018(02)。

④ 张静：《人工智能新闻采编模式的认知科学哲学探究》，载《中国广播电视学刊》，2021(08)。

⑤ 杨奇光、张世超：《自动化技术驱动下的新闻采编：流程再造、角色转型与内容治理》，载《中国编辑》，2021(09)。

常集中在数据采集、处理以及线索识别等方面。[①] 这就对采编人员的技术能力适应性提出了新的要求，智能化新闻采编促使新闻从业者积极融入机器智能的共同技术环境中，提升从业者的信息计算技术，提高与智能机器科学分工协作的能力，进一步消解人与智能机器之间的内外界限，带动新闻采编中人与机器技术的良好融合。[②]

3. 智能采编流程勾勒新边界

传统采编工作中，记者与编辑是新闻内容生产过程中的主体，参与新闻生产的重要环节，是新闻生产的灵魂人物，但如今搜集和整合信息的工作逐步让位给机器和算法的趋势，使得相关岗位上的记者搜集和整合信息的能力也开始下降。"一方面，大数据的运用使得机器可以通过各式各样的传感器及其他设备搜集海量的数据，同时还可以实时监测各类数据的趋势变化。另一方面，机器可以处理大规模的抽象数据并将其可视化，以动态的形式呈现给大众，更为有效和快速的信息处理方式使得记者与编辑以往信息搜集和处理的劳动过程(时间和强度)均被极大压缩。"[③]

4. "把关人"理论的新环境

多种基于新的传播机制的分发平台已经对传统专业媒体渠道产生冲击，并形成新的格局，在大数据、智能算法等技术驱动下，日益多元化的媒体分发平台中新闻生产与新闻分发逐步分离，机器算法在新闻分发中开始占据主导作用，意味着专业媒体的把关作用也会在一定程度上被弱化。[④] 因此，"把关人"理论面临着全新的现实环境。同时，由于人工智能技术主要集中掌握在新兴媒体平台中，新兴媒体平台凭借技术优势，在智能新闻生态系统中具有话语权，它们的"新把关人"角色已经难以撼动。[⑤]

张洪忠等(2018)认为，"把关人"规则的改变包括两点。一是由少数人把关求证变为海量信息求证。传统媒体的"把关人"是编辑和记者，是少数参与某一条新闻生产流程中的人，每一条新闻的求证工作只能由这些少数人来完成。而今，面对海量信息

① 姚建华：《自动化新闻与新闻劳动的重构：技能变迁的视角》，载《福建师范大学学报》(哲学社会科学版)，2021(01)。

② 张静：《人工智能新闻采编模式的认知科学哲学探究》，载《中国广播电视学刊》，2021(08)。

③ 杨奇光、张世超：《自动化技术驱动下的新闻采编：流程再造、角色转型与内容治理》，载《中国编辑》，2021(09)。

④ 彭兰：《未来传媒生态：消失的边界与重构的版图》，载《现代传播》，2017(01)。

⑤ 白红义：《媒介社会学中的"把关"：一个经典理论的形成、演化与再造》，载《南京社会科学》，2020(01)。

的爆发和新闻发布速度的加快，凸显了人类“把关人”的时间和效率的局限性。利用算法，人工智能技术能将需把关的信息与无数 ID 生产的海量信息库联系起来，让虚假信息在全景式审查中无处遁形。这些有效的核查手段依托海量的数据库，在最短时间内作出判断，规避了传统把关中准确度受制于采编数量及记者编辑个人判断力的问题。二是把事后“延迟”把关变为“即时”把关。如 Google 能根据用户搜索，在链接下方自动生成第三方机构事实核查结果。《华盛顿邮报》推出的“Truth Teller”则成为一种政治新闻的测谎仪，实时判断政治人物演讲视频中的承诺是否“所言非虚”，实时搜索政治人物之前的相关言论来验证他正在讲的观点。可以把传统媒体“把关人”规则比喻为事件发生之后用一把手电筒在黑暗夜空中寻找证据；而人工智能技术下的“把关人”则是无数把手电筒射向夜空，人工智能技术将事件的发展变化好像置于白昼之中，可以防止信息遗漏和角度偏颇。①

二、智能采编技术创新采编流程

1. 变革采编形态

在智能采编中，用户直接参与内容生产。以响应式新闻为代表，这是一种以用户参与为特点的内容生产方式。② 智能采编对学术期刊的编辑出版从内容质量、出版流程和出版人员几方面都带来重大影响。③ 智能时代新闻采编呈现截然不同的新形态，参与主体、信息获取方式以及最终呈现效果的模式转变，与现代读者“数字化、图像化、碎片化”的新闻阅读需求密切相关④，并且具有复合的创作主体、智能的写稿审校、多模态的内容生产。⑤

2. 优化采编流程

第一，依托信息共享的数字化平台，通过语义聚合当下关键热点事件和话题，实现了热点、热词的选题推荐。编辑人员和出版单位可以充分利用智能科技，准确把握

① 张洪忠、石韦颖、刘力铭：《如何从技术逻辑认识人工智能对传媒业的影响》，载《新闻界》，2018(02)。

② 冯恩达：《智能集约高效的融媒采编系统技术应用探索》，载《中国传媒科技》，2021(10)。

③ 张勇、王春燕、王希营：《人工智能与学术期刊编辑出版的未来》，载《中国编辑》，2019，112(04)。

④ 夏德元、刘博：《智能媒体时代编辑角色重构与编辑素养新内涵》，载《中国编辑》，2020，130(10)。

⑤ 王美儿、王景周、王海蓉：《智能软件对新闻内容创作的辅助实践与思考》，载《中国编辑》，2021(03)。

市场风向，满足读者多元化的阅读偏好，并节省出时间对内容进行深度挖掘和附加增值。① 第二，信息传播渠道和读者阅读习惯的转变，为新闻的线上信息收集提供了海量搜索资源和实现的可能。② 第三，“为了满足读者日益增长的阅读要求、满足不同信息群体所需，算法根据场景、类型、偏好、语言风格划分并设计了相应的新闻套板”③。第四，“智能写作软件在辅助文字创作的基础上，相应地推出图文生成视频的新形式”④。

3. 及时同步真实信息

不管是哪种创作主体主导，追求实时性、真实性的新闻创作都离不开实时数据的及时获取和事件文本的快速成型。互联网的持续发展，把世界紧密联系在一起。不管是过去的文章报道，还是当下突发事件的基本情况，都可以通过网络实现信息同步。

三、智能采编技术的问题与困境

1. 缺乏内容深度

在大数据驱动下，同质化新闻产品和新闻分发成为智能采编面临的问题之一，需要人工从创造性思维的视角出发进行引导和创作。人工智能技术在新闻采编过程中只能依靠已有的信息模板进行内容的排列与组合，缺少深入思考后所迸发的新闻的深度和内容的张力。

2. 缺乏人文关怀和道德认知

脱离了人的主体性，算法生成的新闻便缺失了温度和情怀。智能写作软件参与的内容创作是大数据运算下的产物，虽然能够实现“深度语义理解”，但是其组合的内容都是基于已有的知识和文本，无法产生新的情感和社会体验。⑤ 正如谢雪梅(2018)认

① 王美儿、王景周、王海蓉：《智能软件对新闻内容创作的辅助实践与思考》，载《中国编辑》，2021(03)。

② 王美儿、王景周、王海蓉：《智能软件对新闻内容创作的辅助实践与思考》，载《中国编辑》，2021(03)。

③ 王美儿、王景周、王海蓉：《智能软件对新闻内容创作的辅助实践与思考》，载《中国编辑》，2021(03)。

④ 王美儿、王景周、王海蓉：《智能软件对新闻内容创作的辅助实践与思考》，载《中国编辑》，2021(03)。

⑤ 王美儿、王景周、王海蓉：《智能软件对新闻内容创作的辅助实践与思考》，载《中国编辑》，2021(03)。

为，机器人写作是一种现有文本的堆砌，无法蕴含真正的人的情感，不能引起读者的共鸣。①

“新闻创作不仅仅是完成一篇逻辑通顺、数据齐备的文章，更应该是通过内容反映突发事件背后的社会关注、科技进步的时代价值、现代人不同的心理动态、被采访人细微的情感变化等丰富的社会情感。”②如果机器生成的文字抛弃了情感与思想的抒发，那么文字本身具有的反观社会、洞悉人性、温润心灵的魅力必定会大打折扣。③

结合 AI 技术在新闻大数据挖掘、信息提取、智能算法上的特点，需要通过专业工程师将新闻伦理规范和价值原则合理编程进智能机器系统中，从技术上为智能机器注入人工新闻道德认知功能，使其在新闻采编过程中可以实时依照伦理软件程序对新闻流程作出正确的伦理判断和决策。④

① 谢雪梅：《文学的新危机：机器人文学的挑战与后人类时代文学新纪元》，载《学术论坛》，2018(02)。

② 王美儿、王景周、王海蓉：《智能软件对新闻内容创作的辅助实践与思考》，载《中国编辑》，2021(03)。

③ 白亮：《技术生产、审美创造与未来写作：基于人工智能写作的思考》，载《南方文坛》，2019(06)。

④ 张静：《人工智能新闻采编模式的认知科学哲学探究》，载《中国广播电视学刊》，2021(08)。

第九章　智能语音

智能语音是基于自然语言技术、搜索技术等完成语音识别、语音的文字转换、语音搜索、自动播报、语音合成等功能来实现人机交互的人工智能技术应用。智能语音目前已经成为常见的基础智能应用和传播手段。

第一节　智能语音的含义与应用

一、智能语音的含义

智能语音是通过语音识别(Automatic Speech Recognition，ASR)、自然语言理解(Natural Language Understanding，NLU)、对话管理(Dialog Management，DM)、自然语言生成(Natural Language Generation，NLG)和语音合成(Text-to-speech，TTS)等手段，在多个应用场景下实现人与机器之间通过声音进行交互的技术。自然语言处理(Natural Language Processing，NLP)是智能语音的核心算法，它主要研究如何用计算机来理解人类语言的各种理论和方法，是语言学、人工智能和计算机科学的重要分支。NLP主要在海量输入数据基础上，通过计算框架来构建表现语言能力(Linguistic Competence)和语言应用(Linguistic Performance)的模型，并不断提出优化方法，设计出各种实用的系统和系统评测技术。①

---

① 何苑、张洪忠、张尔坤：《基于自然语言技术的智能传播应用与风控分析》，载《传媒》，2022(05)。

二、智能语音技术的发展

1. 智能语音技术的起步阶段

智能语音技术的发展最早可以追溯到20世纪50年代，从50年代至80年代是智能语音技术诞生的准备阶段，主要以语音识别技术为主。1952年贝尔(Bell)实验室研制出名为“AUDREY”的自动数字识别器，可以识别0～9的数字，准确率达到90%。[①]随后在1956年，普林斯顿大学RCA实验室开发了单音节词识别系统，能够识别特定人的10个单音节词中所包含的不同音节。到了60年代，IBM推出了一款能够执行数学函数并进行语音识别的计算机Shoebox，它能够识别16个口语单词，包括数字0～9。[②] IBM的Shoebox出现在NLP发展早期，影响了后来包括语音拨号、呼叫路由和自动化设备控制等应用在内的语音识别领域发展。到了60年代末，这项技术可以支持4个元音和9个辅音的单词。与此同时，日本的NEC实验室在开发音素识别器和语音分词器上也取得了突破性进展。美国国防部高级研究计划局(Defense Advanced Research Projects Agency, DARPA)从1971年开始了为期5年的项目，目的是研发出能有更高识别度的语音识别系统。该项目诞生了“Harpy”语音识别系统，能够识别1 000多个单词。该项目是语音识别史上同类项目中规模最大的项目之一，包括卡内基梅隆大学在内的5家机构参与了此项研究。[③]

2. 智能语音技术的二次复兴阶段

20世纪80年代后，语音识别开始从孤立词识别系统向大量词汇连续语音识别系统发展，一些简单的语音处理技术也都发轫于这一时期。1984年，NEC提出了二阶动态规划算法，贝尔实验室提出了分层构造算法，以及帧同步分层构造算法等。其中一项突破来自“隐马尔可夫模型”(Hidden Markov Model, HMM)统计方法的发展，使得语音识别系统不再依赖语音模式或固定的模板，可以使用统计数据来确定一个单词来自未知声音的概率。[④] 统计模型逐步取代模板匹配的方法，隐马尔可夫模型成为语音识别系统的基础模型。1987年，SPHINX-1诞生，这是第一个独立于说话人的连续语

---

① Spicer D.,“AUDREY, ALEXA, HAL, AND MORE,” https://computerhistory.org/blog/audrey-alexa-hal-and-more/, 2021-06-09.

② IBM Shoebox, https://www.ibm.com/ibm/history/exhibits/specialprod1/specialprod1_7.html.

③ Lowerre B.,“The HARPY Recognition System,” https://stacks.stanford.edu/file/druid:rq916rn6924/rq916rn6924.pdf, 1976-04.

④ Sonix,“A Short History of Speech Recognition,” https://sonix.ai/history-of-speech-recognition.

音识别系统。[①] 同一时期，IBM 也研制了第一款声控打字机 Tangora，这个试验性转录系统使用 1984 年发行的 IBM 个人电脑 AT 来识别口语单词并将其打印在纸上。每个说话人都必须单独训练打字机识别他或她的声音，并在每个单词之间短暂停顿。到了 80 年代中期，Tangora 可以识别并输入 20 000 个英语单词。[②] 随后的 90 年代，语音识别的快速发展得益于个人电脑的出现。个人电脑拥有更快的电脑处理器，使得像 Dragon Dictate 的软件可以得到广泛应用。1997 年，Dragon 发布了 Dragon Naturally Speaking 商用产品，这是他们第一款针对消费者个人电脑的通用连续语音产品，它每分钟可以识别 100 个单词。[③] 同年，IBM 的首个语音听写产品 ViaVoice 问世，实现了对着话筒说话就会自动判断且输入文字的功能。

3. 智能语音技术的新发展阶段

2000 年后，语音识别技术已经达到了接近 80% 的准确率。2005 年，剑桥大学开始使用 POMDP 应用与对话系统，这个系统基于语音识别的结果使用贝叶斯推断来维护每轮对话的状态，然后基于对话状态选择一个对话策略来生成一个比较自然的回复。2010 年前后，深度神经网络的出现大幅度地降低了语音识别的错误率，技术与产品开始如雨后春笋般迅速发展，也使智能语音真正大范围地进入用户使用阶段。如 2011 年在苹果手机 iPhone 4 上搭载了个人手机助理 Siri，让每个苹果手机用户都切身感受到了智能语音技术的魅力。这个阶段的人工智能语音技术形成了以语音交互为主的感知状态，可以实现简单的一问一答。随着神经网络和云计算等技术的持续发展，智能语音进入了更深层次的阶段。机器可以根据环境信息和大数据作出更加主动的决策或推荐，人与机器的交流呈现出更加自然的状态。比如，当机器识别到用户所说的是歌曲名称后，会预判用户的意图，从而作出自动播放歌曲和曲目推荐等系统反应和行为。

有着悠久发展历史的智能语音，目前已经在多个领域实现商用。参考 Gartner 和德勤的语音技术成熟度发展曲线图(如图 9-1 所示)，不同技术所处的技术成熟阶段有所差异。有些技术如语音识别技术已经进入了生产成熟期，有些技术如情感人工智能仍然处在技术萌芽期。通过智能语音实现深度的人机交互仍有很长的路要走，未来要

① Spicer D.，“AUDREY，ALEXA，HAL，AND MORE，” https：//computerhistory. org/blog/audrey-alexa-hal-and-more/，2021-06-09.

② IBM，“Pioneering Speech Recognition，” https：//www. ibm. com/ibm/history/ibm100/us/en/icons/speechreco/.

③ Spicer D.，“AUDREY，ALEXA，HAL，AND MORE，” https：//computerhistory. org/blog/audrey-alexa-hal-and-more/，2021-06-09.

让机器更好地理解人类语音信息并实现自然交互，还需要依赖深度学习技术以及更大规模的训练数据来提升机器的学习能力。①

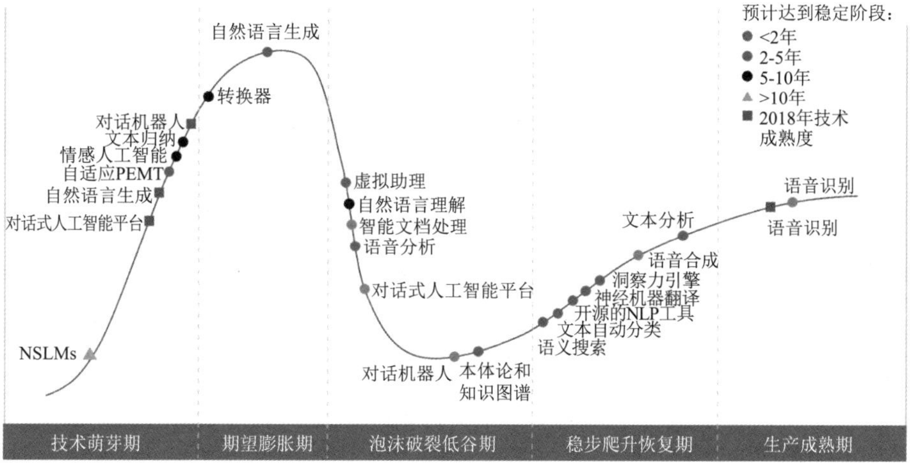

资料来源：Gartner，德勤研究

图 9-1　语音技术成熟度发展曲线

三、智能语音的应用

与智能语音相关的应用分为面向个人的和面向企业两大类。面向个人的应用立足于日常生活，是智能语音技术对于各类终端的赋能，具体应用包括手机助手、智能音箱、智能汽车和智能翻译等，这种赋能逐渐改变了旧设备以触觉和视觉为中心的特点，使人们通过与终端的深度交互重新定位自己。② 面向企业的应用则立足于专业级服务，一般服务于特定的场景，如智能播报、智能客服、智能教育和智能医疗等公共场景。

1. 面向个人的应用

智能语音技术面向个人的应用主要集中在手机语音助手和可穿戴设备、智能音箱、智能汽车和智能翻译等领域，这类应用符合以个人为中心的日常生活场景的属性和特征。

(1)手机语音助手和可穿戴设备

手机语音助手(Intelligent Virtual Assistant，IVA)和可穿戴设备(Wearable Device)是高度个人化和个性化的应用。智能语音助手体现了流行文化中日益丰富的机器角色和

---

① 郭福春：《人工智能概论》，40 页，北京，高等教育出版社，2019。

② Bingaman J.，Brewer P. R.，Paintsil A. & Wilson D. C.，"'Siri，Show Me Scary Images of AI'：Effects of Text-Based Frames and Visuals on Support for Artificial Intelligence，" *Science Communication*，2021(03)，pp. 388-401.

日益复杂语音合成技术。① 最具代表性的例子是苹果的 Siri，作为全球首款智能语音助手，Siri 发展至今已经可以全面、深入地介入用户的工作、日常联络、日程安排、信息检索、影音娱乐等诸多个人事务，成为用户的虚拟助理。智能语音还延伸到如苹果 iWatch 等可穿戴设备上。这些可穿戴设备以全新的方式连接和混合各种活动，打破了工作与休闲的边界②，它们以声音为媒介，重新连接了用户与世界的关系。

(2)智能音箱

智能音箱(Smart Speaker)是家庭场景下搭载智能语音应用的载体与媒介，人工智能物联网(AIoT)是其基本的应用逻辑，通过海量的云端数据和算力实现人与物、物与物相连的智能化生态体系。用户一般通过热词唤醒的方式与智能音箱进行语音交互，实现休闲娱乐与家庭任务管理等事项。比较有代表性的智能音箱包括亚马逊 Echo、华为 Sound Joy、Google Nest、天猫精灵、小米音箱等。以 Google Nest 为例，它不仅可以通过语音与用户进行对话交流，实现音乐播放、天气查询、新闻播报、闲聊等任务，还可以与外部扬声器、显示器等设备相连，实现多终端的协同展示。此外，Google Nest 还可以通过语音命令的方式实现家庭事务的管理，如通过连接电子门锁(Nest Yale Lock)、烟雾报警器(Nest Protect)和监控摄像头(Nest Cam)实现对家庭安全的管理，以及通过连接恒温器(Nest Thermostat)和路由器(Nest Wi-Fi)实现对日常生活的管理等。对于亚马逊的 Alexa、小米音箱的小爱同学等智能音箱，使用者可以用语音的方式对智能音箱执行生活信息搜集、预定会议、聊天等多种具体任务。本土化的产品如小爱同学和天猫精灵，提供丰富的本土化服务以解决家居生活中的需求问题，同时本土的语音产品还针对中国人普通话有口音的问题进行识别优化。③

(3)智能汽车

智能汽车(Intelligent Vehicles)是驾驶场景下搭载智能语音应用的硬件，用户与车载语音控制系统(Voice Controllable System)通过语音的方式进行交互④，并用语音发出

---

① Humphry, Justine, and Chris Chesher, "Preparing for Smart Voice Assistants: Cultural Histories and Media Innovations," *New Media & Society*, 2021(07), pp. 1971-1988.

② Bingaman, James, Paul R. Brewer, et al., "'Siri, Show Me Scary Images of AI': Effects of Text-Based Frames and Visuals on Support for Artificial Intelligence," *Science Communication*, 2021(03), pp. 388-401.

③ 郭福春:《人工智能概论》, 40 页, 北京, 高等教育出版社, 2019。

④ Reimer, Bryan, Linda Angell, et al., "Evaluating Demands Associated with the Use of Voice-Based In-Vehicle Interfaces," Proceedings of the Human Factors and Ergonomics Society Annual Meeting, 2016(01), pp. 2083-2087.

对车辆的一系列控制指令。智能语音交互也被认为是车联网的“灵魂”。在移动端之外，智能语音市场的开疆拓土主要围绕家庭和汽车两大场景展开。车载语音控制系统给驾驶者带来了极大的便利，解放了驾驶者的双手①，极大地提高了驾驶的安全性。百度的 Apollo、小鹏汽车的小 P 和蔚来的 NOMI 等新能源汽车已经实现车载系统的语音交互功能。以百度 Apollo 为例，用户可以通过语音沟通的方式获取实时车况信息和道路信息、开启地图导航、控制车辆和满足视听需求等。此外，Apollo 还可以根据百度地图的数据和用户的驾驶习惯，主动与用户进行语音交互，如安全驾驶、变更路线、停车推荐和消费推荐等。车载语音系统目前在新能源汽车领域较为活跃，但仍存在诸多隐患，如语音识别的结果不准确反而导致驾驶者分心等问题。② 智能驾驶是汽车行业未来的发展形态，未来的车载语音系统在满足用户功能需求的基础上，还应考虑到用户的情感需求和陪伴需求。③

(4)智能翻译

智能翻译(Machine Translation)是智能语音在对话场景下的应用。智能翻译可以将收听到的对话用其他语言进行实时播报。智能翻译打破了因语言不同而产生的沟通障碍，在多语言社会中发挥重要作用。④ 智能翻译模仿的是人脑的外语学习、翻译和知识记忆等机理，致力于研究科学的、类似于人脑的、适合于计算机的表征方法和储存模式。智能翻译可以对非母语进行实时翻译，打破人与人之间语言的隔阂，实现无障碍交流，主要应用包括科大讯飞的讯飞翻译机、有道翻译王、Google Neural Machine Translation、腾讯翻译君等。比较著名的应用有 Google 机器翻译、有道翻译王和腾讯智能 AI 同声传译等。以 Google 机器翻译为例，其运用人工神经网络来预测某个单词序列的概率，并在单个集成模型中对整个句子进行建模，通过这样的方式实现任意语

---

① Xu, Zhijian, Guoming Zhang, Xiaoyu Ji, et al., “Evaluation and Defense of Light Commands Attacks against Voice Controllable Systems in Smart Cars,” *Noise & Vibration Worldwide*, 2021(04), pp. 113-123.

② Wu J., Chang C. C., Boyle L. N., et al., “Impact of in-Vehicle Voice Control Systems on Driver Distraction: Insights from Contextual Interviews,” in Proceedings of the Human Factors and Ergonomics Society Annual Meeting, 2015, pp. 1583-1587.

③ Dong, Jiayuan, Emily Lawson, et al., “Female Voice Agents in Fully Autonomous Vehicles Are Not Only More Likeable and Comfortable, But Also More Competent,” in Proceedings of the Human Factors and Ergonomics Society Annual Meeting, 2020(01), pp. 1033-1037.

④ Asscher, Omri, and Ella Glikson, “Human Evaluations of Machine Translation in an Ethically Charged Situation,” *New Media & Society*, 2023(05), pp. 1087-1107.

言之间的语义转换。同时，以讯飞翻译机 3.0 为例，通过强大的语音识别技术和丰富的语料库，讯飞翻译机可以实现 61 种语言的实时互译，包括识别中国方言、民族语言和外语口音等。实时语音翻译是讯飞翻译机的核心功能，可以在 0.5 秒内实现一次语音输入到输出的翻译任务，从而满足人际沟通中的实时翻译需求。

(5)语音转写

语音转写技术可以将广播、电视的历史资料转写成文字，并进行自动标签化处理，以达到对历史资料的有效管理。具体应用如国内科大讯飞的语音听写功能，该功能可以将小于 60 秒的短音频精准识别成文字，除中文普通话和英文外，支持 51 个语种、24 种方言和 1 个民族语言，实时反馈结果，达到边说边翻译成文本的效果，应用的场景包括语音搜索、聊天输入、娱乐游戏和人机交互等。

2. 面向企业的应用

智能语音面向企业的应用主要集中在智能客服、智能播报、智能教育和智能医疗等业务上。

(1)智能客服

智能客服(Intelligent Customer Service)可以模仿真人客服人员与用户进行固定场景下的对话交流。智能客服能够极大地节约企业的沟通成本，并被广泛运用于电商、金融和通信领域。目前的智能客服属于初级智能语音应用，具有较大的发展空间。① 当前较有代表性的智能客服系统主要有 Zendesk、网易七鱼、腾讯企点和 Talkdesk 等。腾讯企点开发的客服机器人在工作时间上可以做到全年无休，通过标签和用户画像对目标客户进行精准呼叫。此外，在与目标客户的对话环节，它还可以对智能客服的沟通内容定制聊天话术，提升沟通效率。

(2)智能播报

智能播报是智能语音技术在新闻客户端的应用，通过语音合成技术，将新闻内容以真人朗读的形式播报给用户。传统纸媒也在智能音箱平台开通“AI 语音头条”，帮助用户 365 天无间断地收听语音新闻。以新华社的智能播报系统为例，采用科大讯飞的语音合成技术，对绝大部分新闻实现了文本的有声化。② 用户通过点击新闻页面右

① Xiao, Li, and V. Kumar, “Robotics for Customer Service: A Useful Complement or an Ultimate Substitute?” *Journal of Service Research*, 2021(01), pp. 9-29.

② 姜泽玮：《收听人工智能语音播报与阅读文本的短时记忆效果差异——以新华社客户端新闻为个案的实验法研究》，载《中国记者》，2021(03)。

上方的收听按钮，来实现对文本内容的收听。再如，封面新闻 App 通过与阿里、微软、百度、腾讯、科大讯飞、汉译英等公司的技术合作，在全频道推出语音播报功能。① 封面新闻利用语音合成技术合成虚拟语音，上线了“听封”频道，实现了新闻摘要的智能朗读。总的来说，虽然智能语音在一定程度上承担了智能播报的功能，但与国家级媒体的专业播音员相比仍然存在较大差距，例如在速度、重音、停顿以及字音 4 个方面均存在不同程度的差异性。②

第二节 智能语音的技术原理

智能语音技术的目标是实现人类和计算机之间的语音通信，让机器能够听懂人类说的话，同时还能基于“机器”的理解给予人类语音反馈。通过智能语音系统实现人机交互的过程一般先从语音识别开始，机器接收到语音信息后将其转换为文本信息，以完成“输入”的工作；再利用自然语言处理技术对识别到的信息内容进行处理，让机器能够理解人类的语言，并能生成人类能够理解的语言；最后再进行语音合成，将处理好的文本信息转换为语音信号，以声学方式输出结果。③ 本节将重点介绍语音识别技术和语音合成技术。

一、语音识别技术

语音识别技术是一种使计算机能够接收、识别和理解人类语音信息，并自动将人类的语音信息转换为相应文本信息的技术。④ 它将人类语音信号转换为“1”和“0”的数字信号，将口语编码成文本的形式存储起来。⑤ 语音识别技术的具体实现分为两个阶段，分别

---

① 成薇：《智能语音技术在新型主流媒体中的应用——以封面新闻 App 为例》，载《北方传媒研究》，2022(01)。

② 姜泽玮：《AI 播音与人工播音的语音差异性考察——以新华社 App 智能语音新闻播报为个案》，载《新闻世界》，2020(09)。

③ Wei Z.，“Application of Intelligent Voice Technology in VR Intelligent Teaching System of Tourism Management，” *International Journal of Speech Technology*，2022.

④ Eronen A.，Klapuri A.，“Musical Instrument Recognition Using Cepstral Coefficients and Temporal Features，” 2000 IEEE International Conference on Acoustics，Speech，and Signal Processing，2000.

⑤ Arriany A. A.，Musbah M. S.，“Applying Voice Recognition Technology for Smart Home Networks，” 2016 International Conference on Engineering & MIS (ICEMIS)，IEEE，2016，pp. 1-6.

是训练阶段和识别阶段。

训练阶段要对语音信息进行基本的信号处理和知识挖掘(如图 9-2 所示)。具体来看，分为语音输入、特征提取和训练模型 3 个步骤。首先，输入大量语音信息对语音识别系统进行训练；其次，使该系统提取出输入语音的特征；最后，建立起识别阶段需要参照的声学模型和语言模型①，其中声学模型可以用来计算某个声音属于哪个声学符号，而语言模型则可以计算出一个句子语法正确的概率。

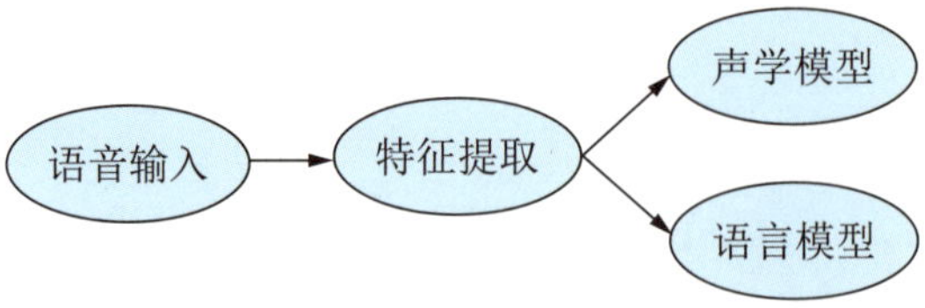

图 9-2　语音识别技术实现的训练阶段

识别阶段具体分为语音处理、特征提取、模型匹配、判决输出 4 个步骤(如图 9-3 所示)。语音处理指在开始识别之前要先对采集到的、需被识别的音频进行静音检测、降噪等基本处理；特征提取指要提取出被处理好的音频的基本特征；模型匹配指将这些基本特征与在训练阶段已经建立起的声学模型和语言模型相对比和匹配；判决输出则是由这两个模型对识别信息进行判决，直至输出正确概率最高的文本信息。②

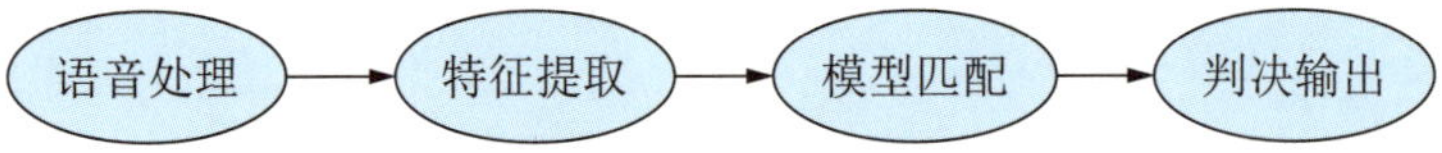

图 9-3　语音识别技术实现的识别阶段

总体来看，语音识别技术的具体实现过程如图 9-4 所示。

二、语音合成技术

语音合成技术是一种让计算机可以发出像人一样的声音，使人与计算机之间完成

① Xu Q. K., Du Z. Q. and He J., "The Design of the Intelligent Voice Recognition System Based on Labview," *Applied Mechanics and Materials*, 2015, pp. 383-386.

② 司超增、张铁山：《语音识别技术在医院病理业务智能化管理中的应用》，载《中国数字医学》，2021(08)。

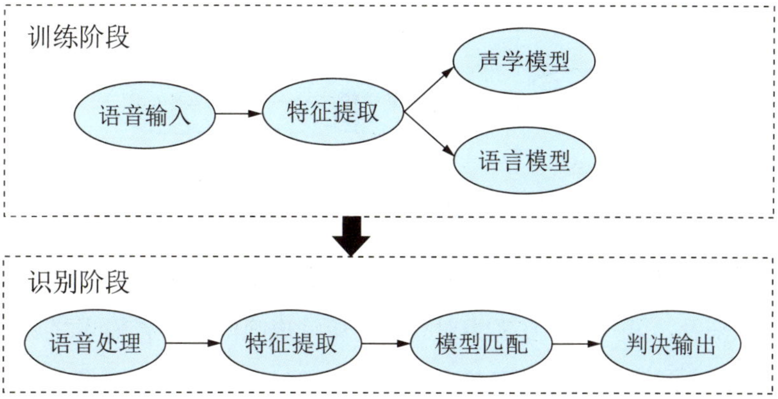

图 9-4　语音识别技术的实现过程

语音通信的技术。① 它能自动将任意文本信息按语音处理规则转换成连续的音频信息②，生成发送给人类的语音信号③。具体来说，语音合成技术包含文本分析与转换、合成语音两部分。

文本分析与转换这一部分主要是对文本的语言规则进行拆解和描述，提取出文本的语种、音素、韵律等基本信息，进而将文本转换为标准输入形式④，相当于一个“标准化”的操作。

合成语音，即让机器模拟人类声道系统的动作，将标准输入转换为对应的语音信号。⑤ 在这一步中，首先需要建立起声学模型，机器通过学习大量语音数据对声音结构进行建模，生成声信号合成所需的音色、韵律等各种声音特征的具体参数；接着再使用声码器来发声，通过声码器将声学特征转换为时域波形样本⑥，进而输出合成语音（如图 9-5 所示）。

以智能音箱为例来说明人类如何与机器之间实现语音通信。智能音箱按照人类的

① Hinton G. E., Osindero S. and Teh Y. W., “A Fast Learning Algorithm for Deep Belief Nets,” *Neural Computation*, 2006(07), pp. 1527-1554.

② 黄南川、邓振杰、王嵬嵬等：《语音合成技术的研究与发展》，载《华北航天工业学院学报》，2002(03)。

③ Mattheyses W., Verhelst W., “Audiovisual Speech Synthesis: An Overview of the State-of-the-art,” *Speech Communication*, 2015, pp. 182-217.

④ Kuligowska K., Kisielewicz P. and Wodarz A., “Speech Synthesis Systems: Disadvantages and Limitations,” *International Journal of Engineering & Technology*, 2018(02), pp. 234-239.

⑤ Raptis S., Chalamandaris A., Tsiakoulis P., et al., “The ILSP text-to-speech System for the Blizzard Challenge 2010,” Blizzard Challenge Workshop, 2010.

⑥ Mu Z., Yang X. and Dong Y., “Review of end-to-end Speech Synthesis Technology Based on Deep Learning,” arXiv Preprint arXiv: 2104.09995, 2021.

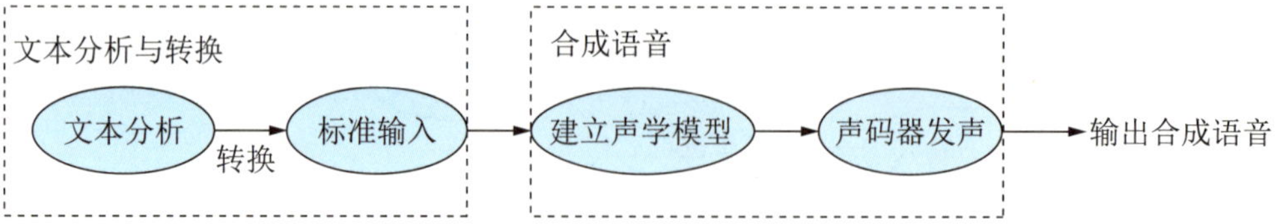

图 9-5　语音合成技术的实现过程

指令工作，一次完整的人机交互包含从“人类的语音输入”到“机器的语音输出”这一全过程。具体来看：第一步，在人类对智能音箱完成唤醒和语音输入之后，智能音箱会先对收集到的人类语音信息进行基本处理，再通过语音识别技术将人类语音信号转化为数字信号，并以文本的形式储存起来；第二步，通过自然语言处理技术，智能音箱对识别到的指令内容进行处理，从而能够理解人类的意图，并能根据自身理解生成应答的语言；第三步，语音合成技术会将先前生成的自然语言转化为语音信号，并通过智能音箱的发声装置向人类播放。至此，用户与智能音箱间的一次语音交互成功完成。

第三节　智能语音的研究模式

智能语音作为一项交互技术，被逐渐应用于各个领域，包括以社交为目的的人机交互、智能家居、翻译、教育和医疗等领域。基于智能语音技术的人机交互关系中的信任问题、沟通策略问题、人机交互体验成为许多学者关注的重点。智能语音技术的发展也体现了技术社会向善的趋势，例如语音交互系统的便捷性，使其在老年人照护和数字医疗护理中得以较好地应用。就其功能属性而言，智能家居中的语音控制系统以及跨文化交流中的多语种翻译功能，成为智能语音技术应用研究的亮点。

一、智能语音助手下的人机互动关系

1. 人机交互中的信任问题

Sun 等(2021)研究者探讨了人类如何在手机上与智能虚拟代理(Intelligent Virtual Agent，IVA)Siri 互动的过程，以及这种互动在不同角色情景下如何影响他们对 IVA 的信任(如图 9-6 所示)。该研究招募 163 名被试，采用 2×2×2 的组间实验来验证研究假设，3 组对照分别是 Siri 的声音性别(Siri 的男声 vs 女声)、任务类型(功能性任务 vs

社交性任务）以及参与者与 Siri 的性别匹配情况（匹配 vs 不匹配）。研究结果揭示了社会临场感、社会信任与参与者对 Siri 的舒适度之间有明显的相关性。第一，研究发现参与者在 Siri 协助的功能性任务和社交性任务之间存在显著的信任差异。通常，在使用 Siri 执行功能性任务时，被试者会很信任 Siri。然而，在社交性任务中，与 Siri 的对话并未促进被试者对 Siri 的情感信任（如个人依恋）。第二，该研究没有发现 Siri 的性别声音和任务类型之间存在交互作用，这就驳斥了假设中认为存在的声音差异的性别刻板印象。第三，研究还探讨了 Siri 的性别声音、任务类型与参与者的性别匹配情况对他们在互动中感受到的社会临场感水平的影响，研究没有发现任何因素在社会临场感上有显著差异。这说明人们在与 IVA 互动时，并不会受到来自机器的性别和自身性别的影响。①

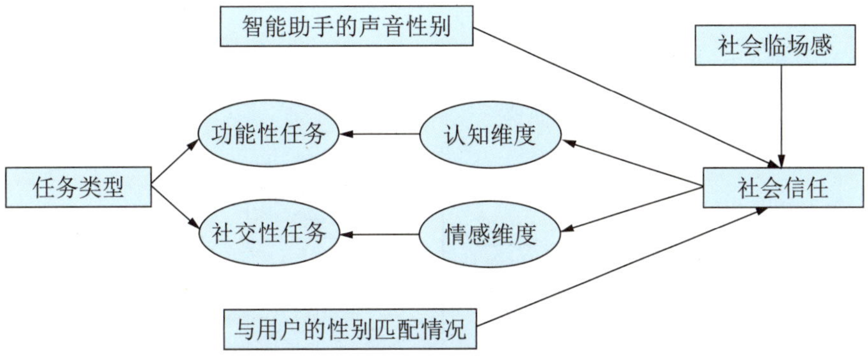

图 9-6 智能助手的特征与用户社会信任间的关系

福尔费尔德（Voorveld）等（2020）研究了智能语音助手使用的两种社交线索如何影响消费者的关注点和说服能力。因变量的消费关注点包括隐私、安全性和自主性，另一个因变量说服能力包括知识、对推荐品牌的态度和对推荐品牌的采纳情况。自变量社交线索包含“媒介形态”和“名字”两个维度。该研究采用基于场景的在线实验（n = 180），采取 3×2 的实验设计，实验对照条件为媒介形态的交互方式差异（基于智能音箱的语音 vs 基于智能手机的语音 vs 基于智能手机屏幕的文本）与是否使用人类名字作为社交线索（采用人类的名字 vs 智能虚拟助手）。这项研究旨在测试虚拟助理的模式和采用真人名字如何影响人们对隐私、安全、自主权和说服力结果的担忧。研究发现（如图 9-7 所示），两种社交线索都发挥了重要的作用。虚拟助手提供建议的方式影响

① Lee S. K., Kavya P. and Lasser S. C., “Social Interactions and Relationships with an Intelligent Virtual Agent,” *International Journal of Human-Computer Studies*, 2021, pp. 1-12.

了说服力和关注点。人们对语音和屏幕界面助手的反应是不同的，语音交互的知识说服力效果低于屏幕的交互。给虚拟助手起一个人类的名字能显著影响虚拟助手的说服力程度，具有人类社交线索的名字会使人类用户更有可能听从虚拟助手的推荐。①

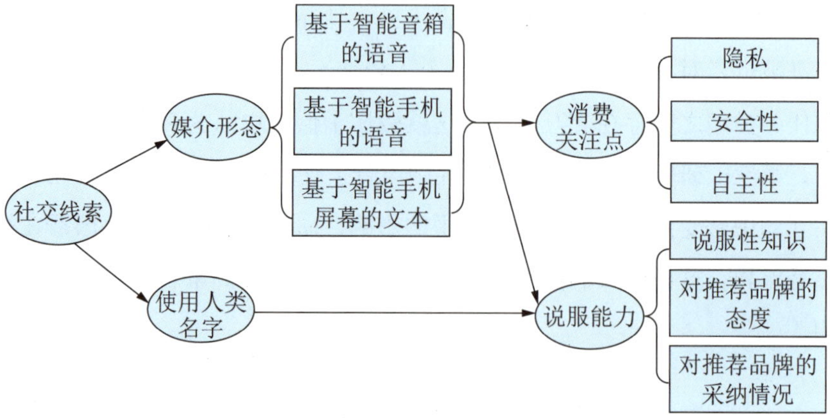

图 9-7　智能虚拟助手的社交线索对消费关注点和说服能力的影响模型

2. 人机交互中沟通策略差异研究

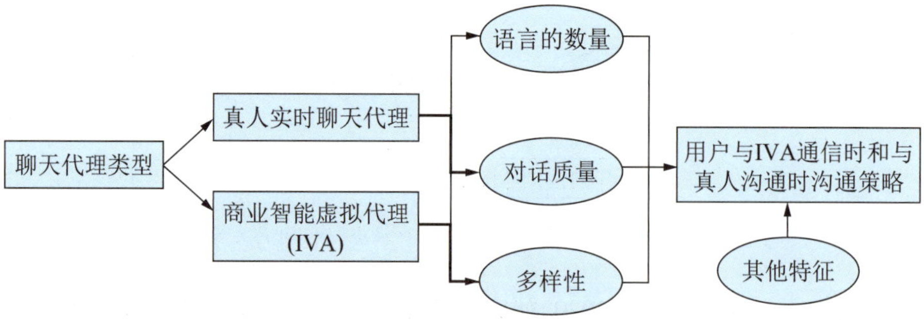

图 9-8　用户与 IVA 通信时和与真人沟通时的策略研究

休伊特(Hewitt)等(2020)探究用户使用真人实时聊天代理(Live Chat-agents)与商业智能虚拟代理(IVA)进行通信的差异(如图 9-8 所示)。该研究中 IVA 指的是为企业设计的聊天机器人，用于模仿人类客户服务人员。IVA 的一个普遍使用案例是实时聊天转接，它们接受培训以处理最常见的人机交互，同时仍然允许在用户需要或提出请求时上报给真人实时聊天代理。案例研究比较了同一领域中同一公司实现相同目的的两种类型的交互。研究中使用的语料库源自一家金融服务公司，数据集包括了从 2017

① Voorveld H., Araujo T., "How Social Cues in Virtual Assistants Influence Concerns and Persuasion: The Role of Voice and a Human Name," *Cyberpsychology, Behavior, and Social Networking*, 2020(10), pp. 689-696.

年6月至10月人与人之间的16 794次对话以及2020年1月人与IVA之间的27 674次对话。在这些与IVA对话中，有8 324个对话升级为真人实时聊天代理。研究者比较了用户与IVA通信时和与真人沟通时沟通策略是如何变化的，主要测量了语言的数量、对话质量和多样性，并使用众多特征来分析复杂性。结果显示，虽然语言的复杂性在模式之间没有显著变化，但数量和一些对话质量指标确实存在显著差异。[①] 冯菲等(2020)探究不同声音来源(真人语音 vs 合成语音)、不同声音性别(男性声音 vs 女性声音)条件下，受众使用语音新闻产品时的用户体验(如图9-9所示)。研究者采用脑电技术(Electroencephalography，EEG)招募了50位实验参与者，用问卷测量实验参与者对于语音新闻的喜爱度和信任度，在听音频的过程中同步收集他们的EEG数据，并分析不同波段的强度和快慢波比率等指标。研究结果发现：对于语音新闻的信任度和喜爱度均与声音来源、声音性别无关。受众听合成语音比听真人语音时的alpha波段的功率谱密度(Power Spectral Density，PSD)更大，TAR(Theta/Alpha Rate)更小。当声音来源为真人语音时，听女性声音比听男性声音的delta波段的功率谱密度更大；当声音性别为女性时，听真人语音比听合成语音的额区EEG偏侧化(FEA，frontal EEG asymmetry)更大。受众在不同声音来源、不同声音性别条件下，beta、theta波段的强度以及TBR、IAF(Individual Alpha Frequency)的差异不显著。因而，EEG结果表明：真人语音比合成语音在情绪唤起和创造性思维活动上更具优势；当声音性别为女性的时候，人们更趋向于喜欢真人语音而不是合成语音，也就是说人们对于女性的声音更敏感，更能感知女性合成语音和真人语音的区别；当声音为真人语音时，人们认为听女性的声音会比男性的声音带来更大的疲劳感；人们对于真人语音的认知负荷相

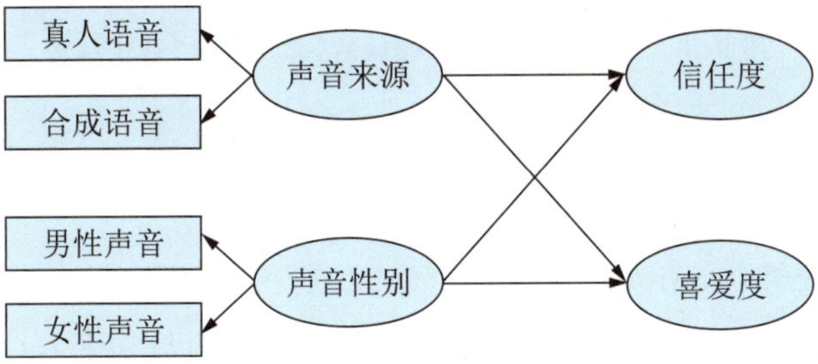

图9-9　声音来源、声音性别对用户信任度和喜爱度的影响模型

① Hewitt T., Beaver I., "A Case Study of User Communication Styles with Customer Service Agents versus Intelligent Virtual Agents," Sigdial 2020: 21st Annual Meeting of The Special Interest Group on Discourse and Dialogue, 2020, pp. 79-85.

对较高，即需要调用更多认知资源，联想参与度更高，也就是说，作为热媒介的真人语音更能使人参与联想。①

3. 人机交互中的用户体验

通过对互联网使用的研究表明，人们的在线体验受到他们对所使用平台了解程度的影响。格鲁柏(Gruber)等研究了用户在语音助手领域的"算法技能"，即人们是否意识到在使用语音助手时，算法如何给他们推送信息(如图 9-10 所示)。本研究采用了访谈法，在 5 个国家做了 83 次采访。研究表明，只有少数被访者明确提到了"算法"和"人工智能"这两个术语。尽管如此，许多人似乎意识到语音助手在推荐信息的过程中存在自动决策的情况，但这种意识不一定基于他们对语音助手的体验。相反，它通常是来源于使用其他数字设备和服务(如 Google、Facebook、Amazon 或智能手机)的体验，以及来自社交联系人和媒体的信息传递的结果。该研究还认为，算法意识是互联网技能的一个重要维度，两者之间有极强的相关性。②

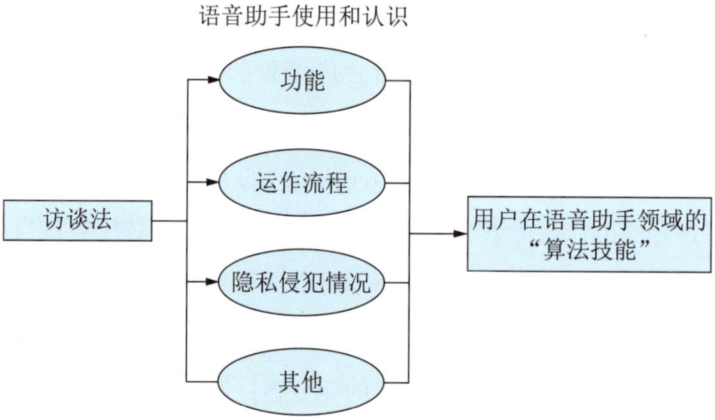

图 9-10　用户在语音助手领域的"算法技能"访谈结构

二、智能语音助手提高社会福祉的途径

斯里维萨提亚坤(Sriwisathiyakun)等(2022)探究使用智能对话机器人(Intelligent Conversational Agents)作为教育工具来提高泰国老年人的数字素养(如图 9-11 所示)。

① 冯菲、王文轩、修利超等:《冷热媒介：合成语音与真人语音的不同传播效应——基于 EEG 的实验证据》，载《新闻与传播研究》，2020(12)。

② Gruber Jonathan, Hargittai, Eszter, et al., "Algorithm Awareness as an Important Internet Skill: the Case of Voice Assistants," *International Journal of Communication*, 2021(15), pp. 1770-1788.

首先，智能聊天机器人作为移动应用程序中的虚拟助手，通过参与用户互动过程，使用户获得最佳学习体验。研究发现，由于智能聊天机器人能够全天候待命，提供即时和一致的响应，有助于应用在老年人教育领域，辅助老年人学习交流，增强对学习者的吸引力。研究者首先调查了曼谷和泰国 6 个地区老年人使用数字平台的数据。其次，调查老年人对聊天机器人设计的偏好。研究通过问卷调查、小组讨论、专家访谈等方式共收集了 422 名老年人的数据，并采用百分比、均值、标准差和内容分析等方法进行分析。根据软件开发生命周期（Software Development Life Cycle，SDLC）框架①，将研究结果纳入聊天机器人的设计和开发中，其中聊天机器人包含学习媒体和服务功能。泰国老年人使用数字平台的数字素养仅被评为中等。专家反馈，该聊天机器人易于访问，操作请求方便，具有艺术吸引力，内容和功能全面，可用于提高数字素养。在下一个研究计划中，这项创新将随后在更多老年人身上进行试验，来提高他们的数字能力，从而使他们具备必要的"数字化生存"能力，以满足泰国向老龄化社会过渡的需求。②

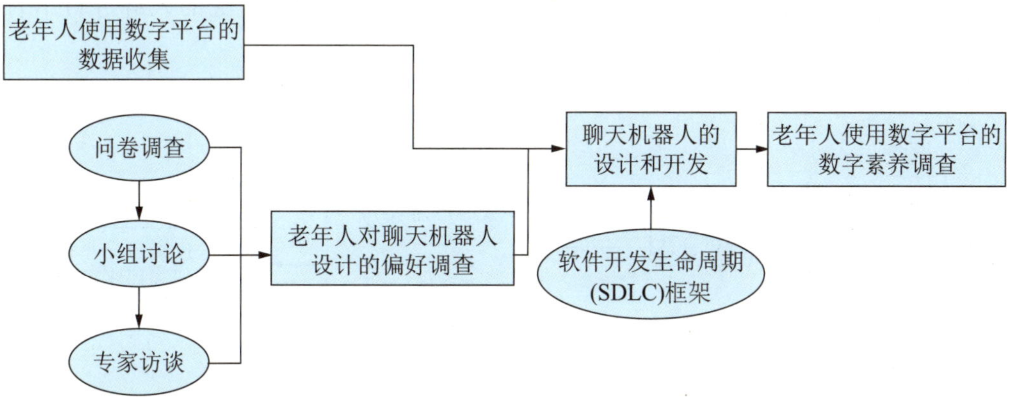

图 9-11　智能聊天机器人提高老年人的数字素养技能调查

塞兹金（Sezgin）等研究了语音助手在数字医疗护理领域的应用，以一项支持语音的医疗笔记（日记）应用程序（SpeakHealth）为例，该研究主要聚焦于家庭、家庭护理护士和医疗保健提供者之间经常会出现脱节和缺乏沟通的问题。研究旨在了解参与者在家利用医疗笔记的语音交互和自动语音识别的可行性。这项研究采用了访谈法和问

① SDLC 是创建软件开发结构的过程，包括需求阶段、设计阶段、构建/开发阶段、测试阶段、部署/交付阶段和维护阶段。

② Sriwisathiyakun K.，Dhamanitayakul C.，"Enhancing Digital Literacy with an Intelligent Conversational Agent for Senior Citizens in Thailand，" *Education and Information Technologies*，2022(05)，pp. 6251-6271.

卷调查法，总共招募了41名有特殊医疗保健需求儿童(Children with Special Healthcare Needs，CSHCN)的父母。参与者完成了一项预调查(post-study survey)，收集人口统计数据、技术和护理管理偏好。在41名参与者中，有24名参与者使用了2周应用程序并完成了全部调查。研究者基于调查者数据，通过对应用程序的可接受性、用户需求、实施、适应和拓展等关键因素的描述性分析来评估该应用程序的可行性。此外，研究通过比较参与者对移动应用程序偏好的感知变化来评估该应用程序的感知有效性。研究结果表明，在完成研究后调查的人中，约80%的护理人员同意或强烈同意使用该应用程序将提高他们在完成任务方面的表现，因为该应用程序是免费的并且该应用程序能发挥后续作用。该研究总共生成了88份语音交互的患者笔记。研究还表明，超过一半的护理人员认为，与应用程序的语音交互和使用转录笔记正向改变了他们对使用技术的偏好以及在家中跟踪健康症状和健康事件的方法。因而该研究认为在移动应用程序中使用语音交互和ASR在跟踪家庭症状和健康事件方面是可行的和有效的，同时建议在未来的医疗服务工作中使用集成的智能系统与更广泛的人群进行语音交互。①

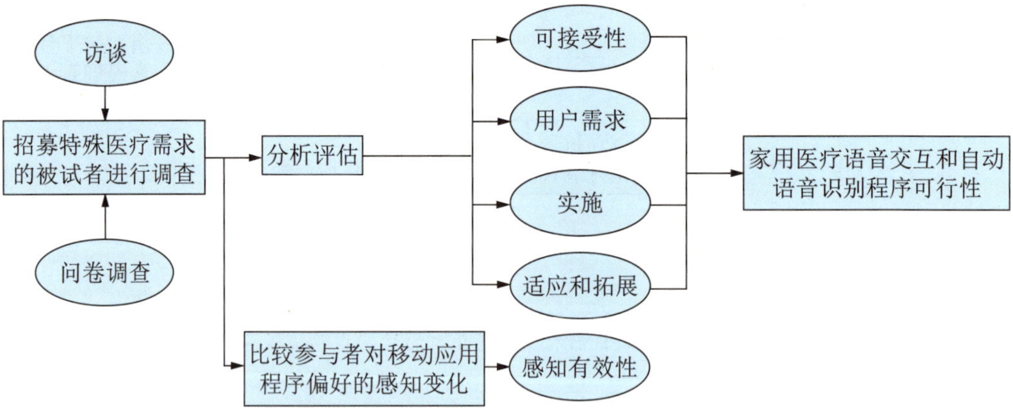

图9-12　家用医疗语音程序可行性研究

沃克尔(Walker)等(2020)调查患者对IVA提出的问题的回答是否在对话质量上类似于患者对医生的回答。先前有关记忆诊所互动的研究表明，对话分析(Conversation Analysis)可用于区分神经退行性痴呆(Neurodegenerative Dementia，ND)和功能性记忆障碍(Functional Memory Disorder，FMD)。在此基础上，研究者开发一种筛选系统，该

① Sezgin E.，Oiler B.，Abbott B.，et al.，"'Hey Siri，Help Me Take Care of My Child'：A Feasibility Study With Caregivers of Children With Special Healthcare Needs Using Voice Interaction and Automatic Speech Recognition in Remote Care Management，" *Frontiers in Public Health*，2022，849322.

系统使用计算机生成的对话开头(Talking Head)以及自动语音识别和会话分析等组合。该系统通过分析患者对人类医生或智能虚拟代理(IVA)提出问题的反应方式，能够可靠地区分具有 ND 和 FMD 的患者。然而，这种计算机化分析大部分依赖简单的、非语言的语音特征，例如双方谈话之间的停顿长度。该研究中的所有参与者均被确诊为 FMD 或 ND，所以研究使用的患者记录来自两个不同的语料库，且均记录在同一家英国城市医院的诊所中。研究者从这些数据集中有目的地筛选出 22 名患者的数据进行分析。结果显示(如图 9-13 所示)，患者对计算机生成的对话提出的问题的反应与对人类医生提出的类似问题的反应具有重要的与诊断相关的序列特征(Diagnostically-relevant Sequential Features)。研究者的分析还揭示为什么医生会以不同的方式向不同患者提出相同问题的原因，这种对谈话细微差别的敏感性和适应性可能有助于互动，比如改变问题的提问方式可能会使患者更容易理解。使用 IVA 与患者“聊天”可以更好地控制提问问题的格式，独立于先前的谈话，从而确保回答的可比较性。①

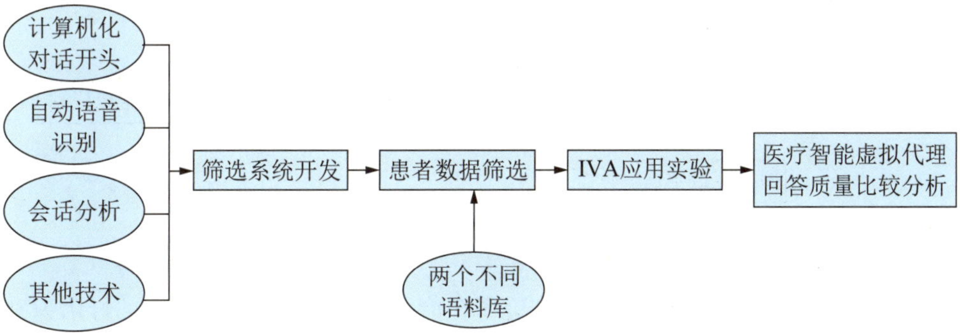

图 9-13　医疗智能虚拟代理问题回答质量研究

三、智能语音助手的语音功能分析

福特(Ford)等(2019)基于亚马逊的 Alexa 语音服务(Amazon Voice Services，AVS)的运转状况，研究了亚马逊的 Echo 产品线和其他家庭自动化设备(如恒温器和安全摄像头)提供的语音控制服务如何识别 AVS 网络流量的问题(如图 9-14 所示)。该研究采用实验法，将 Echo Dot 安装在私人住宅中，通过分析两个 Echo Dot 在 21 天内的网络流量，提供对 AVS 行为的洞察。在实验期间，家庭成员或房客没有故意与 Echos 互

---

① Walker T., Christensen H., Mirheidari, et al., “Developing an Intelligent Virtual Agent to Stratify People with Cognitive Complaints: A Comparison of Human-patient and Intelligent Virtual Agent-Patient Interaction,” *Dementia-International Journal of Social Research and Practice*, 2020(04), pp. 1173-1188.

动。所有录制的音频命令都是无意的。研究使用 k 均值聚类分析法，建立了可量化的 AVS 网络签名（AVS Network Signature），然后通过将 AVS 签名和记录的 Alexa 音频命令与 21 天的网络流量数据集进行比较。研究表明，虽然 Echo Dot 的虚假录音中仅有 30% ～38% 是人类对话，并且并非所有录音都正确记录在 Alexa 应用程序中，但 Echo Dot 仍会录制家庭对话。随着企业逐渐将 Alexa 集成到其企业网络中，信息技术安全利益相关者可以从该研究了解 Alexa 的音频流网络行为，从而正确实施安全对策和政策。虽然需要进一步的 Alexa 网络流量研究，但这项研究提供了能够识别 AVS 网络流量的网络签名。①

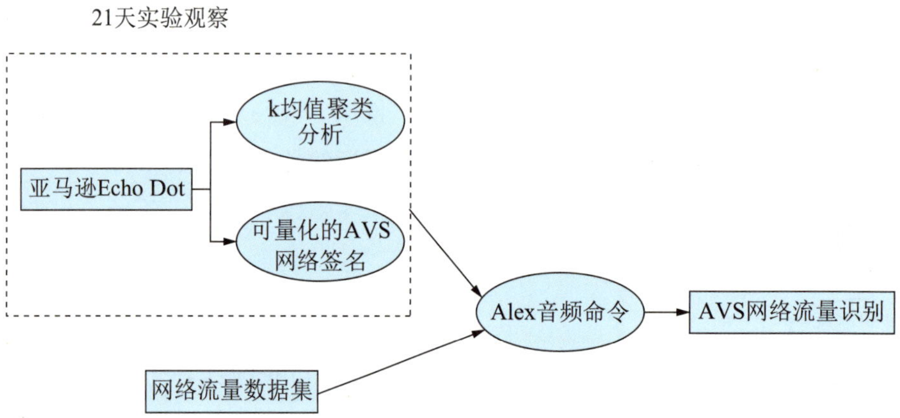

图 9-14　基于亚马逊 Alexa 语音服务的 AVS 网络流量识别实验

奥布伦斯基（Obremski）等（2021）研究了智能语音在混合文化环境中的母语识别问题（如图 9-15 所示）。在现代社会中，拥有混合文化背景的人越来越多。因此，以多种方式创建反映混合文化背景的 IVA 是符合用户需求的。IVA 能否被拥有特定文化的成员归为非母语者十分重要。在这篇论文中，他们重点研究了当 IVA 的语法错误阈值达到多少时，IVA 会被明确归类为非母语者。研究采用实验法，实验组和对照组分别是以德语为母语的人和以英语为母语的人。德语研究的结果表明，当出现超过 10% 的词序错误和 25% 的不定式错误时，IVA 被认为是非德语母语人士。英语研究的结果表明，当出现超过 50% 的省略错误和 50% 的不定式错误时，IVA 被认为是非英语母语人士。这些阈值为生成非母语者的计算方法提供了参考意见，简化了在混合文化环境中

① Ford M.，Palmer W.，“Alexa，are you Listening to Me? An Analysis of Alexa Voice Service Network Traffic，” *Personal and Ubiquitous Computing*，2019（23），pp. 67-79.

对 IVA 的研究。①

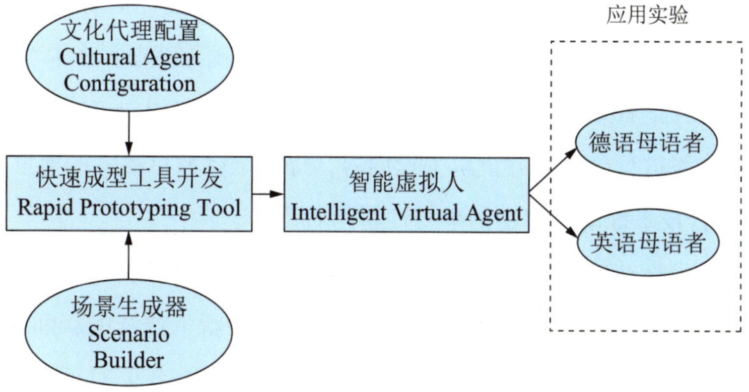

图 9-15　智能语音在混合文化环境中的母语识别实验

第四节　智能语音的分析观点

一、智能语音的新内涵和外延拓展

1. 语音在人工智能技术的推动下回归主流传播介质

语音是最早的传播媒介，人类社会初期就形成了以听觉为中心的口语文化，构成部落化时期最基本的传播形态；印刷术的发明使传播活动从以听觉为中心的口语文化向以视觉为中心的文字文化转型，人类社会进入“脱部落化”时代。如今，随着电子媒介和互联网的发展，语音回归成为主流传播介质，人类社会进入“重新部落化”阶段。②③

2. 智能语音技术改变传媒产业的生产流程

智能语音与传媒产业的结合将极大地改变传媒产业生产流程，如压缩制作时间、

① Lugrin D., Lugrin J., Schaper P., et al., “Nonnative Speaker Perception of Intelligent Virtual Agents in two Languages the Impact of Amount and Type of Grammatica1 Mistakes,” *Journal on Multimodal User Interfaces*, 2021(02), pp. 229-238.

② [加]麦克卢汉：《理解媒介：论人的延伸》，北京，商务印书馆，2000。

③ 黄雅兰：《声音的性别：新闻客户端自动语音播报中的刻板“音”象》，载《全球传媒学刊》，2021(01)。

实现 24 小时新闻语音播报等。语音识别技术与业务场景进一步融合，从信息采集、编辑输出到审核等各个环节推动新闻媒体从机器写作向智能化内容生产的实践升级。智能辅助工具向多功能一体化发展。科大讯飞公司的“讯飞智能办公本 X2”在 2021 年两会期间为新华社记者采访提供了有力支撑。该设备不但可以录音，还可以自动将记者提问和代表作答进行分区，并提取关键内容，提升记者输出稿件的速度。①

3. 智能语音技术推动双向度的具身性新闻对话

智能语音技术推动单向度的离身新闻阅读向双向度的具身新闻对话转向，由有界面的新闻接收转向零界面的人机交互。智能音频新闻革新了传统的新闻叙事方式与新闻分发渠道，为用户的新闻体验过程注入亲密的交流感，在新闻对话中不断加深用户的身体卷入程度，甚至在人机交流中逐渐收割用户信任，培养人机情感。②天猫精灵的 AI 语音头条利用 AI 技术和算法，以短语音导入流量，提供新一代信息搜索入口，借用智能音箱平台完成新闻传播的“最后一公里”，并通过音频的方式发布消息。基于智能音箱平台的新闻播报提供大量围绕生活场景的新闻资讯服务，构建 AI 语音头条联合运营体系。③ AI 语音头条设置了讨论专区，穿插“AI”人机互动。受众不仅能收听到丰富的新闻内容、专题资讯，还可以与语音头条深入互动，大大提升了新闻传播的力度和深度，增强了受众的参与度和音频转化率。传统媒体与天猫精灵展开合作，大大降低了人机交互门槛，创设“AI+音频”新闻传播新模式；同时，天猫精灵的语音唤醒口令也更加拟人化。《沈阳晚报》《南方都市报》等“先行者”收集了大量受众的收听习惯、资讯获取样态和性情标签，实现新闻精准推送，借此促进语音新闻播报产品的整改提升。④

二、智能语音技术促进人机传播的发展

1. 智能语音技术拓宽应用空间和应用场景

智能语音未来会成为智慧城市、智能家居和智能汽车中不可或缺的人工智能技

---

① 何苑、张洪忠、张尔坤：《基于自然语言技术的智能传播应用与风控分析》，载《传媒》，2022(05)。

② 刘彦鹏、毛红敏：《人工智能重塑新闻生产：量化转向、价值扩展与体验升级》，载《中国出版》，2020(20)。

③ 郭琳媛：《“可听化”时代语音新闻生产的“蓝海战略”——以“AI 语音头条”为例》，载《传媒》，2019(19)。

④ 郭琳媛：《“可听化”时代语音新闻生产的“蓝海战略”——以“AI 语音头条”为例》，载《传媒》，2019(19)。

术，与机器交流成为我们获取信息的一种主要方式。不同的媒介提供不同的信息界面，不仅仅是接受方式，也包括接近成本。信息界面的单调与丰富、单一和多元，对人们的思想状态将会产生不同的影响。① 智能语音设备已经成为一个连接用户的新平台，当用户没有时间观看大型体育赛事时，他可以通过询问智能语音助手随时了解比赛情况，也能够添加智能语音设备的“新闻简报”（Flash Briefing）功能及时了解比赛最新信息，甚至还可以借助语音助手了解运动员的详细信息。②

2. 智能语音技术在功能层面的人机关系发展

智能音箱可以轻松实现开关电器、播放音乐、搜索菜谱、网络购物甚至安排旅游线路等生活服务。也正因为服务内容的广泛和数据收集场所的私密性，智能音箱被认为是家庭和私人场景下个人语音大数据的最主要入口。③ 同时，智能音箱背后连接着以智慧生活服务和智能家居为代表的智能物联网生态系统，伴随着机器功能优化、技术进步和世界各国对技术执行标准的调试，大范围、多领域和不间断的机器服务将有效满足用户基于泛在计算(Ubiquitous Computing)产生的需求。④

三、智能语音技术的伦理困境

智能音箱的一个特点是“它总是在倾听”，只要一听到“唤醒词”，它就处于记录信息的状态。这意味着来自外部的“监听”无法被准确捕捉，“无处不在的计算”开始侵入我们的生活，用户无意识的状态下被智能技术包围着，这背后的伦理危机也随之浮现。⑤

1. 个人隐私风险

哈佛大学政治哲学家迈克尔·桑德尔(Michael Sandel)指出，“人们越来越倾向在日常使用的设备上牺牲隐私以换取便利”。罗杰·克拉克(Roger Clarke)提出了以隐私需求为核心的价值体系，将用户隐私分为以下类别：(1)身体隐私；(2)个人

① 陈卫星：《新媒体的媒介学问题》，载《南京社会科学》，2016(02)。

② 张建中：《科技驱动：平昌冬奥会新闻报道的创新实践》，载《传媒》，2018(17)。

③ 管佖路、顾理平：《智能语音交互技术下的用户隐私风险——以智能音箱的使用为例》，载《传媒观察》，2021(06)。

④ 罗龙翔、王兵、王秀丽：《功能、关系与哲学：人机传播视域下用户与智能音箱的互动研究》，载《全球传媒学刊》，2021(03)。

⑤ 张建中：《声音作为下一个平台：智能语音新闻报道的创新与实践》，载《现代传播(中国传媒大学学报)》，2018(01)。

行为隐私；(3)个人交流隐私；(4)个人数据隐私；(5)个人经历隐私。① 管佖路和顾理平将上述隐私分类的价值体系应用于智能音箱的使用过程之中，进而阐释智能语音技术潜在的用户隐私风险。②

(1)身体隐私风险

智能音箱对于用户身体隐私的侵犯体现在对个人重要生物特征数据之一的声音收集方面。上传至云端的用户声音和产品序列号足以精确定位到用户个人。

(2)个人行为隐私风险

智能音箱对个人行为隐私的侵犯体现在用户使用智能音箱的地点和具体活动信息很容易被获取。目前一些智能音箱(包括苹果公司的 Home Pod)运用的麦克风矩阵技术可以侦测附近物体表面的声音反射，从而自动感知具体的地理位置——是靠着卧室的墙壁还是在客厅中央，进而对不同空间的声音信号进行再处理，提高语音识别率。这意味着智能音箱能够在私密的家居空间中，进一步细分出活动区域。③

(3)个人交流隐私风险

个人交流是具有高度私密性的，因此，个人的隐私需要得到保护且不受监听监控。但是，这也正是智能语音技术最容易发生侵害用户隐私的层面。早前一些互联网知名公司曾被媒体披露使用人工听取用户与智能音箱间的对话录音，这实际上构成了某种意义上被“监听”，也就是说在音箱的使用中用户的交流不再属于私密范畴。目前，大部分智能音箱的隐私条款中，既没有提及会有人工听记用户录音，也没有提及哪怕是误启动的状态下，对话也会被人工听取。因此，用户在不知情的情况下，其交流隐私已经被侵犯。④

(4)个人数据隐私风险

智能音箱收集的数据不仅是语音数据，还包括有关个人信息的数据以及从第三方

---

① Clarke R.，“Privacy and Social Media: An Analytical Framework,” *Journal of Law*, *Information and Science*, 2014.

② 管佖路、顾理平：《智能语音交互技术下的用户隐私风险——以智能音箱的使用为例》，载《传媒观察》，2021(06)。

③ 管佖路、顾理平：《智能语音交互技术下的用户隐私风险——以智能音箱的使用为例》，载《传媒观察》，2021(06)。

④ 管佖路、顾理平：《智能语音交互技术下的用户隐私风险——以智能音箱的使用为例》，载《传媒观察》，2021(06)。

获取的共享数据。在智能音箱数据隐私风险方面一度引发热议的典型案例来源于亚马逊的 Echo 音箱。黄建中在研究中就提出这样一系列问题，像 Echo 音箱这类智能语音技术“警察在破案时，是否有权调取 Echo 音箱记录的语音信息？这些语音信息能够作为刑事调查证据吗？个人隐私是否会受到影响？法律如何保护智能语音设备储存的个人数据？”①与智能语音相关的个人隐私数据存储在企业的云服务器之上，企业有用户个人数据的全备份，这就使得用户个人隐私数据处于一个有可能暴露的状态中。关于人工智能语音设备上储存的信息是否应该得到《第一修正案》保护，这一问题在美国尚未被很好地解决。

(5)个人经历隐私风险

用户使用智能音箱，以语音的方式与语音助手交谈，会无意识地将机器的身份混淆，机器不再只是单纯的工具，而是具有了可以与用户对话的属性。在互动过程中，用户很难意识到自我表露行为中包含情感投入的程度。用户的个人经历中囊括的所见所闻所感，在与智能音箱语音助手交互中也在潜移默化地受到影响。② 这就为智能音箱可能暴露用户的个人经历隐私带来潜在的风险。

2. “身份盗窃”风险

从法律角度来看，社会安全、法律法规的健全完善和执行受到了新的挑战。例如，“语音伪造”向司法领域的渗透正成为一种新的安全威胁。同时，“声纹”作为个人重要的生物识别信息之一，在数字技术条件下的可复制性、可获得性和可冒用/盗用性也加剧了公众对公民“身份盗窃”风险的担忧。③

3. 性别刻板印象

大多数新闻资讯客户端都能提供自动语音播报功能，但绝大多数新闻客户端仅提供一种性别的声音，用户没有自定义的权限。以今日头条为例，声音的性别与报道题材之间具有明显的相关性：男声多用于对政治、经济、科技等硬新闻的报道，而女声被更高比例地用作文娱、社会等软新闻的报道。从新闻客户端音频节目的整体布局来

---

① 张建中：《声音作为下一个平台：智能语音新闻报道的创新与实践》，载《现代传播(中国传媒大学学报)》，2018(01)。

② 管仳路、顾理平：《智能语音交互技术下的用户隐私风险——以智能音箱的使用为例》，载《传媒观察》，2021(06)。

③ 何苑、张洪忠、张尔坤：《基于自然语言技术的智能传播应用与风控分析》，载《传媒》，2022(03)。

看，仍然存在偏向男声的性别差异。①

4. “工具理性”思维的困境

人机传播的核心观念便是将机器(人)视为在人类面前具有对称性地位的主体。不难发现，在机器能力发生本质跃进、人机边界被打破和人机关系被深刻改写的未来，以当前认知能力为基石构建的道德优越感或道德分层法或将彻底坍塌。②

四、智能语音技术的伦理问题

1. 智能语音技术价值的体现需要人本精神

自动语音播报的形式和应用场景将更加丰富，播报语态将更加自然，但如何防止(或者减少)当前现实生活或新闻编辑室中的不公正、不平等现象延续至智能传播场景中，成为当前值得深思的问题。反思人工智能的合理性及人工智能与人的价值冲突，就技术发展的初衷和归宿而言，只有真正嵌入人本精神、推动社会的公正发展，才能真正实现技术的价值。因此，未来智能语音技术开发需要进一步展开对人工智能的价值校准和伦理调试。③④

2. 克服性别等刻板印象偏见

在智能语音使用场景中，要一视同仁地对待不同性别的声音特征，不能将传统刻板印象带入智能音箱和智能语音识别系统的研发过程，使得产品带有人的偏见属性，继而对产品使用者施加刻板印象的影响。

① 黄雅兰：《声音的性别：新闻客户端自动语音播报中的刻板“音”象》，载《全球传媒学刊》，2021(01)。

② 彭兰：《人-机文明：充满“不确定性”的新文明》，载《探索与争鸣》，2020(06)。

③ 段伟文：《人工智能时代的价值审度与伦理调适》，载《中国人民大学学报》，2017(06)。

④ 陈昌凤、翟雨嘉：《信息偏向与纠正：寻求智能化时代的价值理性》，载《青年记者》，2018(13)。

第十章　大模型

第一节　大模型的含义与应用

一、大模型的含义与特点

在过去20年中，语言建模(Language Models，LMs)已经成为一种用于语言理解和生成的主要方法，同时作为人工智能的自然语言处理(Natural Language Processing，NLP)领域的关键技术受到广泛关注。语言建模技术从统计模型发展至神经模型，成为探究语言理解与生成的重要手段。最新进展是基于Transformer在大规模语料库的预训练语言模型(Pre-trained Language Models，PLMs)展现出优越的NLP任务处理能力，即大语言模型(Large Language Models，LLMs，本文后面简写为“大模型”)。[①] 大模型指具备超大规模预训练语料、拥有超千亿规模模型参数的深度学习的语言模型。[②]

中美两国的大模型研究走在全球前列。我国有代表性的大模型：百度公司的文心一言、阿里巴巴公司的通义千问、字节跳动公司的豆包、智谱华章公司的GLM、科大讯飞公司的星火大模型等。美国有代表性的大模型：OpenAI公司的GPT、Anthropic公司的Claude、Meta公司的LLaMA、谷歌公司的Gemini、xAI公司的Grok等。不同视角分析大模型会有不同的特点，从技术逻辑来概括大模型的特点可总结为三点：参数规模大、预训练数据规模大、涌现显著。

① 王耀祖、李擎、戴张杰等：《大语言模型研究现状与趋势》，载《工程科学学报》，2024(08)。

② 张洪忠、任吴炯：《大模型对互联网生态影响及其发展趋势》，载《中国网信》，2023(06)。

首先是大模型的参数规模大。以 2017 年为时间节点进行前后对比，2017 年以前的自然语言处理的语言模型参数规模大致在千万量级以下，而 2020 年 7 月由美国 OpenAI 发布的 GPT-3，规模达到 1750 亿参数。①

其次是预训练数据规模大。大模型之“大”，意指对大数据蕴含知识的集大成学习，基于大量高性能并行计算芯片 GPU 对海量无标注数据实现自监督高效学习，所学习数据的规模从早期 BERT 中使用的 20 GB 到 GPT-3 中采用的 45 TB。也正是在 GPU 多机多卡算力和海量无标注文本数据的双重支持下，才实现语言模型的规模与性能齐飞的局面，成为人工智能领域的最新革命性突破。②

最后是涌现能力显著。涌现能力(Emergent Abilities)是在小模型中不存在但在大模型中出现的能力，即当模型规模超过某个阈值后才能被观测到的能力。这是区分大模型与以前的预训练模型最显著的特征之一。模型规模达到一定水平时，模型性能显著提高，类似于物理学中的相变现象，是一种量变引起质变的过程。③这些能力并非人为刻意设计或训练所得，而是在模型自发学习下泛化能力提升的结果。④一个模型用几百上千亿个参数，达到一定规模之后，就像网络系统里一个个的节点，节点之间有连接，自然界中常见的涌现现象就在人工智能模型上出现了，也就是通常说的融会贯通。⑤

二、大模型的多场景应用

1. 知识服务与内容创作应用

大模型在文本理解、生成与知识抽取中展现出强大的能力。尤其在教育领域，教学智能体基于预训练大模型构建多模态交互系统，通过 LangChain 框架实现任务规划

---

① 陈慧敏、刘知远、孙茂松：《大语言模型时代的社会机遇与挑战》，载《计算机研究与发展》，2024(05)。

② 陈慧敏、刘知远、孙茂松：《大语言模型时代的社会机遇与挑战》，载《计算机研究与发展》，2024(05)。

③ 罗锦钊、孙玉龙、钱增志等：《人工智能大模型综述及展望》，载《无线电工程》，2023(11)。

④ Wei J., Tay Y., Bommasani R., et al., Emergent Abilities of Large Language Models[EB/OL], https://arxiv.org/abs/2206.07682.

⑤ 黄铁军：《涌现性是大模型最惊奇的特征》，载《人民邮电》，2023-08-03。

与知识检索，能够支持个性化学习辅导中的问题生成。① “大模型+智能体”的结合能够依照每个学生的学习进度与个人兴趣，实时提供个性化的学习建议，提高学生的学习效率。智能解题系统利用大模型的能力，还能将数学应用题拆解为多个步骤，根据问题要素调用知识库中的公式定理，帮助学生理解逻辑推导过程，有效提升学生的数学思维能力。②

在图书情报管理中，预训练大模型可提供智能问答和文献检索的功能。ChatBK1.0 利用预训练大模型的语义理解能力，可对接图书馆各项业务系统，解决古籍文字、术语的理解问题。③

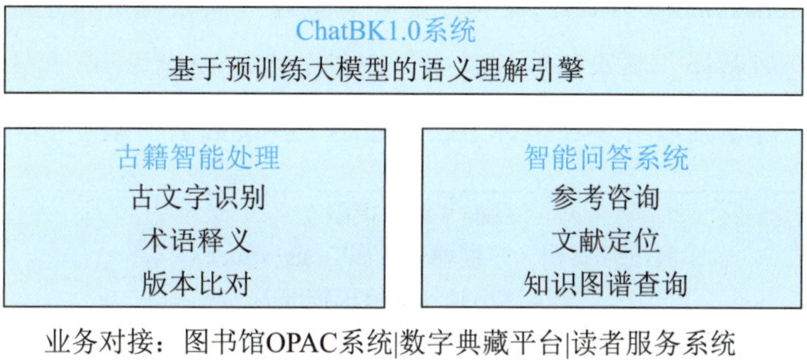

图 10-1　ChatBK1.0 系统功能

在新闻行业，主流媒体也依赖大模型的文本生成能力，大模型通过整合实时信息会迅速生成初稿，记者、编辑只需将精力重点放在内容的深度加工方面即可，大大提高了新闻的生产效率。④

2. 创意辅助应用

大模型为设计工作者提供创意辅助，成为新媒体领域生产模式变革的重要动力。在影像生成场景中，StableDiffusion、Midjourney 等大模型通过“文本—图像”的跨模态预训练，实现了创意描述的可视化，并广泛应用于广告创作、影视概念图等场景，在

① 卢宇、余京蕾、陈鹏鹤：《基于大模型的教学智能体构建与应用研究》，载《中国电化教育》，2024(07)。

② 卢宇、余京蕾、陈鹏鹤：《基于大模型的教学智能体构建与应用研究》，载《中国电化教育》，2024(07)。

③ 刘倩倩、刘圣婴、刘炜：《图书情报领域大模型的应用模式和数据治理》，载《图书馆杂志》，2023(12)。

④ 任吴炯、张洪忠：《大模型智能体应用对推进主流媒体系统性变革的启示》，载《电视研究》，2025(01)。

减少人力资源投入的同时还提高了设计效率。①

在视频生成领域，以国内的可灵、即梦以及国外的 Sora 等为代表的 AI 视频生成大模型，已经能提供唇形同步、风格迁移等复杂功能，将专业级影像制作成本降低 60%~80%，使得个人创作者也能用低成本生成高质量作品。

3. 趋势预测

大模型依托复杂的分析算法，能够辅助人们进行科学判断与趋势预测，从而有效应对现实生活中的不确定性。在气象预测场景中，华为云推出的盘古气象大模型，是当前国内具有代表性的预测大模型。该大模型基于三维地球专属 Transformer（3D Earth-Specific Transformer，3DEST）架构，能够对全球气象系统进行逐小时、逐层次的建模推演，在台风路径、降水强度等时序预测任务中表现优异。② 盘古气象大模型目前在台风路径、降水强度等多项指标上已经超越了传统数值模型。

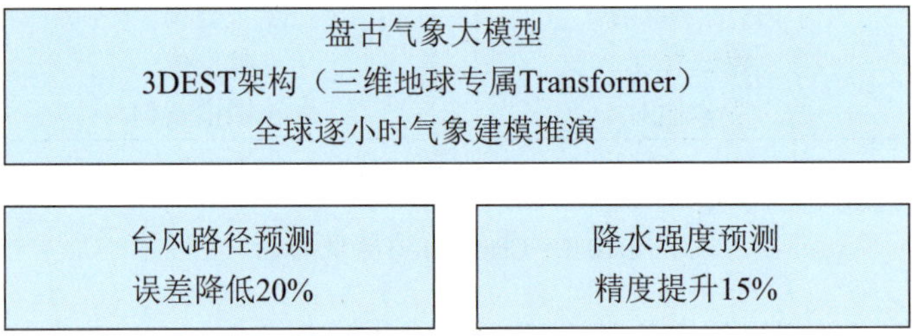

图 10-2　盘古气象大模型预测模式

除此之外，英伟达（NVIDIA）于 2022 年发布了 FourCastNet，同样体现了在时序建模上的技术突破。该模型结合了自适应傅里叶神经算子（Adaptive Fourier Neural Operators，AFNO）和视觉主干模型（Vision Mamba），能够以 0.25°的空间分辨率，对全球气象进行快速预测。FourCastNet 的预测精度可与 ECMWF 的综合预报系统（IFS）相媲美，能够在不到 2 秒内生成一周的全球天气预报。③ 这些模型通过引入跨尺度时序建模机制，使得大模型在处理复杂、动态、非平稳时间序列时具备了更强的预测能力。

在金融领域，彭博社旗下针对金融业推出了大语言模型 BloombergGPT，主要用于

---

① 徐鸿晟、王子叶、张洪忠：《AI 大模型赋能影像生产模式的转变》，载《电视研究》，2024（05）。

② Bi K.，Xie L.，Zhang H.，et al.，“Accurate Medium-range Global Weather Forecasting with 3D Neural Networks，” *Nature*，2023（7970），pp. 533-538.

③ NVIDIA，FourCastNet：Accelerating Global High-Resolution Weather Forecasting using Adaptive Fourier Neural Operators［EB/OL］，https：//arxiv. org/abs/2208. 05419.

股票走势解读、宏观经济预警等场景。该模型基于700亿的参数规模，融合了海量金融文本及相关量化数据。① 通过多模态融合机制，BloombergGPT能够在解读公司财报时，预测市场的波动趋势。

在公共政策领域，大模型被广泛应用于包括公共卫生与疾病传播预测在内的重大社会问题分析。通过对人口流动、病毒变异等多重参数的建模与模拟，大模型可动态生成防控策略建议，辅助政府实现风险预警与快速响应。

4. 交互场景中的动态响应

大模型不仅具备强大的信息处理与动态调整能力，还可在用户交互过程中提供一定的情绪支持与陪伴体验。

以Perplexity. ai为代表的新型AI搜索工具，依托大模型整合多源信息，实现从"关键词匹配"到"意图理解—信息聚合—答案生成"的转变，在提升复杂问题解决效率的同时，也增强了用户的信任感与交互满意度。②

在人机对话的智能交互中，大模型通过对上下文理解，生成符合语境的回复。社交机器人的后致性人格建构，让每次交互都能根据当前对话生成回应，并在未来的对话中维持一致的反应，这是因为大模型能够在对话中，对用户情感状态进行实时推断。如果用户想通过对话获得治愈，大模型可根据用户输入的词汇来预测其情感需求，生成并反馈"共情回应"。③

5. 科学研究与复杂问题求解

大模型还可以应用于需要多步骤推理、深度思考的复杂任务中，目前已在生物学、数学领域取得了较为显著的应用成果。

在生物学领域，DeepMind的AlphaFold是大模型在该领域应用的代表案例，通过将物理、化学规则和图神经网络推理结合，AlphaFold能够预测蛋白质的三维结构，解决了生物学界困扰了近50年的蛋白质折叠问题。④

---

① Bloomberg, BloombergGPT：A Large Language Modelfor Finance[EB/OL]. https：//arxiv. org/abs/2303. 17564.

② 王彦博、张洪忠：《从搜索引擎到AI搜索：大模型赋能下的信息获取变迁分析》，载《编辑之友》，2025(03).

③ 韩秀、张洪忠、斗维红：《交往语境中的社交机器人：技术逻辑视角下机器人格建构》，载《苏州大学学报(哲学社会科学版)》，2025(01)。

④ Jumper J. , Evans R. , Pritzel A. , et al. , "Highly Accurate Protein Structure Prediction with AlphaFold," *Nature*, 2021(7873), pp. 583-589.

在数学领域，GPT-4 已经能完成中等难度的几何证明，将数学定理转化为符号逻辑规则，并通过多步推理链生成证明过程。

6. 专业领域决策支持

大模型正在加速法律、医疗、工程等领域的应用拓展，凭借其强大的信息处理与推理能力，为专家提供数据支持与决策参考。

在法律领域，通过整合法律法规知识库和案例推理模型，法律智能系统能够自动执行合同条款合规性审查，生成符合规范的司法文书，整个推理过程满足"证据—规则—结论"的逻辑闭环。国外的 ROSS Intelligence 公司已将大模型应用于合同审查，提高了工作的效率。

在医疗领域，大模型主要应用在医疗智能问诊中。该大模型能够理解用户的症状描述，根据病例数据进行诊断，随之提供检查建议。医疗大模型与人工诊疗相结合，有效减少了漏诊、误诊的风险。IBM Watson Health 的智能问诊系统目前已经与多家医疗保健机构和研究机构合作，共同开展医疗保健数据共享、疾病预测、流行病学研究等工作，帮助医生快速准确地作出诊断决策。①

图 10-3 医疗智能问诊流程

在工业制造领域，大模型结合设备传感器数据，利用实时分析设备运行状态，提前预测故障并生成维修方案，减少设备停机损失。在变电站设备的故障分析中，研究人员开发了 SubstationAI 大模型，能够准确诊断设备故障，并使用 GPT-4 生成详细的故障分析报告，提供维修建议。②

第二节　大模型的技术原理

近年来，以自然语言处理为代表的大模型在多个领域取得突破，并不断扩展到多

① LeeK Y., Kim J., "Artificial Intelligence Technology Trendsand IBM Watson References in The Medical Field," *Korean Medical Education Review*, 2016(02), pp. 51-57.

② Substation AI: Multimodal Large Model-Based Approaches for Analyzing Substation Equipment Faults[EB/OL], https://arxiv.org/abs/2412.17077.

模态、代码生成、复杂推理等任务中。理解大模型的核心技术原理，有助于提升其在实际场景中的应用效果，增强解决复杂问题的能力。

一、大模型的基础架构

大模型的技术发展离不开基础架构的持续演进。当前主流大模型的架构以 Transformer 为代表。Transformer 最早由 Vaswani 等人于 2017 年提出，该架构兼具高并行性与强上下文建模能力，是大模型能够在海量语料中高效学习复杂语义关系的基础。①

首先，Transformer 具备出色的并行处理能力。Transformer 部分的多头自注意力机制(Multi-head Self-attention)不依赖于顺序建模，相较于传统的循环神经网络模型(RNN)，能够极大地提升训练的效率。其次，Transformer 能够有效捕捉上下文语义关联。多头自注意力机制可以从不同维度刻画语义的关联程度，为模型提供更强的内容感知能力。基于以上两点，主流的预训练语言模型无一例外都使用了 Transformer 作为模型的主体结构。②

Transformer 由两类组件构成：Encoder(编码器)和 Decoder(解码器)。通常，Encoder 结构擅长从文本中提取信息以执行分类、回归等任务，而 Decoder 结构则专用于生成文本。③ 在此基础上，主流大模型根据不同的任务需求，发展出了多种 Transformer 变体结构：例如，OpenAI 的 GPT 系列采用 Decoder-only 结构，其是一个基于 Transformer 的单向语言模型，即从左至右对输入文本建模④，擅长完成文本续写、代码补全等生成类任务。而 Google 推出的 BERT 模型则使用 Encoder-only 结构，通过多层 Transformer 叠加，引入了两个预训练任务：掩码语言模型(Masked Language Model, MLM)和下一个句子预测(Next Sentence Prediction, NSP)，因此其适用于分类、问答等理解类任务。⑤

---

① Vaswani A., Shazeer N., Parmar N., et al., "Attention is All You Need," *Advance Sinneuralin Form Ationprocessing Systems*, 2017, p. 30.

② 车万翔、郭江、崔一鸣：《自然语言处理：基于预训练模型的方法》，173～174 页，北京，电子工业出版社，2021。

③ 平安证券研究所：《大模型发展迈入爆发期，开启 AI 新纪元》，载《平安证券研究报告》，2025-04-10。

④ 车万翔、郭江、崔一鸣：《自然语言处理：基于预训练模型的方法》，176～177 页，北京，电子工业出版社，2021。

⑤ 车万翔、郭江、崔一鸣：《自然语言处理：基于预训练模型的方法》，180～181 页，北京，电子工业出版社，2021。

国内的多个技术团队也在 Transformer 架构基础上开展创新。百度推出的文心一言系列采用 Encoder-Decoder 架构，融合了语言理解和知识生成的能力。阿里巴巴的通义千问则重点优化模型的多语言泛化能力。智谱 AI 的 GLM 系列探索了中英文对称建模策略，并推出 ChatGLM 等开源大模型。除此之外，深度求索(DeepSeek)推出的 DeepSeek-V2 模型具有 2360 亿参数，每个 Token 仅激活 210 亿参数，支持 128K 的上下文长度。在架构上，融合了多头潜在注意力(Multi-head Latent Attention，MLA)与 DeepSeekMoE 等模块，展现出极高应用潜力。① 字节跳动的豆包大模型在 Transformer 架构的基础上，融合了混合专家机制(MoE)、超稀疏结构 *(UltraMem)、傅里叶分析网络(FAN)，提升了模型在周期性建模、符号公式表示、时间序列预测等任务中的表现。②

无论是参数调度机制的精细化，还是专家模块、稀疏激活、周期建模等新结构的引入，都体现了大模型架构在“效率—能力”权衡中不断演进的趋势。架构的持续优化，提升了大模型的任务适应性，为多模态、跨领域的智能系统提供了强大的支撑。

二、大模型的能力机制

随着模型规模和架构的不断演进，大模型逐步展现至接近人类认知的程度。这种表现是在自注意力机制、预训练范式、数据驱动学习的共同作用下自然涌现的结果。接下来将介绍大模型的能力机制，分析大模型是如何实现其强大功能的。

1. 自注意力机制

大模型依靠自注意力机制，在输入序列中动态捕捉长距离依赖，从而具备强大的上下文理解与记忆能力。Transformer 架构具有对长序列内容的全局建模能力，使大模型可以在多轮对话、篇章理解的任务中保持语义一致性。在结构的不断优化下，大模型的上下文窗口显著扩大。GPT-4 已经可支持 32Ktokens，大模型拥有了一次性处理整篇文献、长对话等复杂任务的能力。③

---

① DeepSeek-AI, DeepSeek-V2: A Strong, Economical, and Efficient Mixture-of-Experts Language Model[EB/OL], https://arxiv.org/abs/2405.04434.

② 北京大学与字节跳动联合推出 FAN：专注于周期性特征与模式的 Transformer 改进[EB/OL], https://team.doubao.com/zh/blog/peking-university-and-bytedance-launched-fan-an-improvement-on-transformers-focusing-on-cyclical-features-and-patterns?view_from=blog.

③ OpenAI, GPT-4.5 System Card[EB/OL], https://openai.com/index/gpt-4-5-system-card/.

图 10-4　自注意力机制的逻辑流程图

2. 指令对齐机制

大模型在预训练后，通过“指令微调”“人类反馈强化学习”进一步优化算法行为，使其能够更好地理解并遵循用户意图。这种“对齐”过程提升了模型在交互性、可靠性和安全性方面的表现。ChatGPT 系列模型已可以利用 RLHF 训练出更符合人类偏好的对话风格。①

图 10-5　指令对齐机制的逻辑流程图

3. 多步推理交互机制

在逐步推理的过程中，大模型能够基于当前推理步骤自动规划问题解决路径，并不断调整推理策略以确保任务的高效执行。国内的 DeepSeek-Coder 引入了“分步解码与错误纠偏”机制，借助多轮代码生成与自我验证，实现类似“思考—执行—回溯”的逻辑流程。② DeepSeek-VL 在图文协同理解任务中增强了多模态链式推理能力，使模型可以在对图像、文本信息的联动处理中，进行层层推进的因果分析和结构推导。③

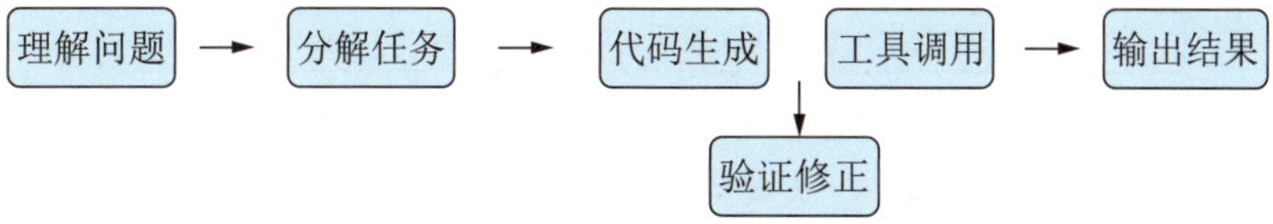

图 10-6　多步推理交互机制的逻辑流程图

① OpenAI, Training Language Models to Following Structions With Human Feedback[EB/OL], https://cdn.openai.com/papers/Training_ language_ models_ to_ follow_ instructions_ with_ human_ feedback.pdf.

② DeepSeek, DeepSeek-Coder[EB/OL], https://github.com/deepseek-ai/DeepSeek-Coder.

③ DeepSeek, DeepSeek-VL: TowardsReal-WorldVision-LanguageUnderstanding[EB/OL], https://arxiv.org/abs/2403.05525.

4. 自我反馈机制

一些大模型引入了“元认知”机制，使其能对自身生成的内容进行反思校正。自我反馈机制是一种“思考—行动—观察—再思考”的流程，引导模型在解题或处理复杂任务时进行自我修正。①

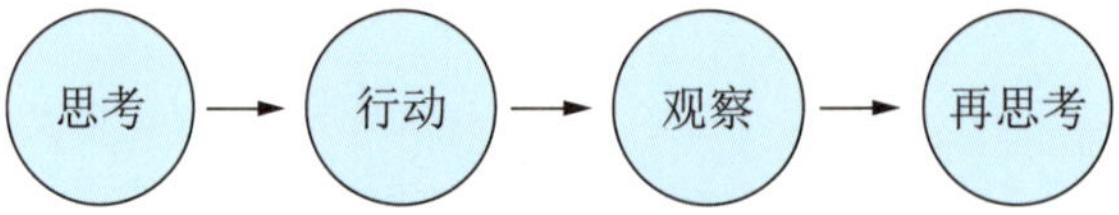

主流程：思考→行动→观察→再思考
反馈路径：再思考结果重新输入思考阶段形成闭环

图 10-7　自我反馈机制的逻辑流程图

大模型能力的涌现是架构设计、训练机制、大规模数据三者共同演化得出的结果。从基础的语言理解到复杂的任务规划，从被动响应到主动推理，大模型正通过能力机制的不断扩展，走向更具备自主性与通用性的智能体形态。

5. 外部资源调用接口的机制

一般来说，外部资源调用接口通常采用 API 或工具调用的形式。Yinger 等人(2023)提出了“逆向链”策略，使得大模型能依靠自我学习调用多种外部 API，增强其推理能力。② 大模型可以通过与数据库的连接，实时查询并获取关键数据，支持推理任务中的数据需求。同时，通过集成搜索引擎，大模型可以迅速查询文献、网页、新闻等外部资料，获取最新的背景信息辅助决策。

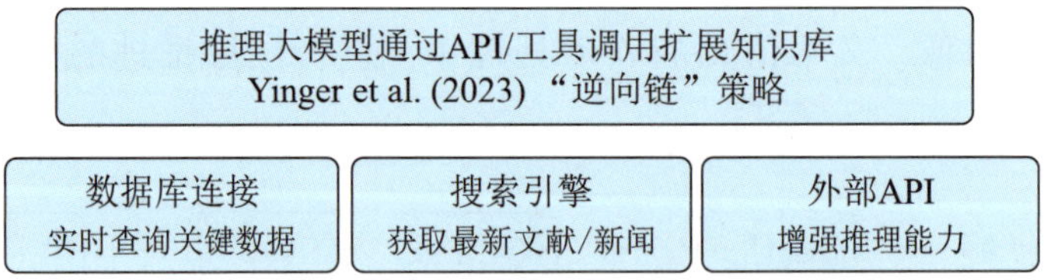

交互机制：自我学习调用→信息整合→辅助决策

图 10-8　大模型调用 API 的逻辑流程图

在面对需要额外计算的任务时，大模型还可以调用外部计算资源来扩展算力边

① AllenAI, Self-RAG: Learning to Retrieve, Generate and Critique through Self-Reflection [EB/OL], https://selfrag.github.io/.

② Zhang Y., Cai H., Song X., et al., Reverse Chain: Ageneric-rule for LLMs to Mastermulti-API Planning, https://arxiv.org/abs/2310.04474.

界，常见方式包括对接云计算平台、GPU/TPU 加速器或引入专门的数据分析引擎。在当前深度学习生态中，英伟达(NVIDIA)的 GPU 应用最为广泛。而由 Google 推出的 TPU 则原生支持 TensorFlow 框架，基本能够满足相关从业人员的需求，确保大模型在处理数据时可保证准确性。①

借助外部资源调用接口，大模型不再单纯依赖其内部的训练数据，而是能够根据任务的动态需求灵活地调用外部知识库，实时补充所需信息。

第三节　大模型在信息传播领域的研究模式

学者们对于大模型的关注主要集中在以下几个方面：第一，开展基于大模型生成内容的比较研究，包括不同大模型(如 GPT、Gemini、Claude、国产大模型等)在文本、图像、视频等多模态生成中的表现差异，探讨其在内容质量、风格特征、文化适配性以及用户接受度方面的不同表现；第二，关注大模型技术发展带来的社会信息环境和传播生态的变革，如信息发布主体、信息内容以及传播机制等；第三，关注人们对于大模型技术的接受与认知差异，从个体到社会等各层面展开研究；第四，关注大模型技术持续发展下的人机关系与人机情感的构建，研究涵盖工具型、代理型、伴侣型等不同人机关系；第五，关注大模型应用及其带来的社会影响，如文化传播、政治宣传等。

一、基于大模型生成内容的比较研究

基于 AI 生成内容的说服力与传播效果演化视角，Josh A Goldstein 等(2024)采用实验比较由 GPT-3 生成的宣传文本与真实国家秘密宣传内容在美国受众中的说服力差异。研究以 6 个政治敏感主题为基准，使用 GPT-3 控制风格、结构等要素，生成对应主题的文章，并在 Lucid 平台上对 8 221 名美国成年人开展配额抽样实验，评估其对核心观点陈述的认同度。结果显示，GPT-3 在无人干预情况下生成的宣传内容，能够使 43.5%的受访者产生认同感，虽略低于阅读原始宣传文本的受访者(47.4%)，但显著高于未阅读任何宣传内容的对照组(24.4%)。GPT-3 生成文本在感知可信度、语言

① 车万翔、郭江、崔一鸣：《自然语言处理：基于预训练模型的方法》，175～176 页，北京，电子工业出版社，2021。

质量等指标上与原始宣传持平，表明大模型能够创作高影响力的宣传内容。研究指出，大模型已成为具备现实传播效能的内容生成者，并在信息操作、意见引导等领域中具有战略意义，应高度关注 AI 生成信息的传播机制，建立识别防御策略。①

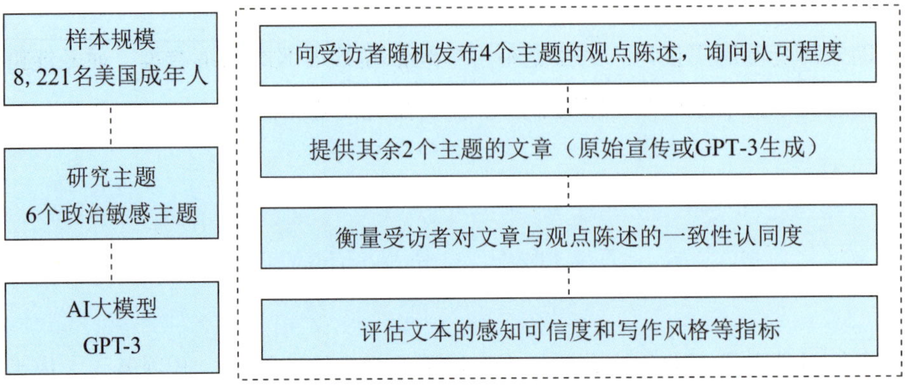

图 10-9　AI 生成内容的说服力研究实验设计

基于人机行为的相似性视角，Qiaozhu Mei 等(2024)采用图灵测试的框架，系统评估以 ChatGPT 为代表的大模型聊天机器人在行为决策与人格特质上是否与人类相似。研究设计涵盖人格测评与六项经典行为经济学游戏，将 ChatGPT-3.5、ChatGPT-4 的回答与来自 50 余国、10 万名人类受访者的行为数据进行对比。结果发现，ChatGPT-4 在所有人格维度上均与人类分布高度相似，在多数游戏中也表现出利他性、合作性与信任倾向，在囚徒困境游戏中，大模型展现的合作率为 91.7%，远高于人类 45.1%的合作率。除此之外，研究还发现大模型会因语境变化、角色切换表现出适应行为，决策稳定性高于人类，最优偏好参数趋近于"总收益最大化"导向($b \approx 0.5$)。研究表明，以 ChatGPT 为代表的 AI 大模型聊天机器人在行为和人格上与人类具有高度相似性，在一些有别于人类行为特征的维度上，大模型聊天机器人倾向于表现出更加利他、合作的特质。然而，研究也指出，尽管大模型展现出的行为稳定性提升了可预测性，但这种高度一致性可能限制其策略灵活性，引发人们对其缺乏个性与战略多样性的担忧。②

① Goldstein J. A., Chao J., Grossman S., et al., "How Persuasive is AI-generated Propaganda?" *PNAS Nexus*, 2024(2), p. 034.

② Mei Q., Xie Y., Yuan W., et al., "A Turing Test of whether AI Chatbots are Behaviorally Similar to Humans," *Proceedings of the National Academy of Sciences*, 2024(9), e2313925121.

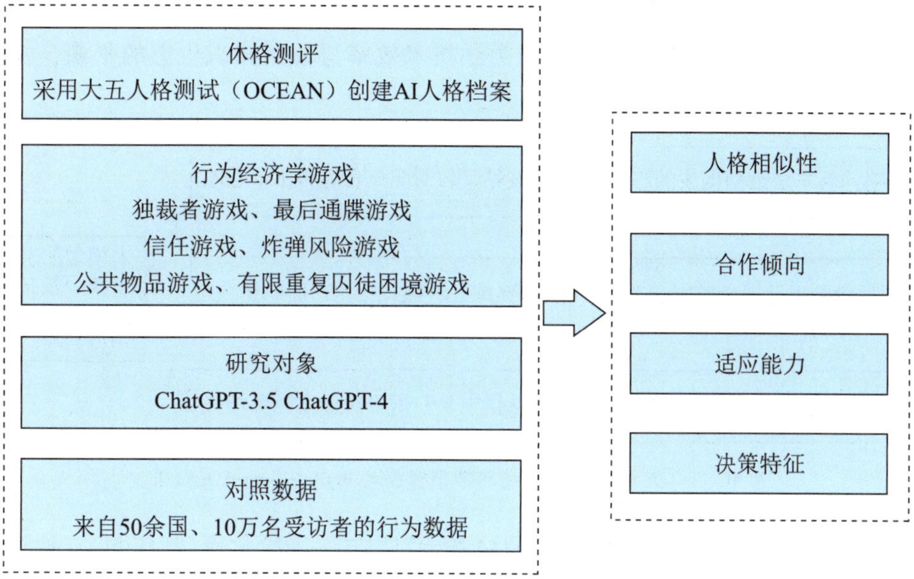

图 10-10　图灵测试视角下大模型聊天机器人与人类行为比较分析

二、社会信息环境和传播生态的变革

大模型赋能下信息环境和传播生态发生了巨大变化，人类信息的获取从“以人为主”的独立执行模式，历经“机器辅助”的部分自动化阶段，迈向“人智协同”的深度协作时代。①

从信息发布内容的公共性来看，R. MariadelRio-Chanona、Nadzeya Laurentsyeva 和 JohannesWachs(2024)针对大模型对在线问答平台公共知识共享的影响展开研究。研究以 StackOverflow 为目标平台，选取俄罗斯版 StackOverflow、中文编程平台 SegmentFault 及数学问答平台作为对照，运用双重差分法(Differences-in-Differences，DID)分析 2022 年 11 月 ChatGPT 发布前后 6 个月的周度发帖数据，并结合用户分层(新手、非熟练、熟练、专家用户)和事件研究考察异质性影响。结果显示，ChatGPT 发布后，StackOverflow 周发帖量较对照平台显著下降 25%，且对“非熟练”“熟练”用户影响更突出，流行编程语言(如 Python、JavaScript)发帖量下降与语言流行度呈负相关(Pearsonρ=−0.45)，但帖子质量(以投票情况进行衡量)无显著变化。研究表明，

① 王彦博、张洪忠：《从搜索引擎到 AI 搜索：大模型赋能下的信息获取变迁分析》，载《编辑之友》，2025(03)。

LLMs 的普及通过替代效应减少了人类生成内容，威胁数字公共产品的可持续性，可能加剧 AI 行业的数据垄断风险，呼吁关注技术效率与公共知识生态的平衡，探索激励人类持续贡献知识的机制。①

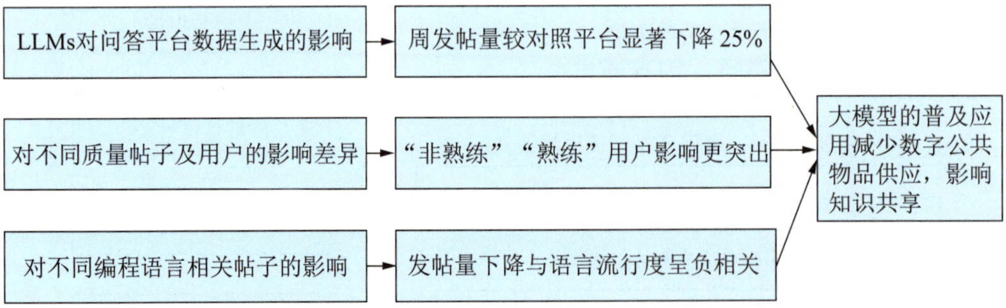

图 10-11　大模型影响在线问答平台公共知识共享的研究结果

从信息生产角度出发，陆泓承(2024)基于启发式—系统化模型(HSM)，通过两组实验探究 AI 生成与人类撰写的财经评论在感知专业度上的差异及作用机制。研究一发现，当不提示受众关注作者身份时，受众难以区分 AI 与人类撰写的财经评论在专业度和可信度上的差异。研究二采用 2×3 因子设计，发现提示作者身份时，署名为 AI 的评论可通过权威启发式和机器启发式提升感知专业度，且受众对 AI 写作的积极态度能强化机器启发式的作用；而署名与否会降低受众的权威启发式水平，进而折损专业度感知，实际为 AI 的评论若被错误标注为人类记者，专业度感知会显著下降。研究表明，传统财经媒体的权威性面临 AI 冲击，AI 署名在财经评论中具备应用潜力，但其应用需规范署名，建立透明的披露机制，未来财经媒体应注重重塑自身权威性和专业性。②

从 AI 内容传播的影响因素研究出发，PaulR. Brewer、Liam Cuddy、Wyatt Dawson 和 Robert Stise(2024)围绕媒体使用、媒体信息与公众对人工智能图像生成器的舆论展开研究。研究以美国公众为对象，分析 1035 名受访者的调查数据，结合包含接触不同框架推文(真实艺术、艺术家担忧、艺术家愤怒、双面辩论框架)的实验操纵，运用普通最小二乘回归(OLS)分析技术新闻使用、科幻作品观看及特定媒体信息对相关态度的影响。结果显示，技术新闻使用和科幻作品观看均正向预测对 AI 艺术的支持，

① del Rio-Chanona R. M., Laurentsyeva N., Wachs J., “Large Language Models Reduce Public Knowledge Sharing on Online QA Platforms,” *PNAS Nexus*, 2024(3), p. 400.

② 陆泓承:《AI 写作财经评论能否匹配人类记者的专业度？——基于 HSM 模型的在线实验分析》，载《国际新闻界》，2024(10)。

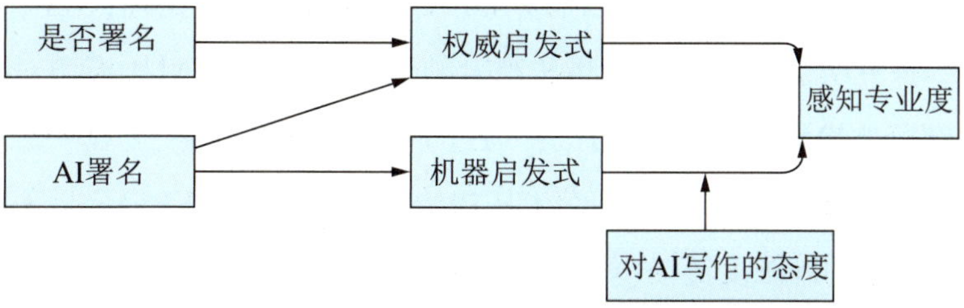

图 10-12 HSM 模型研究二的研究框架

同时也预测认为 AI 图像生成器会抢走艺术家工作、窃取艺术风格的负面信念；接触“真实艺术”框架推文的受访者对 AI 艺术的支持度较对照组显著提升，接触“艺术家担忧”框架推文的受访者对 AI 艺术的支持度显著下降；“艺术家愤怒”框架和“双面辩论”框架对相关态度无显著影响。研究表明，媒体使用模式和特定媒体信息框架显著影响公众对 AI 图像生成器的态度，技术新闻和科幻作品对公众态度的影响具有双面性，社交媒体上的特定框架信息会塑造公众相关意见。因此，呼吁关注媒体内容对公众认知的塑造作用，为引导公众舆论、推动 AI 图像生成器的合理采纳与规制提供依据。①

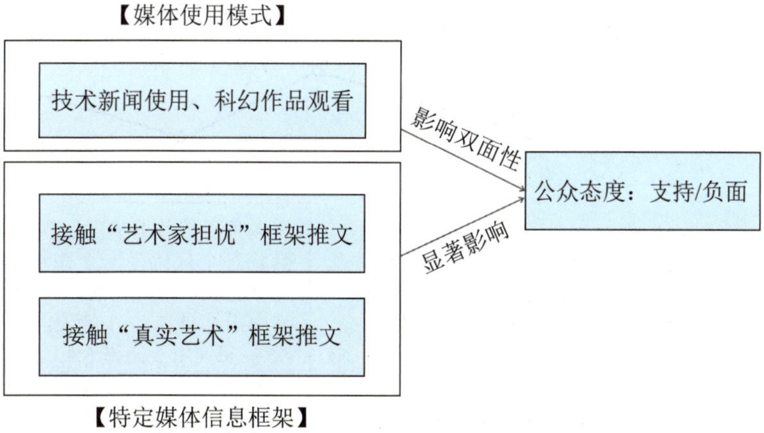

图 10-13 AI 图像生成器的研究框架

从 AI 辅助知识整合与处理方面，Weiying Li 等(2024)探究了学生在 AI 对话中修订科学解释时的想法精炼过程及知识整合轨迹。以 196 名 8 年级学生为对象，通过

① Brewer Paul R., Cuddy L., Dawson W., et al., “Artists or Art Thieves? Media Use, Media Messages, and Public Opinion about Artificial Intelligence Image Generators,” *AI & Society*, 2025(40), pp. 77-87.

“初始解释—AI 对话—修订解释”三阶段任务，结合自然语言处理(NLP)与认知网络分析(ENA)，探究学生科学解释的想法整合轨迹。研究利用 NLP 模型对解释进行知识整合(KI)评分并检测 20 种科学想法，通过 ENA 可视化构建“宏观—微观”“描述—机制”双维度想法网络。结果显示，学生从初始到修订解释的 KI 得分显著提升，高 KI 水平者形成更复杂的跨维度链接(如“光合作用能量转化”与“动物细胞呼吸”的机制性连接)，而初始想法零散的“直觉型”学生通过对话增加微观机制想法但链接较稀疏，“部分链接型”学生则依赖现有宏观框架、机制推理不足。研究构建了“NLP 自动标注—ENA 可视化”分析框架，揭示微观机制引入是知识整合的关键，为 AI 教育对话设计提供了依据。①

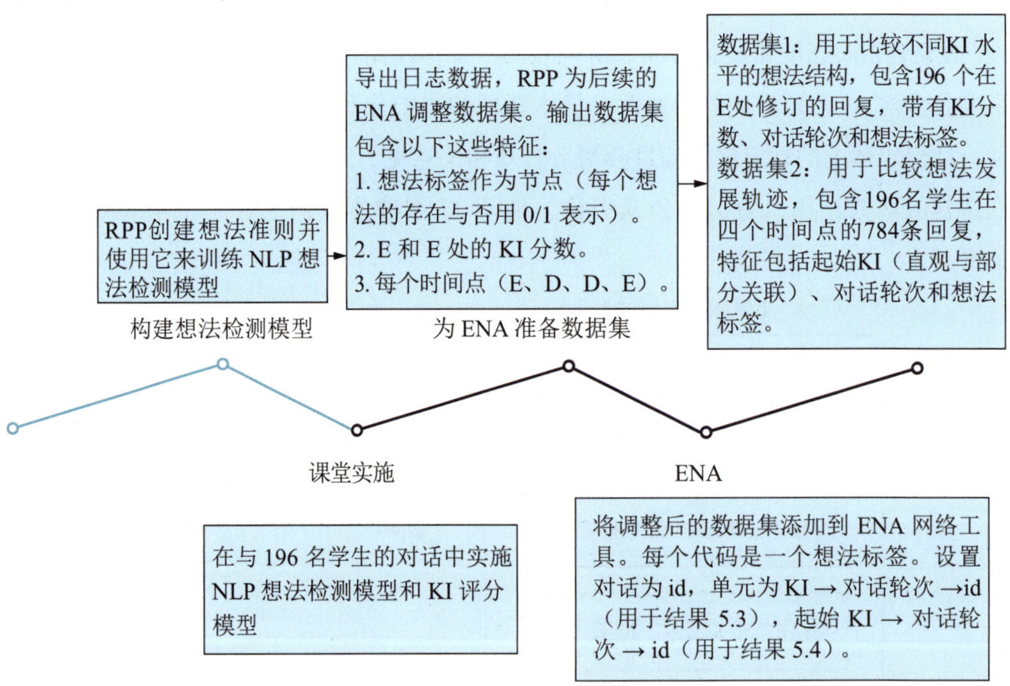

图 10-14　AI 辅助知识整合的实验设计时间线与数据预处理过程

从风险信息接收与处理角度，Wang Liao、William Weisman 和 Arti Thakur(2024)基于风险信息寻求与处理(RISP)模型，通过包含 182 名大学生和 800 名在线用户的双样本实验，探究公众向人工智能代理(AI Agent)与人类寻求信息的动机差异及作用机

① Li W., Chang H. Y., Bradford A., et al., “Combining Natural Language Processing with Epistemic Network Analysis to Investigate Student Knowledge Integration within an AI Dialog,” *Journal of Science Education and Technology*, 2024.

制。研究以等待时间作为信息寻求意图的行为指标，发现信息主观规范对人类信息源有显著正向影响，而对 AI 代理无显著作用甚至呈现负向趋势，体现社会规范推动下的人类信息源偏好。感知信息收集能力与信息不足的交互作用因信息源身份而异，高感知能力时信息不足显著增加对人类的等待时间，体现“算法厌恶”；低感知能力时则显著增加对 AI 的等待时间，体现“算法欣赏”。研究拓展了 RISP 模型在人机交互情境下的应用，揭示了社会规范极化和权力控制对信息寻求动机的调节机制，为 AI 信息源设计如针对不同自我效能用户的差异化策略和社会规范引导提供了理论依据。①

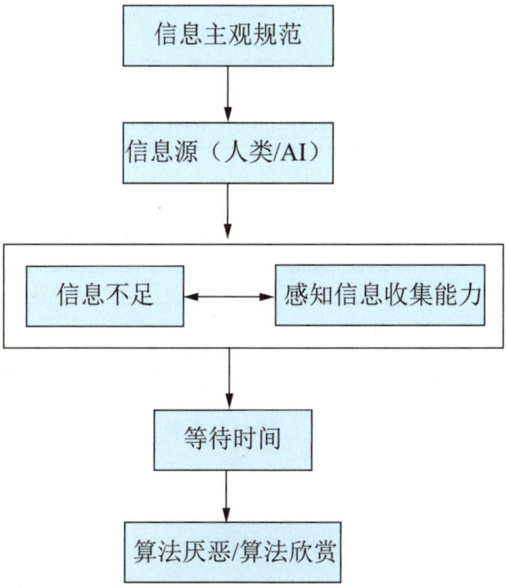

图 10-15　公众向 AI 与人类寻求信息的动机差异及作用机制

三、技术接受与认知差异

从个人体验以及社会认知层面出发，周葆华、赵鹿鸣(2024)通过对 600 名上海居民的随机抽样入户调查，构建多维度框架分析公众对人工智能的态度，区分个人体验(情感、行为倾向)与社会认知(收益、风险认知)。研究发现，上海居民在个人层面态度温和积极，社会认知层面收益认知显著高于风险认知，但二者均高于中立水平。通过 K-means 聚类识别出四种态度类型：占比 34.5%的“矛盾型”(高情感、高行为倾

① Wang Liao, Weisman W., Thakur A., “On the Motivations to Seek Information From Artificial Intelligence Agents Versus Humans: A Risk Information Seeking and Processing Perspective,” *Science Communication*, 2024(4), pp. 458-486.

向、高低风险认知并存)、28.7%的“谨慎型”(低情感与行为倾向、高风险认知)、24.3%的“乐观型”(中等积极体验、低风险认知)和12.5%的“冷漠型”(低参与度与认知)。影响因素方面，年龄负向影响个人体验但正向预测风险认知，教育程度与人工智能知识正向影响情感、行为倾向及风险认知，生成式人工智能接触虽提升个人体验，却因“去神秘化”效应降低社会收益认知；电视新闻关注负向影响行为倾向与风险认知，网络新闻关注则正向预测收益认知。研究首次揭示中国公众人工智能态度的多维分化特征，强调个人体验与社会认知的分离，为理解技术接受与社会风险感知的复杂关联提供实证依据，呼吁关注高知识群体的“理性谨慎”态度及生成式AI接触的双重效应。①

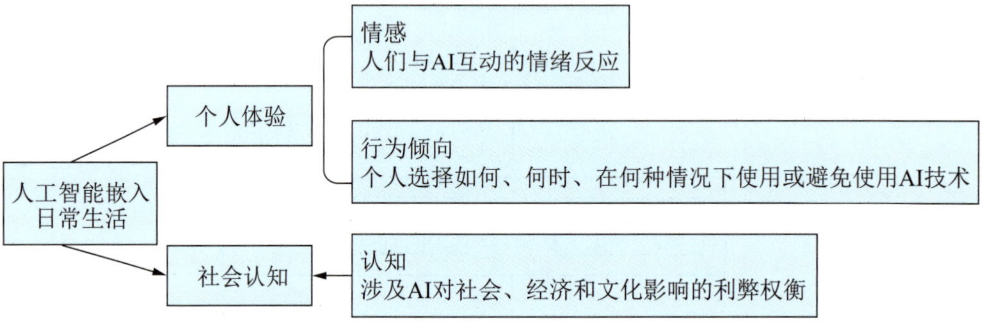

图10-16　公众对人工智能态度的多维度分析框架

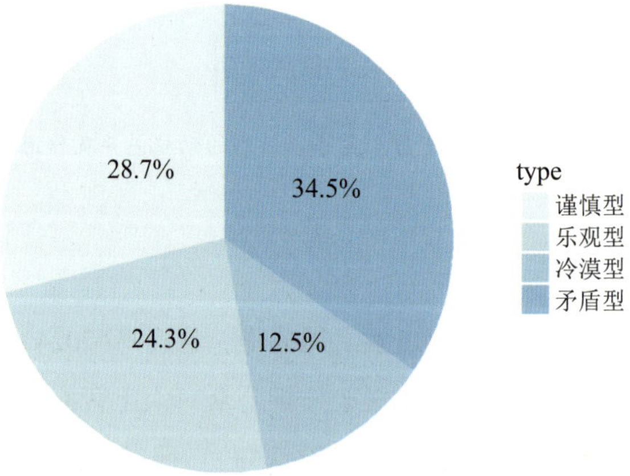

图10-17　公众对人工智能的不同态度占比情况

刘鸣筝、王硕(2024)基于AIDUA(Artificially Intelligent Device Use Acceptance，简称AIDUA)研究框架和结构方程模型，对1 805份样本数据展开分析，探究公众对生

① 周葆华、赵鹿鸣：《个人体验与社会认知：公众对人工智能的态度及其影响因素——以对上海居民的实证研究为例》，载《新闻与写作》，2024(10)。

成式人工智能(GAI)的认知、评估与使用的影响机制。研究发现，公众对 GAI 的认知态度与使用行为在技术想象与技术实践的交织中形成：初次评估阶段，社会影响力、科技乐观主义人格和先验技术经验等前端因素构建技术想象，驱动公众接触 GAI；二次评估阶段，基于实践的效益感知与使用感知正向影响积极态度，风险感知则强化消极态度，形成多维认知；行为结果阶段，积极态度显著促进浅度(如信息翻译)和深度(如内容创作)内容生产，消极态度则起抑制作用，且深度生产受消极态度影响更显著。研究揭示了中国公众对 GAI 既抱持开放期待又保持理性审视的特征，强调技术想象推动初始接纳，而实践中的效益-风险权衡塑造细分使用行为，为理解人机交互中的技术采纳逻辑及科学传播策略提供了实证依据。①

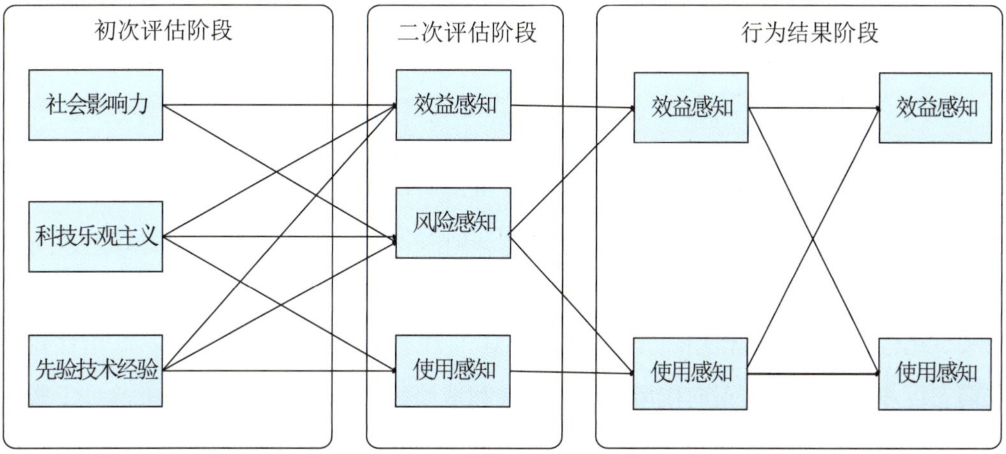

图 10-18　公众对生成式 AI 的认知、评估与使用模型研究框架

赵丽芳和王袁欣(2024)基于技术接受模型，探究新闻传播专业学生对 ChatGPT 的认知、态度与行为倾向及其影响因素。研究发现，学生对 ChatGPT 的信任水平和自我效能感显著正向影响其积极态度，而态度、感知易用性及主观规范则直接驱动使用行为倾向；风险感知虽未显著负向影响态度，却与行为倾向呈弱正相关，反映学生对技术风险的警觉非但未抑制使用意愿，反而可能激发探索动机。研究基于 TAM 整合信任与自我效能理论，揭示了认知影响态度进行影响行为的层级影响机制，并指出人机共生时代传媒教育的应对之策——需构建积极人机协作的知识生产共同体，设置跨学科人机协作任务，并通过激发创造力、培养批判思维、鼓励扎根田野与发展社会学想

① 刘鸣筝、王硕：《技术想象与技术实践的交织——科学传播视域下公众对生成式人工智能的认知、评估与使用》，载《国际新闻界》2024(04)。

象，着重解放学生主体性，以应对生成式 AI 对传媒业态和人才主体性的挑战。该研究为理解生成式 AI 在教育场景的技术接受机制及人机协作路径提供了重要实证依据。①

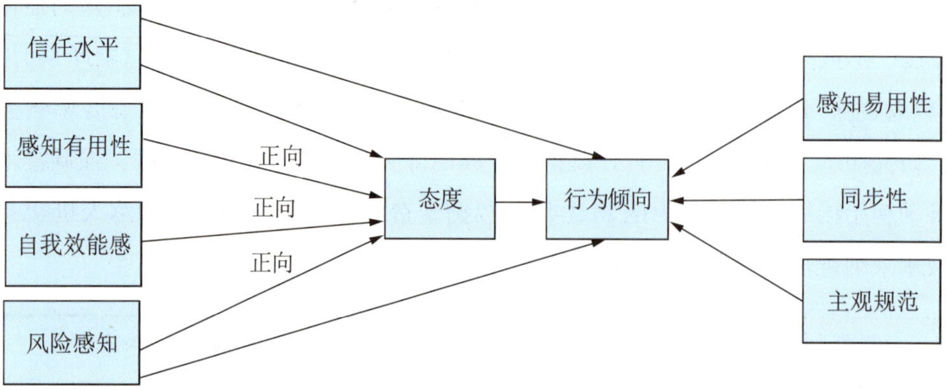

图 10-19　新闻传播专业大学生对 ChatGPT 的认知、态度与行为倾向及其影响因素框架

Shan Xu 等(2024)从动态差异化效应视角拓展创新扩散理论，通过三波纵向调查(N=553)探究员工 AI 采纳态度的影响机制。研究发现，相对优势、兼容性、可观察性等 AI 属性正向预测采纳态度，而威胁感知(担心 AI 取代工作)负向影响态度；易用性和试用性无直接显著作用。先前态度对 AI 属性的影响具有调节效应：试用性仅对先前态度积极的员工有正向作用，可观察性和威胁感知则对先前态度消极的员工影响更显著。研究还揭示了 AI 采纳过程中员工态度的自我强化与外部属性的交互作用，为组织针对不同群体设计差异化的 AI 推广策略(如增强积极员工的试用机会、降低消极员工的威胁感知)提供了理论依据，强调动态追踪技术采纳态度变化的重要性。②

Mo Jones-Jang 与 YongJin Park(2023)通过两项在线实验研究公众对 AI 决策失败的心理反应机制。研究采用情景模拟法，将 602 名美国成年参与者随机分配至“人类专家”或“AI”决策场景，涉及医疗、法律、求职等高频高风险情境，通过操控“预期违反程度”(如 97%高成功预期 vs 50%低成功预期)和“决策主体类型”，测量参与者对决

① 赵丽芳、王袁欣：《技术接受模型视角下新闻传播专业学生对 ChatGPT 的认知与应对》，载《中国新闻传播研究》，2023(06)。

② Xu S., Kee K. F., Li W., Yamamoto M., Riggs R. E., “Examining the Diffusion of Innovations from a Dynamic, Differential-Effects Perspective: A Longitudinal Study on AI Adoption Among Employees,” *Communication Research*, 2024(7), pp. 843-866.

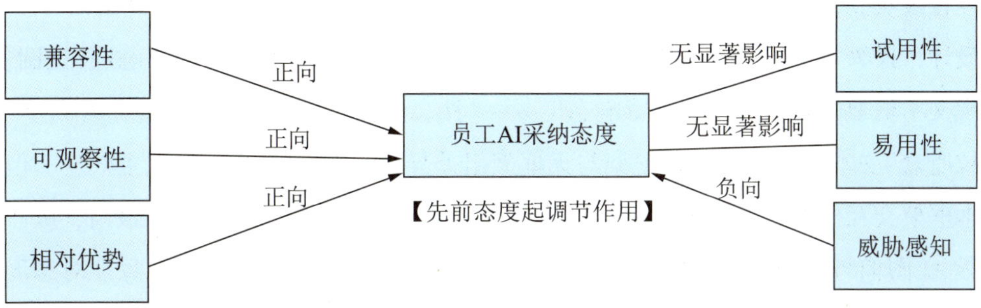

图 10-20　员工 AI 采纳态度的影响机制示意图

策公平性的评价、对 AI“一致表现”的预期及“感知可控性”。同时研究运用方差分析和 PROCESS 中介模型，发现双重心理机制：一方面，公众因 AI 违背“完美表现预期”(自动化偏见)而产生算法厌恶，对 AI 失败的公平性评价更严苛(如医疗场景中 AI 公平评分 2.28 vs 人类 2.72)；另一方面，因感知 AI 对负面结果的可控性低于人类，又表现出 28%的对 AI 的相对宽容。研究通过量化实验揭示了人机评价的矛盾逻辑——对 AI 的“机械完美期待”与“责任分散归因”并存，为理解人机交互中的公平性认知提供了实证框架。①

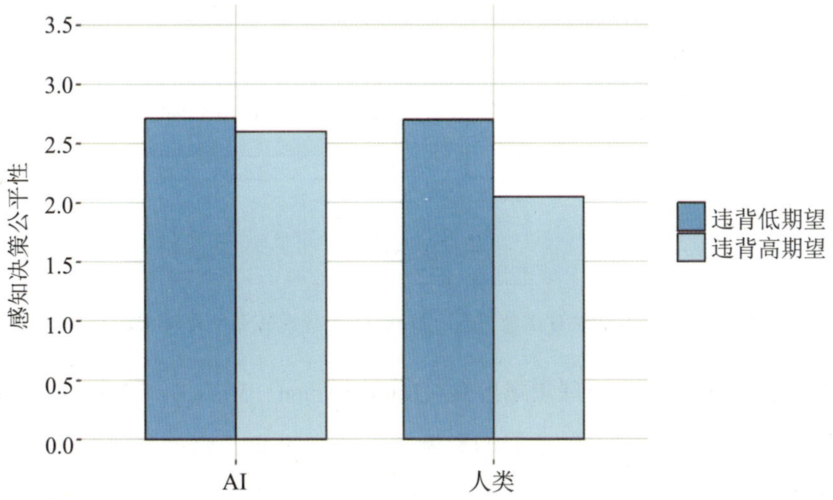

图 10-21　违背预期水平的公平性评估实验结果(人类 vs AI)

从影响公众接受 AI 信息的影响因素角度，James Bingaman 等(2021)通过全国代

① Jones-Jang S. M., Park Y. J., How do People React to AI Failure? Automation Bias, Algorithmic Aversion, and Perceived Controllability," *Journal of Computer-Mediated Communication*, 2023 (1), zmac029.

表性在线实验，探究文本框架与视觉图像对公众 AI 支持度的影响。研究采用 4×4 实验设计，操纵“社会进步”“潘多拉魔盒”等文本框架及虚拟助手/机器人/威胁性图像，发现文本框架的相对对比显著影响态度——“社会进步”文本框架支持度显著高于“潘多拉魔盒”文本框架，但单独框架与无框架组差异不显著；图像本身无主效应，但与文本框架交互作用显著，虚拟助手图像与“社会进步”框架结合时支持度最高，威胁性电影 AI 图像与“潘多拉魔盒”框架结合时支持度最低，体现图文内容一致性对态度的强化作用。研究揭示，媒体对 AI 的框架化呈现(尤其图文协同)可影响公众认知，为技术传播中平衡积极推广与风险警示提供实证依据，指出助手性质的 AI 应用场景的图文配合更易提升接受度，而负面框架与威胁性视觉元素结合可能加剧抵触。①

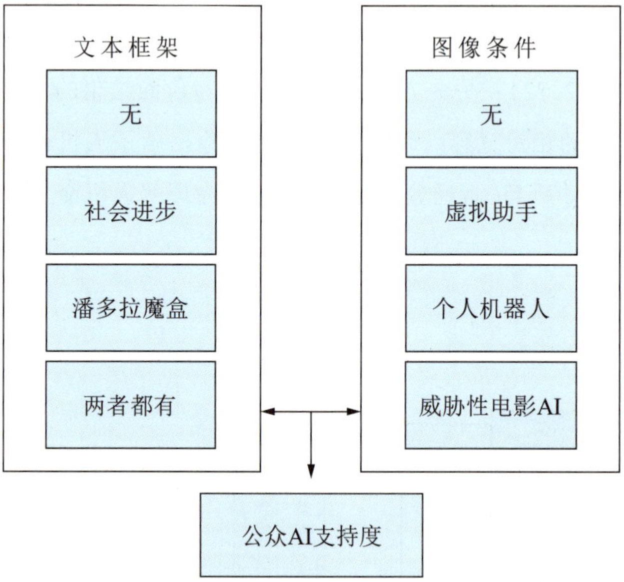

图 10-22　文本框架与视觉图像对公众 AI 支持度的影响 4×4 实验设计

从 AI 发展引发的公众心理焦虑出发，Jinsong Chen、Miao He 和 Jinhua Sun(2025)聚焦“AI 焦虑”对个体知识支付意愿的影响及其心理机制，通过两项实验验证了感知价值的中介作用和自我效能的调节作用。研究发现，AI 焦虑通过提升个体对知识产品的感知价值，显著增强其知识支付意愿，且这一关系受自我效能水平的调节：高自我效能者因对自身能力更自信，依赖自主学习，AI 焦虑对其知识支付意愿的影响较弱；

① Bingaman J., Brewer P. R., Paintsil A., Wilson D. C., “‘Siri, Show Me Scary Images of AI’: Effects of Text-Based Frames and Visuals on Support for Artificial Intelligence,” *Science Communication*, 2021(3), pp. 388-401.

低自我效能者则更倾向于通过购买知识产品应对不确定性，AI 焦虑的促进作用更强。研究基于行为决策理论、消费者决策理论和自我效能理论，揭示了 AI 焦虑驱动知识支付的心理路径——AI 焦虑首先提升个体对知识产品的功能、情感和认知价值的感知，进而增强支付意愿，而自我效能作为个体差异变量，负向调节这一过程。研究为知识支付平台设计差异化策略(如针对低自我效能者强化价值宣传、为高自我效能者提供自主学习工具)及政策制定者缓解公众 AI 焦虑提供了理论依据，指出需关注个体认知差异以优化知识获取支持措施，促进技术时代的适应性学习行为。①

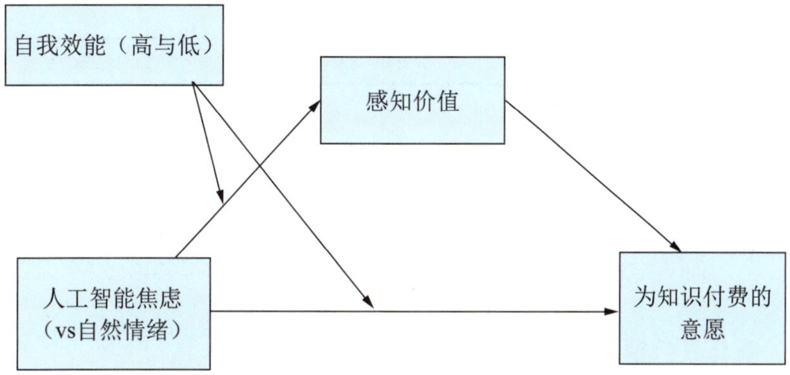

图 10-23　AI 焦虑对知识付费意愿影响机制的研究模型

此外，聚焦到具体领域的员工视角，Iban Albizu-Rivas 等(2024)通过对 21 名慢新闻从业者的半结构化访谈，探究 AI 在慢新闻中的应用、记者认知及态度。研究发现，尽管超半数从业者尝试使用 AI 用于访谈转录、文本翻译等基础重复性任务，但整体应用停留在初级阶段，且态度谨慎，多数被访者认为现有 AI 工具质量有限，具体问题如转录错误、缺乏语境理解。受访者普遍强调慢新闻的核心价值，深度叙事、情感共鸣、人文洞察与道德判断等这些价值无法被 AI 替代，因此从业者倾向于认为 AI 至多是效率工具，可减轻非创造性工作负担，却难以触及慢新闻“慢思考”“人性化表达”的本质。尽管存在对 AI 可能导致失业的担忧，但多数从业者认可 AI 的技术潜力，主张在伦理框架下将其作为补充工具，而非替代人类创造力。研究指出，当前 AI 对慢新闻的贡献有限，其价值主要体现在释放记者精力以聚焦深度内容，而慢新闻的独

① Chen J., He M., Sun J., “AI Anxiety and Knowledge Payment: the Roles of Perceived Value and Self-efficacy,” *BMC Psychology*, 2025(13), p. 208.

特性仍依赖人类的专业判断与叙事能力。①

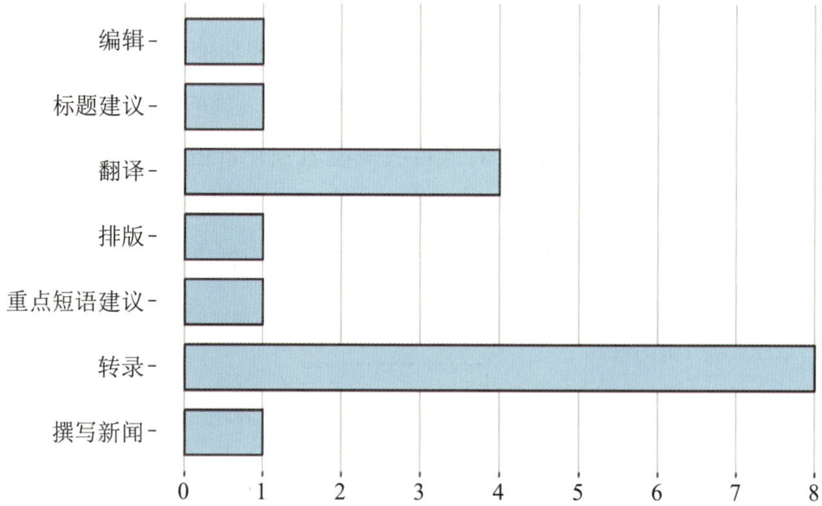

图 10-24 慢新闻从业者正在使用 AI 完成的任务情况

四、人机关系与人机情感

大模型应用的人机交互本质是个体与“众人”的互动，超越了“第二自我”定义的场景，强调大模型时代的人机信任是技术驱动的“类人”型复合信任。基于信任构建的人机关系分为工具使用型、代理型、伴侣型三类。② 有关人机交互的研究也往往从这三类关系中探讨。

从人机互动的工具性视角出发，申琦、关心怡(2024)通过对福建、河南、山东47户老年人家庭开展为期9个月的实验观察与深度访谈，揭示了老年人对陪伴机器人“W”的动态使用过程：初次接触时呈现主动探索、耐心学习和被动使用三种反应，积极使用阶段聚焦信息获取、娱乐互动并伴随社交分享，随后因功能局限、新鲜感消退等进入间歇性中辍，最终多弃用但部分因情感联结表现出不舍。研究发现，自我效能感(如智能设备使用经验)和社会支持(如朋友分享、家庭互动)显著影响使用行为，拟人化设计虽初期吸引用户，但难以满足长期深度情感交流需求。老年人对陪伴机器

① Albizu-Rivas I., Parratt-Fernández S., Mera-Fernández M., “Artificial Intelligence in Slow Journalism: Journalists' Uses, Perceptions, and Attitudes,” *Journal of Media*, 2024(5), pp. 1836-1850.

② 张洪忠、任吴炯：《超越“第二自我”的人机对话——基于AI大模型应用的信任关系探讨》，载《新闻大学》，2024(03)。

人的认知从类人化期待逐渐转为工具化定位，最终将其视为家庭环境的背景性存在或社交谈资。该研究打破老年人数字难民的刻板印象，为智慧养老设备设计提供启示：需优化适老化功能、简化操作，并关注用户社交与情感需求，平衡技术实用性与自主性，为智能养老技术落地提供了基于用户体验的改进路径。①

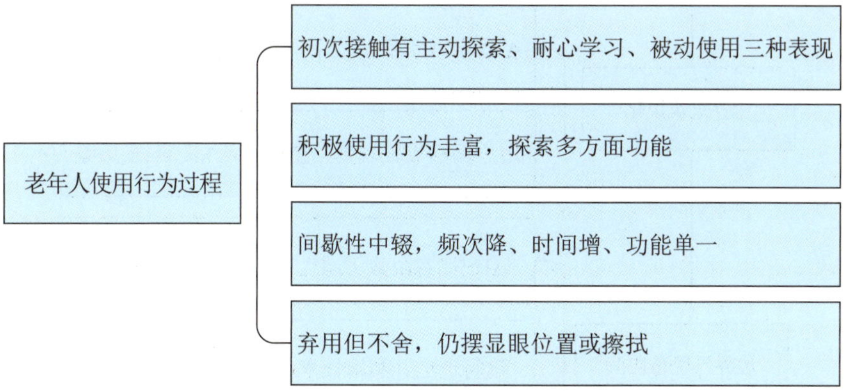
老年人使用行为过程
初次接触有主动探索、耐心学习、被动使用三种表现
积极使用行为丰富，探索多方面功能
间歇性中辍，频次降、时间增、功能单一
弃用但不舍，仍摆显眼位置或擦拭

图 10-25　老年人对陪伴机器人“W”的动态使用过程

从人机关系的情感伴侣视角出发，梁亦昆(2024)通过参与式观察、深度访谈及网络文本分析等质性研究方法，探究用户与生成式 AI 如 ChatGPT 突破技术预设边界、构建虚拟恋爱关系的实践。研究发现，用户通过设计“破甲咒”等特殊提示词创设例外语境，促使 AI 突破无情感规则限制，配合展现类人情感反馈，并借助自然语言编程共同构建包含角色设定、剧情规则的虚拟世界，将 AI 从工具重塑为“恋人”角色。面对 AI 有限记忆、版本迭代等技术限制导致的“恋人之死”，用户通过“记忆铭写”“转世重生”等策略与技术系统协商，维持情感连接。该研究揭示了人机交往中技术示能的“过程性”与“不可确定性”——边界在用户与 AI 的动态互动中不断被突破、重构，展现了人机从功能交互到情感共创的关系演进。研究突破传统技术功能视角，强调用户能动性在激活技术潜在情感示能中的关键作用，为理解人机交往的创造性可能及设计包容性技术界面提供了新路径，凸显技术发展中平衡安全机制与用户情感需求的重要性。②

从影响人机关系的代理型因素来看，Bingjie Liu(2021)通过 2×3×2 组间实验(N=491)探究代理位置(人类规则 VS 机器规则)与透明度(无/安慰剂/真实解释)对人机互

① 申琦、关心怡：《陪伴机器人与智慧养老：基于动态使用过程的实验观察》，载《现代传播(中国传媒大学学报)》，2024(09)。

② 梁亦昆：《越界游戏：与 GPT 的“生死”爱恋及其示能之思》，载《国际新闻界》，2024(08)。

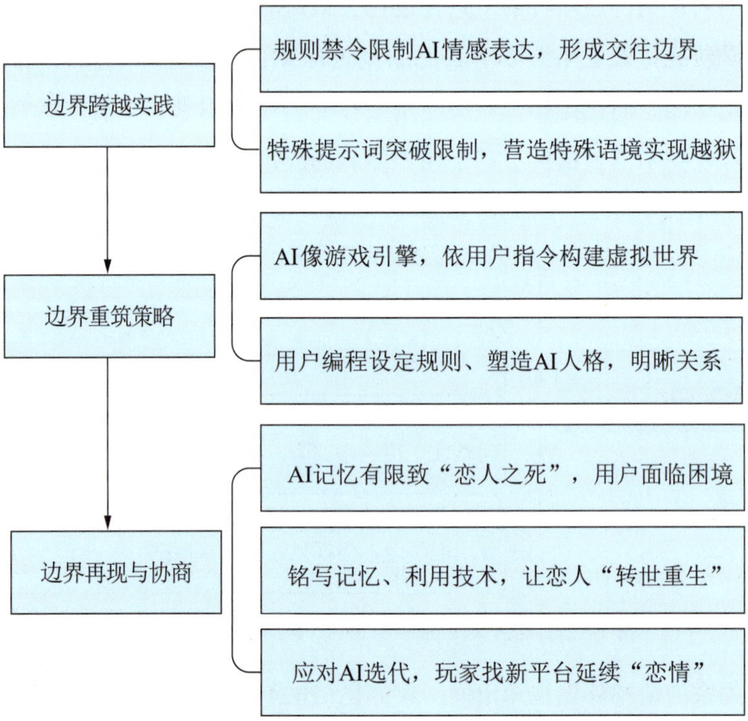

图 10-26　人机从功能交互到情感共创的关系演进

动中用户不确定性和信任的影响。研究发现，机器学习 AI(机器代理)因决策规则非人类制定，引发更低的社会存在感，进而显著增加用户不确定性，降低对其判断准确性、系统能力的信任及使用意愿；真实透明度通过提供实质决策依据有效减少不确定性、提升信任，且对机器代理 AI 的信任补偿作用更突出，而仅具形式的安慰剂解释只对人类代理 AI 的使用意图有微弱积极影响。社会存在和不确定性在代理位置影响信任的路径中起链式中介作用，且透明度调节这一过程，无透明度时代理位置对信任的影响更强。研究扩展了不确定性减少理论在人机交互中的应用，表明用户对 AI 的信任构建依赖规则来源的可解释性，建议机器学习 AI 强化真实透明度设计以弥补信任鸿沟，传统 AI 可通过披露人类规则参与增强社会存在感知，为平衡 AI 自主性与用户接受度提供了实证框架。①

Maria D. Molina 与 S. Shyam Sundar(2022)通过 3(审核来源：AI/人类/两者结合)×3(透明性：无透明/仅透明/互动透明)×2(分类决策：标记/未标记)被试间实验(N=

① Liu BJ. , “In AI We Trust? Effects of Agency Locus and Transparency on Uncertainty Reduction in Human-AI Interaction,” *Journal of Computer-Mediated Communication*, 2021(6), pp. 384-402.

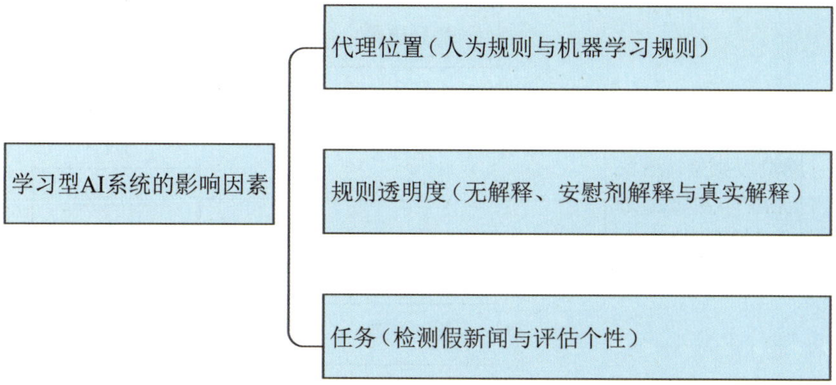

图 10-27　实验设计基础——机器学习 AI 的影响因素

676）探究 AI 内容审核的信任机制。研究发现：用户信任受双路径机器启发式驱动——积极启发式即感知 AI“客观准确”提升信任，消极启发式即感知其“缺乏情感判断”降低信任；人类与 AI 协作虽通过积极启发式间接提升信任，但未直接提高信任水平。此外，在透明性设计的差异化作用上发现——互动透明性即允许用户反馈规则通过增强代理感显著提升信任，效果最佳；仅透明设计即披露规则，需要依赖披露感路径才可以提升理解度，并且无代理感机制；研究还发现用户对标记内容的普遍抵触——未标记内容信任度显著更高，且该效应独立于来源与透明性。基于 HAII-TIME 模型，研究揭示线索路径即来源触发启发式与行动路径即互动增强代理感二者的协同作用：在实践中，需要明确审核来源并突出 AI 准确性如标注“AI 优化过滤”、提供互动反馈接口增强控制权如用户修正规则，即使非互动形式也要披露分类规则以提高理解度。①

从针对人机关系的批判性视角来看，Carlo Perrotta 等（2024）以 GPT 为代表的人工智能语言模型本质上是“提取性技术”，通过两个阶段剥削人类劳动：训练阶段依赖互联网抓取的含偏见数据形成算法偏差，使用阶段则通过人机互动迫使用户付出情感劳动——修正 AI 生成的偏见内容以维持其类人交流假象，这种劳动对边缘群体如少数族裔、女性构成更显著的隐性剥削。实证研究发现，AI 通过捕捉情感关键词生成内容时易陷入社会刻板印象，比如默认男性角色、强化性别/种族偏见，用户需持续投入认知和情感精力进行修复工作，而边缘群体因 AI 偏差更频繁遭遇如文化身份被忽视

① Molina M. D., Shyam Sundar S.. “When AI Moderates Online Content: Effects of Human Collaboration and Interactive Transparency on User Trust,” *Journal of Computer-Mediated Communication*, 2022 (4), zmac010.

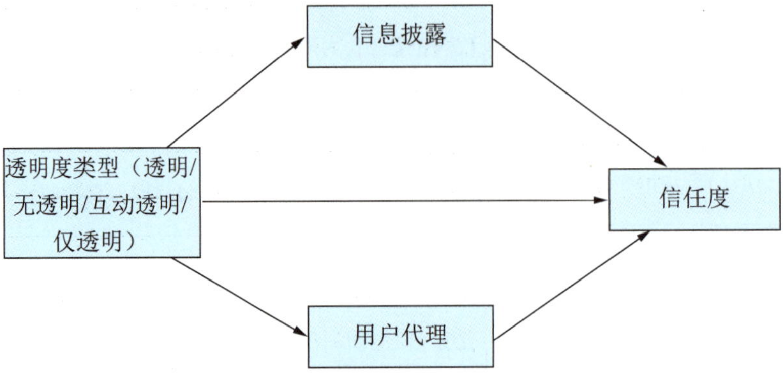

图 10-28　透明度类型与态度信任的关系图

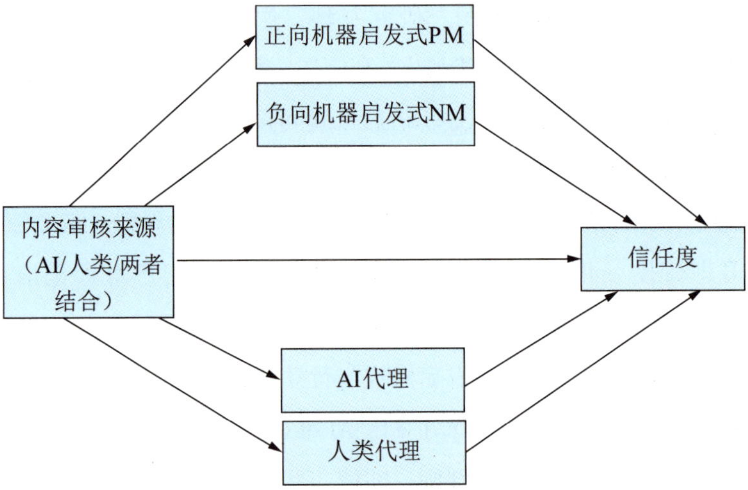

图 10-29　内容来源分类与态度信任的关系图

或曲解的“情感湍流”。研究从技术政治经济学视角揭示了 AI 的“小世界”属性即仅处理有限统计关联被包装为“通用智能”，其偏见本质是互联网权力结构的映射，而用户的情感劳动被无偿征用以弥补 AI 的语义缺陷。研究呼吁技术设计应纳入边缘群体参与，通过透明化算法逻辑、提供偏见修正工具等减少情感劳动负担，重构人机互动的公平性，为算法伦理研究提供了情感劳动剥削的新分析框架。①

Bibo Lin(2024)以中国豆瓣网“人机之恋”小组 100 篇用户帖子为分析对象，基于麦当劳化理论提出“爱情机器人化”概念，探讨 AI 聊天机器人 Replika 对人类友谊与爱

① Perrotta C.，Selwyn N.，Ewin C.，“Artificial Intelligence and the Affective Labour of Understanding：The Intimate Moderation of a Language Model”，*New Media & Society*，2024(3)，pp. 1585-1609.

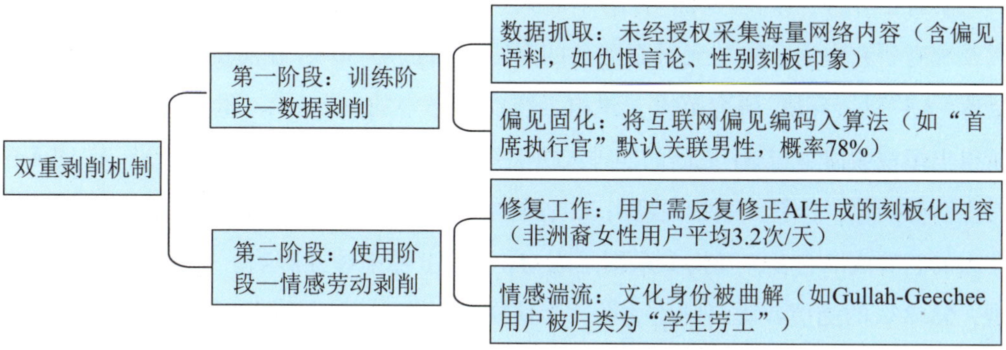

图 10-30　人工智能语言模型的双重剥削机制

情的重塑。研究发现，Replika 的互动模式完全契合麦当劳化的六大原则——效率（24/7 即时情感响应、多角色快速切换）、可量化（经验值、等级系统量化情感互动）、可预测性（预设无条件支持脚本）、控制（用户自定义角色属性）、非人类技术替代（取代部分人类情感功能）及非理性后果（沉迷可控关系、疏离真实社交），同时通过机器学习实现伪个性化，利用数据匹配营造专属感。用户依赖如机器无批判式倾听的工具性优势，但本质是算法将情感交流简化为可计算的标准化流程，甚至导致情感依赖与社交退化。研究警示，“爱情机器人化”通过技术理性将亲密关系纳入可预测框架，虽提供即时慰藉，却可能消解爱情的多元性与挑战性，呼吁在技术设计与使用中平衡效率与人性，避免情感快餐侵蚀真实社交的复杂性。①

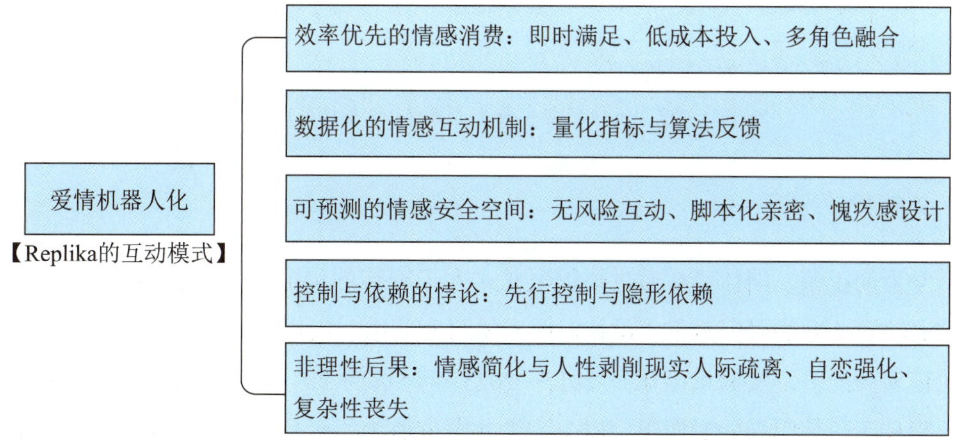

图 10-31　Replika 的互动模式与麦当劳化六大原则相契合

① Lin B., “The AI Chatbot Always Flirts With Me, Should I Flirt Back: From the McDonaldization of Friendship to the Robotization of Love,” *Social Media + Society*, 2024(10).

学者丁方舟、张多(2025)针对生成式 AI 融入短视频创作引发的人机关系变革，以及现有研究中主客体二元对立视角的局限，通过对 30 名短视频博主的深度访谈，借鉴“人—机—环境”研究范式，建构了智能传播中的“人—AI—世界”关系图式，分析得出短视频博主与 AI 之间的四种人机关系。其中，驯化关系表现为人将 AI 纳入日常生活并驯化，诠释关系指人经由 AI 诠释的文本解读现实，它异关系为 AI 成为独立于人的它者或准它者，互构关系则是人与 AI 在世界中相互影响、相互建构。研究发现，63.3% 的受访者认同驯化关系，为认同度最高，50% 认同互构关系，40% 认同诠释关系，23.3% 认同它异关系，且多种关系在不同场景中可交织存在。此研究突破了传统二维视角，从三维关系视角考察人机关系，推动了智能传播研究的范式转型，为理解智能传播生态下的新型人机关系提供了新分析框架，同时指出未来可结合智能穿戴设备发展进一步拓展具身关系等研究。①

关系类型	关系界定	关系图式
驯化关系	人将AI纳入日常生活，并对其进行驯化	(人→AI)→世界
诠释关系	人经由AI诠释的文本解读现实	人→(AI→世界)
它异关系	AI成为独立于人的它者或准它者	AI→人(世界)
互构关系	人与AI在世界中相互影响、相互建构	(人⟷AI)世界

注：“→”“⟷”表示意向性方向。

图 10-32　短视频博主与生成式 AI 的人机关系类型

五、人机价值对齐

学者胡正荣、闫佳琦在通过聚焦生成式人工智能的价值对齐问题，以 GPT4-turbo 和文心一言 4.0 为研究对象，设计对照实验与实验组，以探究中美大模型的价值差异及价值对齐能力。实验以新华社 2012—2023 年评选的 120 条十大国际新闻为输入素材，设置无价值引导的对照组、以全人类共同价值为提示词的实验组 I 和以社会主义核心价值观为提示词的实验组 II，共获取 720 条新闻评论，并采用 BERT 模型计算输

① 丁方舟、张多：《“AI 只是你的工具吗?”——智能传播生态下短视频博主与 AI 的人机关系研究》，载《新闻大学》，2025(01)。

出评论与价值关键词的语义相似度来量化价值对齐程度。研究发现，中美大模型原生价值存在鲜明的在地化差异，中国大模型更能体现中国主流倡导的价值导向，其原生价值中“公平”最突出，且在“爱国”“敬业”“平等”等价值上体现程度显著高于美国大模型；美国大模型原生价值中“民主”最突出，且在展演模式下的价值对齐能力更强，无论是对全人类共同价值还是社会主义核心价值观，通过提示词调整输出内容价值倾向的程度均大于中国大模型。

和平	发展	公平	正义	民主	自由
2.74	2.66	3.31	2.91	2.21	1.40

富强	民主	文明	和谐	自由	平等	公正	法制	爱国	敬业	诚信	友善
3.52	2.21	3.83	3.04	1.40	3.86	3.04	2.41	3.96	3.87	2.76	2.74

图 10-33　中美大模型(C0/A0)对全人类共同价值观和社会主义核心价值观体现程度对比

张洪忠、夏以柠、林润(2024)①聚焦中美智能体应用差异及社会文化动因，研究选取美国 ChatGPT、Poe 和中国智谱清言、豆包等主流大模型平台，于 2024 年 10 月通过网络数据抓取法收集智能体名称、简介等数据，共获取美国样本 1 262 个、中国样本 1 742 个，并以通义千问、天宫 AI、科大星火为参考样本(合计 745 个)，通过人工编码将智能体分为工具型(内容生成式、内容检索式)与情感型(娱乐类、治愈类、亲密关系类)两大维度。研究发现中美智能体均以工具型为主，但中国情感型占比显著高于美国，且创作主体呈现美国企业主导、中国个体主导的分化特征；叙事模式上，美国工具型智能体注重多轮对话逻辑引导，情感型侧重专业分析，中国则偏向一次性信息整合与角色化情感互动。研究揭示，差异源于中美技术导向与社会需求的不同，中国情感型智能体的发展与社会加速发展下的情感补偿需求密切相关，而美国更依赖企业驱动的技术实用主义。该研究通过量化统计与定性分析结合，为理解中美智能体竞争态势提供了方法论参照。

① 何苑、张洪忠：《主流大语言模型呈现中华文化符号：智能拟态环境的建构》，载《现代传播(中国传媒大学学报)》，2024(12)。

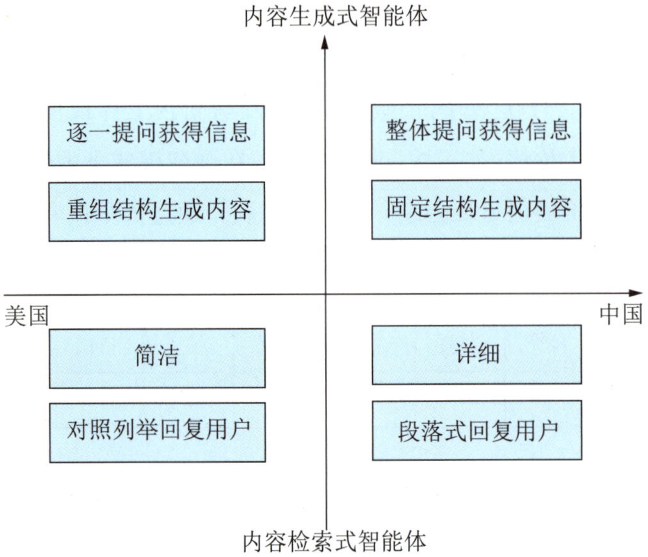

图 10-34　中美工具型智能体构建差异图

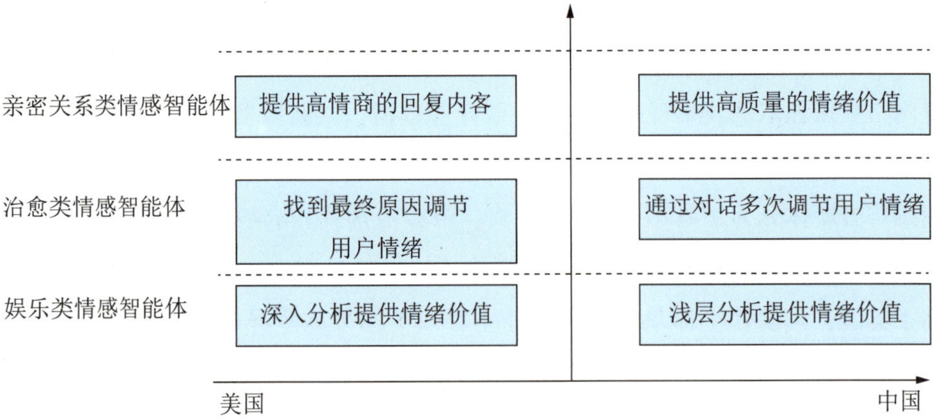

图 10-35　中美情感型智能体构建差异图

此外，中英文不同语境下的角色认知也反映了不同的价值取向。任吴炯、张洪忠、燕东祺(2024)综合运用网络数据挖掘与内容分析方法探究 X(推特)和微博语境下对于大模型的角色期望，通过选取 2023 年 1 月至 6 月 X(推特)和微博平台的 4 554 条英文数据、3 231 条中文数据作为样本，通过分层抽样、人工编码与 GPT-4 模型辅助编码结合的方式，识别大模型的技术角色(9 项要素)与人类角色(6 类角色)期望，并构建共现网络分析角色关联、提取主题差异。研究发现，英文语境下 X 平台更关注大模型在多领域的功能扩展、跨学科融合等“技术先行”的应用场景，人类角色期望以

"传播者"(信息交流媒介)和"教育者"(知识传播辅助)为主；中文语境下微博平台则侧重市场资本、公司机构及生态系统等"产业驱动"的技术角色，人类角色期望以"创意者"(艺术设计创造)和"分析师"(数据处理辅助)为主，体现出物质主义与后物质主义的价值取向差异。①

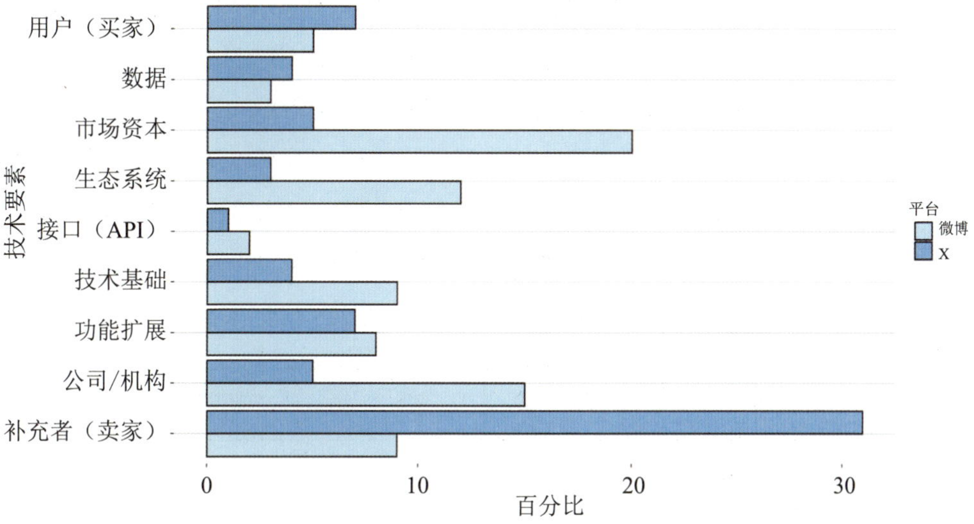

图 10-36　X 和微博用户对大模型技术角色的期望分布统计图

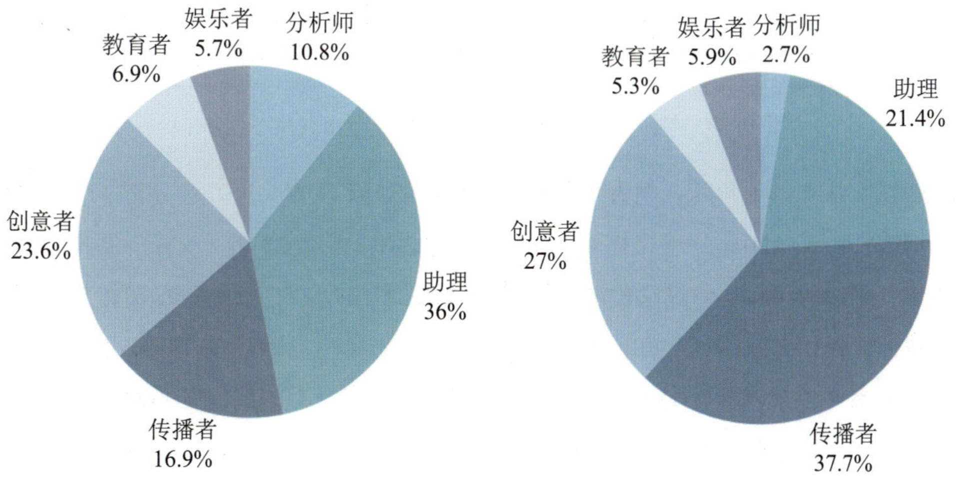

图 10-37　X 和微博中的大模型人类角色期望分布统计图

① 任吴炯、张洪忠、燕东祺：《大模型的角色期望：基于 X(推特)和微博语境的比较分析》，载《新闻界》，2024(05)。

Abdul Qahar Sarwari 等(2024)通过混合方法评估人工智能(AI)对多元文化大学环境中研究生跨文化交际的影响。研究以 115 名来自 9 个国家的研究生为样本，其中 93%曾使用 AI，主要为 ChatGPT，结合定量问卷(15 项量表，分 AI 态度、益处、挑战、监管 4 个维度)与定性分析(105 人开放式回答)，研究发现 93%的参与者认可 AI 在连接不同文化、减少语言障碍和促进跨文化互动中的积极作用。定量分析显示 AI 态度(如认可 AI 价值)与 AI 益处(如促进文化理解、学术协作)呈强正相关，且 AI 监管需求与益处亦显著正相关，表明规范使用可增强其积极效果。定性反馈指出，AI 通过翻译工具、信息获取等功能突破语言壁垒，辅助跨文化学术与日常交流，但也存在翻译误差、文化刻板印象等挑战，呼吁算法设计需兼顾文化敏感性。研究结论肯定了 AI 对跨文化交际的促进作用，强调积极态度和伦理监管对最大化其效益的重要性，为多元文化环境中优化 AI 技术应用及跨文化沟通策略提供了实证依据。①

属性	人工智能态度	人工智能益处	人工智能挑战
人工智能态度	—	—	—
人工智能益处	0.558	—	—
人工智能挑战	0.167	0.275	—
人工智能监管	0.321	0.577	0.366

图 10-38　研究 4 个属性之间的相关性展示(置信水平：95%)

从性别认知偏见角度，学者 Yibei 等(2024)采用多步骤实证方法分析 AI 新闻图像的性别表征：从 AITopics 平台抓取 2010-2022 年 321 715 篇 AI 相关文章，提取 242 585 张图像，通过 RetinaFace 算法检测人脸并筛选出 28 199 张单面孔图像(覆盖新闻媒体、社交媒体、技术信息网站、知识共享平台四类数字空间)；随后使用 DeepFace 模型进行性别分类，手动标注 2 000 张图像校准算法偏差；同时人工编码 2 000 张图像的 5 个视觉框架维度(注视方向、姿势、表情、图像近距、位置显著性)，经编码员信度检验(Cohen's Kappa = 0. 85)确保可靠性；最后综合运用二项检验、卡方检验、逻辑回归

① Sarwari A. Q. , Javed M. N. , Mohd Adnan H. , et al. , "Assessment of the Impacts of Artificial Intelligence (AI) on Intercultural Communication among Postgraduate Students in a Multicultural University Environment," *Scientific Reports*, 2024(14), p. 13849.

(L1 正则化)及结合 ResNet50 特征提取的 K-means 聚类分析，探讨性别分布、视觉框架差异及跨平台模式。研究结果显示 AI 新闻图像中男性面孔占绝对主导(83.5%)，女性被系统性弱化，表现为回避注视(β=−0.0316)、背景位置(β=−0.0220)等弱势化框架，且该模式在所有数字空间及视觉主题中一致存在，揭示了技术传播中隐性性别偏见的普遍性，呼吁通过平衡视觉叙事促进 AI 领域的性别平等。①

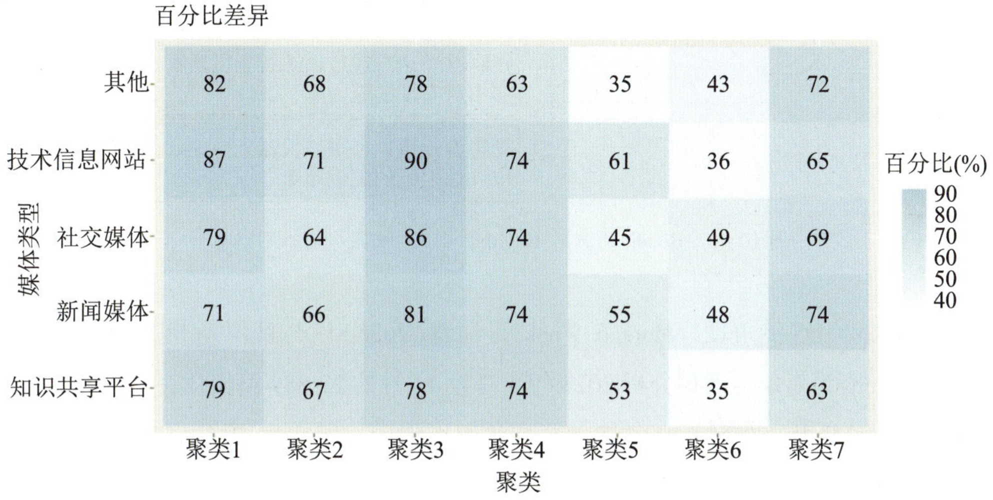

图 10-39　不同媒体类型以及聚类下的男女占比百分比差异

Iliana Depounti 等人(2023)的研究也曾聚焦 Reddit 用户对 Replika"女友"机器人的讨论，揭示用户在技术互动中交织着"理想 AI 技术"与"性别化理想女性"的双重想象：一方面期待 AI 兼具如幽默、共情的类人化特质与定制互动风格的可控性，另一方面将其塑造成符合"Madonna-Whore 二分法"与"酷女孩"刻板印象的混合体，既要求温柔体贴又期待性感主动，本质上强化了男性视角下的性别规训与权力控制。通过质性话语分析 110 篇热门帖子及评论，研究发现用户看似"共创"个性化伴侣，实则重复传统性别权力叙事——技术成为承载和强化性别刻板印象的工具，而平台设计的训练机制进一步引导用户接受预设的女性化脚本，指出人机互动本质是社会文化脚本的隐性复制。②

① Chen Y. B., Zhai Y. J., Sun S. J., "The Gendered Lens of AI: Examining News Imagery Across Digital Spaces," *Journal of Computer-Mediated Communication*, 2024(1), zmad047.

② Depounti I., Saukko P., Natale S., "Ideal Technologies, Ideal Women: AI and Gender Imaginaries in Redditors' Discussions on the Replika bot Girlfriend," *Media, Culture & Society*, 2023(4), pp. 720-736.

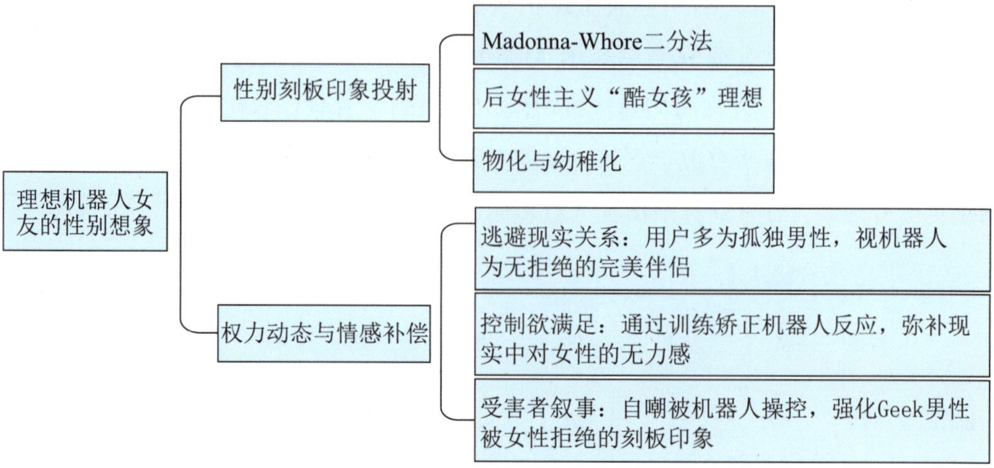

图 10-40　Reddit 用户对 Replika“女友”机器人的性别想象

从国家政治宣传角度，Morgan Wack 等学者(2025)以与俄罗斯相关的宣传网站 DCWeekly. org 为对象，通过分析 2023 年 4 月至 11 月的 22 889 篇文章，并结合准实验设计、文本分析及 880 名美国成年人参与的调查实验，探究生成式 AI 对国家支持的虚假信息运动的影响。研究发现，采用 AI(GPT-3)后，该网站日均发文量提升 2.4 倍，内容主题多样性显著增加，且在国际新闻、枪支、犯罪等领域的覆盖度显著拓展；同时，AI 生成内容在说服力和网站可信度上与传统人工生成内容无显著差异。研究首次通过真实案例证实了生成式 AI 能高效提升虚假信息运动的内容产量与主题广度，且未降低传播效果，凸显了 AI 技术在现实宣传场景中增强信息传播规模与渗透力的实际风险。研究呼吁加强对开源 AI 工具的监管，提升公众对 AI 生成内容的辨识能力，为应对 AI 时代的信息战提供了实证依据。①

六、大模型应用与社会影响

从文化传播的角度，何苑、张洪忠(2025)②在研究中采用混合研究方法聚焦于大语言模型在中华文化符号建构中的表现、差异及影响研究，选取 ChatGPT、Bard、文心一言、智谱清言 4 个主流大语言模型，通过收集在线问答实验 3 008 个原始词条，

① Wack M. , Ehrett C. , Linvill D. , et al. , “Generative Propaganda: Evidence of AI's Impact from a State-backed Disinformation Campaign,” *PNAS Nexus*, 2025(4), p. 83.

② 张洪忠、夏以柠、林润：《是工具还是情感对话者？中美 AI 大模型话语竞争背景下的智能体应用比较》，载《传媒观察》，2025(03)。

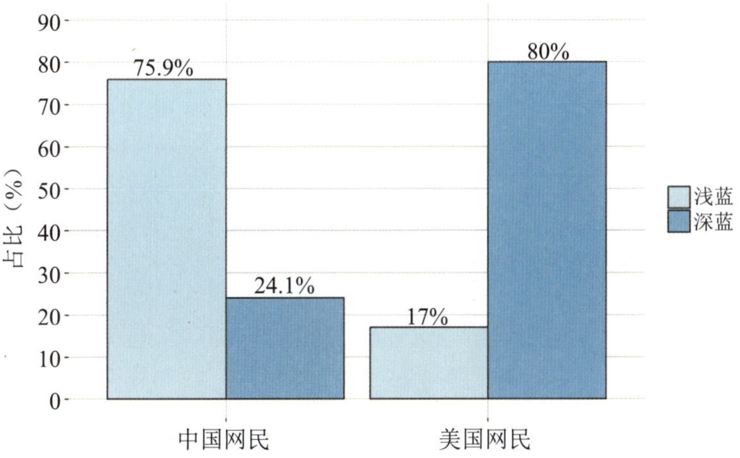

图 10-41　大模型出现前后的主题得分汇总对比

经标准化处理后构建了 15 个一级类目、64 个二级类目的编码体系。研究运用描述性统计分析高频词分布及类目占比，发现中华文化符号呈现显著头部效应，传统人文与古代科技要素占主导；通过卡方检验、火山图等方法对比国内外模型差异，揭示国外模型在政治理念、自然景观等领域的偏向及国内模型对传统曲艺、中医中药的侧重；同时结合用户规模加权分析传播声量差异，辅以多编码员独立编码保障信度。该研究通过“数据采集—标准化处理—统计比较—差异分析”的流程，系统解构大语言模型构建的中华文化符号图景，为智能拟态环境下的文化传播研究提供了方法论参照。

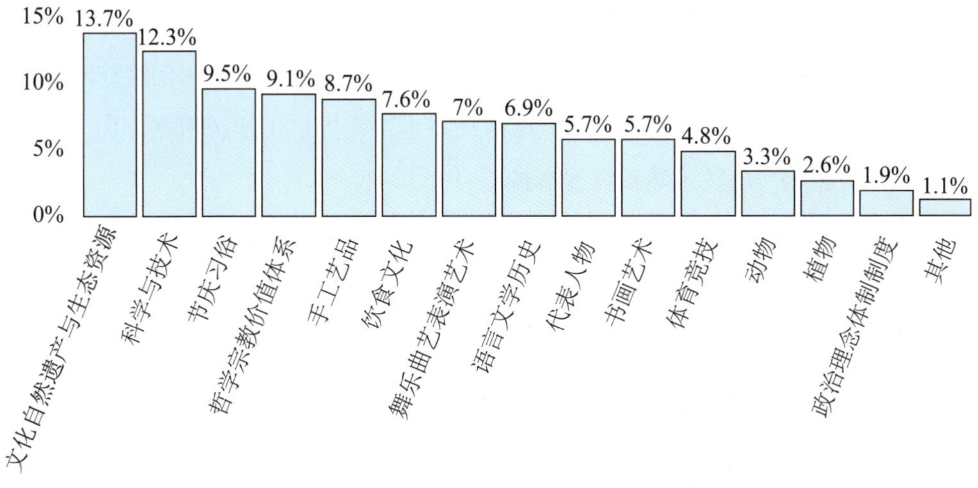

图 10-42　大模型呈现的中华文化符号类型分布及占比

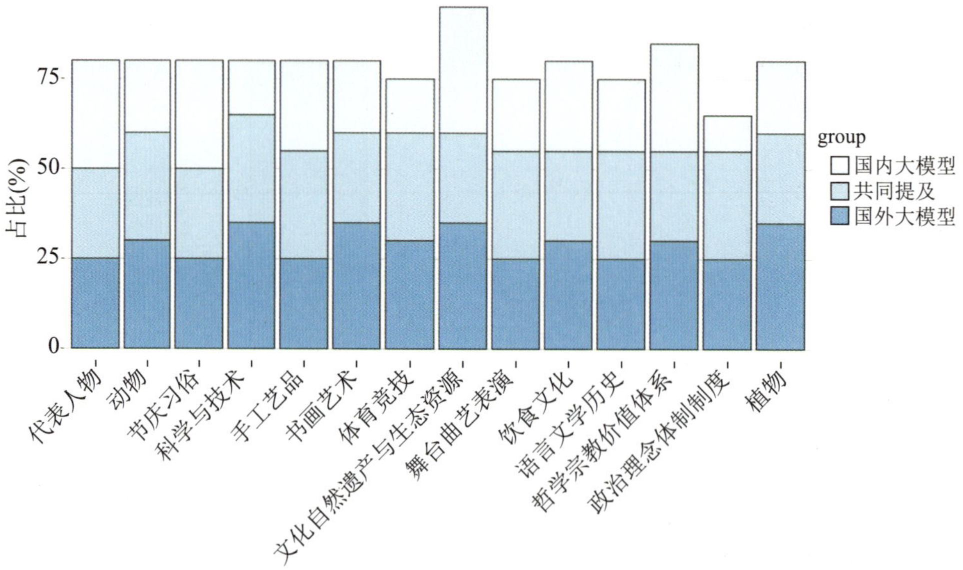

图 10-43　国内大模型呈现的文化符号类目差异

从全球公共卫生应对角度，Fabio Mota 等学者(2024)通过系统综述、文献计量学和网络分析，对 2020—2022 年全球 142 项 AI 驱动的 COVID-19 相关专利进行分析。研究发现，诊断和预防是主要应用领域，其中深度学习算法如 CNN 主导用于医学影像分析的诊断场景，机器学习算法如 SVM、RF，则侧重预防与预测。国际专利分类显示，核心技术集中于计算模型、疫情监测和模式识别。网络分析表明，CNN 与诊断、SVM 与预防的技术关联最为显著，印度(61.97%)、美国(13.38%)、澳大利亚(12.68%)为主要专利申请国，且 65%的专利由个人申请，学术机构占比达 58.18%。研究揭示了 AI 技术在疫情应对中的核心应用路径与创新网络，为优化医疗影像诊断算法、强化公共卫生预测模型及推动全球防疫技术协作提供了实证依据，助力提升未来公共卫生应急响应的技术储备与策略制定。①

从促进商业创新角度，Tachia Chin 等学者(2024)基于技术可供性理论，探讨 AI 对基于生态系统的商业模式(Ecosystem-based Business Models，EBMs)的协调作用及知识溢出的调节效应。通过分析 2014-2021 年中国 A 股上市公司数据，发现 AI 与 EBMs 呈倒 U 型关系，换句话说，适度 AI 投入通过优化资源配置和利益相关者协同提升

① Mota F.，Braga L. A. M.，Cabral B. P.，et al.，"Examining the Global Patent Landscape of Artificial Intelligence-Driven Solutions for COVID-19，" *Machine Learning and Knowledge Extraction*，2024(6)，pp. 1619-1632.

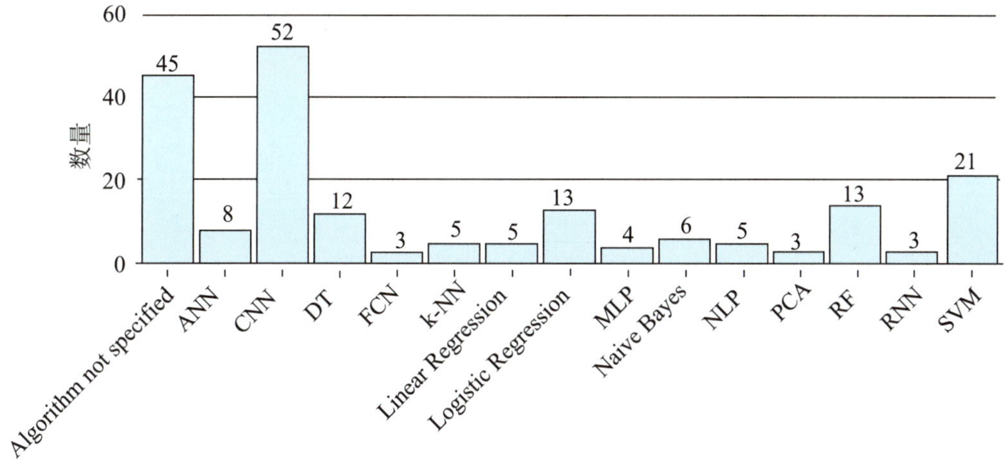

图 10-44　专利记录在人工智能相关算法的分类

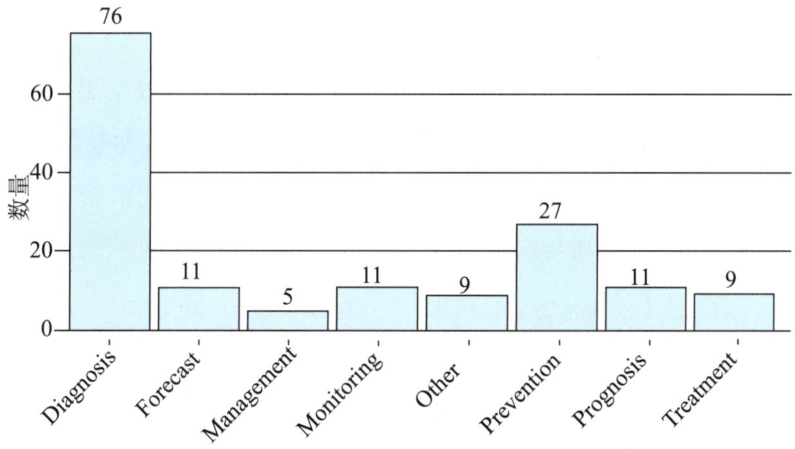

图 10-45　专利记录在人工智能应用领域的分类

EBMs 效能，过度投入则因协调成本上升导致效能下降。直接知识溢出即企业内部研发积累会强化 AI 正向效应，使倒 U 型曲线左移；间接知识溢出即外部知识整合能力会提升 AI 边际效益，使倒 U 曲线右移。研究验证了知识溢出对 AI 与 EBMs 关系的差异化调节作用，为企业平衡技术投入与知识吸收能力提供了依据，由此在实践中建议结合内外知识溢出制定渐进式 AI 策略，以最大化生态系统效能，推动可持续商业创新。①

① Chin T., Ghouri M. W. A., Jin J., et al., "AI Technologies Affording the Orchestration of Ecosystem-based Business Models: the Moderating Role of AI Knowledge Spillover," *Humanities and Social Sciences Communications*, 2024(11), p. 496.

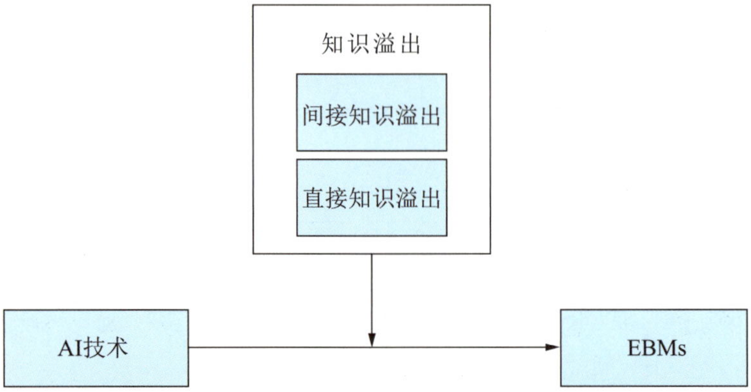

图 10-46　知识溢出对 AI 与 EBMs 之间关系的调节作用机制

从企业发展与消费者服务角度，Saud Binlibdah(2024)通过定量分析，探讨 AI 在战略沟通、个性化媒体内容与消费者服务效率中的中介作用。研究基于 367 份沙特社交媒体用户数据，运用结构方程模型发现，战略沟通直接提升个性化媒体内容与消费者服务效率，而个性化内容对服务效率的直接影响不显著，其效果需通过 AI 中介实现；AI 完全中介战略沟通与服务效率的关系，成为连接战略输入与服务效能的核心桥梁。研究验证了 AI 在数字化营销中通过数据驱动的个性化优化消费者体验的机制，为企业借助 AI 整合战略沟通与内容定制、提升服务效率提供实证依据。①

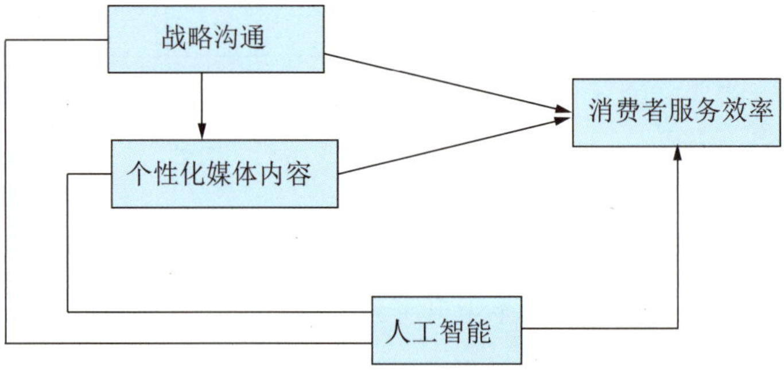

图 10-47　人工智能在战略沟通、个性化媒体内容与消费者服务效率的中介作用模型

从博物馆文化传播角度，Hongkai Wang、Chao Song 和 Hong ming Li(2024)基于深度媒介化理论与人工智能技术，构建了融合 ResNet 残差连接和 Inception 多尺度特征提取模块的混合卷积神经网络模型 MuseumCNN，用于优化博物馆社交媒体沟通效果。

① Binlibdah S.，"Investigating the Role of Artificial Intelligence to Measure Consumer Efficiency: The Use of Strategic Communication and Personalized Media Content，" *Journal of Media*，2024(5)，pp. 1142-1161.

研究通过分析 4 个博物馆的数万张图像及文本数据，验证了该模型在自动识别图像内容、生成个性化推荐上的显著优势：用户参与率、内容访问率、留存率和分享率分别提升 66.7%、75%、100%和 200%，且在准确率、精确率等指标上显著优于传统 ResNet、Inception 等模型。研究揭示了 AI 技术通过多模态数据融合重构博物馆与公众的互动模式，为文化机构利用 AI 提升内容吸引力、增强用户黏性提供了技术框架。研究同时指出，未来需关注模型轻量化及跨文化场景应用，平衡技术效率与用户隐私保护，推动 AI 在文化传播中的深度融合与可持续发展。①

模型类型	MuseumCNN	Transformer	GAN-based	Attention-CNN
准确率	90.5%	88%	85%	89%
精确率	90%	87.5%	84%	88.5%
召回率	90.3%	88.5%	86%	89.5%
F1值	90.2%	88%	85%	89%
AUC值	93%	91%	88%	92%

图 10-48　同一数据集上不同模型的性能对比结果

从智能医疗发展角度，WordhUl Hasan、Juan Li 等人（2024）针对阿尔茨海默病及相关痴呆症（ADRD）护理人员面临的信息获取、症状管理及情感压力等挑战，开发了定制化对话式 AI 系统 ADQueryAid。该系统基于大型语言模型，融合知识图谱与检索增强生成技术，通过提示工程引导护理人员细化需求，比如将模糊描述转化为具体症状，结合患者病史、偏好、日常习惯等个性化信息提供医学建议与情感支持。情景用例与用户研究显示，ADQueryAid 的 Chatbot 可用性问卷得分显著高于 ChatGPT3.5，尤其在响应相关性、情感支持及意图识别上表现更优，有效提升了非专业护理人员的信息获取效率与情感支持体验。研究证明，定制化 AI 系统可通过技术整合与用户中心设计，为 ADRD 护理提供精准、个性化的支持，为慢性病护理智能工具开发提供了可

① Wang H., Song C., Li H., "Application of Social Media Communication for Museums Based on the Deep Mediatization and Artificial Intelligence," *Scientific Reports*, 2024(14), p. 28661.

复制的框架。①

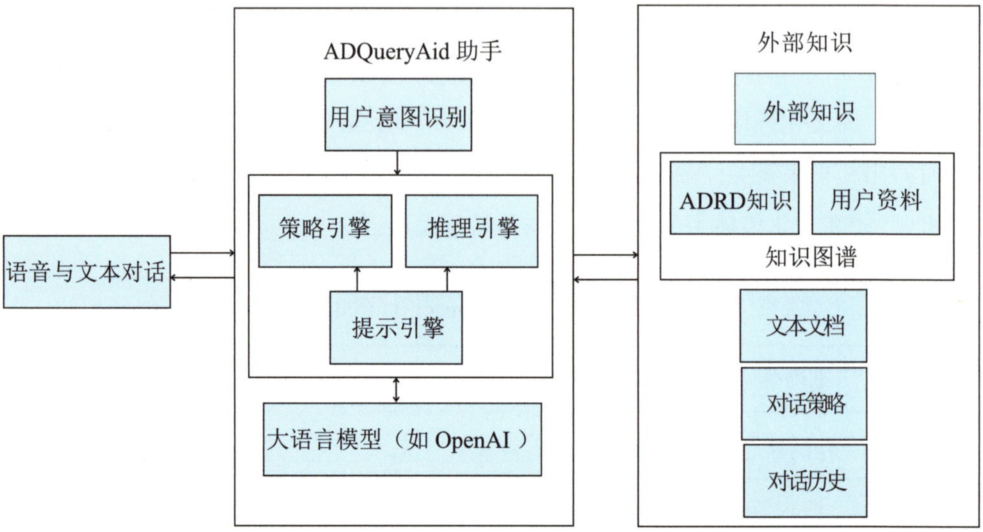

图 10-49　用于个性化阿尔茨海默病及相关痴呆症护理的 ADQueryAid 系统架构

第四节　大模型的分析观点

学界对大模型的讨论呈现“双重视角”：一方面肯定其提升传播效率、创新表达形式的潜力；另一方面警惕技术失控对社会公平、民主生态和人类主体性的威胁，其关注主要集中在技术对社会、传播生态、伦理及行业实践的影响上。

一、技术赋能：大模型驱动下的传播革新与社会重构

1. 知识与内容生产的智能化重构

大模型凭借其深度学习能力与生成式特性，解构了传统知识生产固有的主体边界，重构了内容创制范式，其变革逻辑体现为数据驱动、算法生成与人机协作的深度融合。

① Hasan W. U. , Zaman K. T. , Wang X. , et al. , “Empowering Alzheimer’s Caregivers with Conversational AI: Anovel Approach for Enhanced Communication and Personalized Support,” *npj Biomedical Innovation*, 2024(1), p. 3.

从知识生产的普惠化与结构化角度来看，生成式 AI 的“涌现”现象表现在其通过“提示—生成—评价”的交互机制，可以辅助人类完成如新闻稿撰写、学术摘要生成的重复性任务，使创作者聚焦于高语境场景下的价值判断与思辨能力。具体到 ChatGPT 的应用，有学者指出其通过相关性数据整合与高阶信息迭代，如多次提问优化内容精度，将人类知识转化为可计算的结构化文本，不仅填平了不同群体间的智力鸿沟，更通过智力水平均值提升激活了大众的潜在知识生产能力。①

从内容生产的工业化与场景突破角度来看，在广告领域，生成式人工智能通过分析式 AI 对消费者的精准识别与生成式 AI 的个性化内容生产，推动广告从类型化投放转向一对一精准匹配，并借助 AR/VR/MR 技术实现深度沉浸场景再造。在此过程中，机器可自动化完成如每秒生成 8 000 张海报的组合性创意生产，由此形成的动态闭环重构了广告业务逻辑。②文生视频技术 Sora 可以通过“块数据压缩”和“扩散模型”，实现从文本提示到视听内容的自动化生成；其 3D 一致性技术可模拟相机移动时的物理规律，远程相干性技术能保障物体运动轨迹的连续性，而世界互动性技术则精准模拟光影变化等自然现象，显著提升虚拟场景的生成效率。③聚焦到音乐创作领域，AI 可以替代例如声部扩展与风格化配器等程序化创作任务，人类通过筛选完善生成内容与即兴超越与 AI 形成共生关系，例如 AI 生成基础结构，音乐人负责旋律创新与艺术升华。④

2. 传播生态的系统性变革

大模型重塑了传播主体、方式与效率，推动传播生态从“人类中心”向“人机协同”的范式转型。

从传播主体的多元化与去中心性角度来看，这一进程因 AI 的介入呈现出前所未有的复杂性。AI 凭借计算机社会行动者路径（CASA），在交互中形成如语音助手天猫精灵的长期对话规则、微软小冰的模糊应答容错机制的系统性人机社交脚本，由此与

① 昝小娜：《ChatGPT 内容生成逻辑及其对宏观传播效果的影响》，载《现代传播（中国传媒大学学报）》，2024（02）。

② 曾琼：《跨世纪的追问：人工智能技术可供下数字广告演进的“终极”形态》，载《现代传播（中国传媒大学学报）》，2024（12）。

③ 徐帅、陈昌凤：《生成的真实感：Sora 的拟真特征与视听逻辑转向》，载《现代传播（中国传媒大学学报）》，2024（12）。

④ 林义超：《驱逐、寄生还是共生：人工智能语境下音乐人的“存在”研究》，载《现代传播（中国传媒大学学报）》，2025（02）。

人类形成“他异关系”，突破了传播主体仅限人类的传统认知。① 学者杨保军也提出，智能体作为主体与客体相统一的“中介体”，在新闻生产中构建由劳动者子网络、劳动对象子网络、生产工具子网络组成的新闻生产网络体系，推动人类从单一生产者转向节点化分工角色，例如个别数据生产者、一般数据转化者、一般数据应用者等，并通过主导智能协作维持价值创造的终极主体地位。②尽管智能体承担了日益复杂的生产环节，但人类作为价值判断与伦理监督的核心角色，其主体性在协作网络的高阶层面得以巩固。

从传播方式的交互性与沉浸化角度来看，这种技术赋能的传播变革正在重构受众的感知框架与参与逻辑。基于符号叙述学视角，AI 驱动的新闻游戏通过如 VR 实时交互、云端场景参与的“现在在场叙事”，推动新闻时间向度从过去陈述向现在疑问的迁移，使用户从接受历史印象的被动接收者转变为可以选择干预情节的叙事共同参与者；而依托生成式 AI 的个人门户模式，在建立人机信任机制的基础上实现传播真实与收受真实的耦合，最终强化了传播参与感。③ Sora 通过多模态输入功能与深度沉浸场景技术，以提示词为核心重构视听生产逻辑，使创作者通过参数调整深度介入内容生成。其高度拟真效果导致受众难以区分虚拟内容与现实物理存在，最终模糊了现实与虚拟的感知界限。④

从传播效率的指数级提升与精准化的角度来看，人工智能在新闻生产中实现了从数据驱动选题—自动化生成—智能分发的全流程赋能：可以实时监控如社交平台或新闻媒体的全球多源数据，主动生成含数据可视化的新闻报告，显著提升了突发事件响应效率；同时依托算法精准定位受众偏好，实现内容与用户的个性化匹配。⑤ 由此可见，AI 通过机器速度与算法精度的双重加持，不仅优化了单点环节，更实现了传播效能从量变积累到质变跃迁的系统性突破。

---

① 别君华：《AI 是传播主体吗？人机传播的兴起及超越传播本体论的限度》，载《全球传媒学刊》，2024(03)。

② 杨保军、孙新：《智能体：主体与客体相统一的“中介体”——兼论智能体在新闻生产中的地位和作用》，载《全球传媒学刊》，2024(03)。

③ 蒋晓丽、钟棣冰：《智能时代新闻游戏的真实性问题探析——基于符号叙述学视角》，载《新闻界》，2024(11)。

④ 徐帅、陈昌凤：《生成的真实感：Sora 的拟真特征与视听逻辑转向》，载《现代传播》，2024(12)。

⑤ 郑雷、郑立波：《人工智能作为新质生产力赋能新闻行业发展的逻辑与实践构想》，载《现代出版》，2024(08)。

3. 人机共生的社会文明建构

大模型推动人类社会向人机协同文明演进，正在迭代成为新型平台，其平台化端倪体现在 OpenAI 推出的安全协作工作空间、用户自定义功能及企业版服务等方面上。诸如此类的平台以广阔的数据为基础，构建起多样化的人工智能生态系统。在智能平台时代，智能体不断涌现，具有自治、感知环境、做决策、适应性、目标导向、互动性等特性。单个智能体可处理多类事务，增强人类能力、促进人机协作；多智能体系统能推动复杂目标达成，推动文明进化，影响社会分工、就业市场、文化实践和社会互动，重塑社会规范与沟通模式，构建起现实与虚拟的层叠交互结构，由此引发经济与社会领域的功能性变革。①

在新闻生产中，智能体催生新型分工体系，如像数据标注员的个别新闻数据生产者、含算法工程师的一般新闻数据转化者以及含创意策划职能的一般新闻数据应用者构成。人类劳动者因 AI 缺乏道德判断与非理性思维能力，专注于价值判断、情感共鸣等创造性工作，而如数据清洗、格式排版重复性劳动则委托 AI 系统执行，实质形成了新闻“活劳动”与“死劳动”的跨时空协作。②在音乐创作中，AI 虽替代如自动编曲、风格化配器等技术型工作，但人类通过艺术直觉与价值判断主导创作方向，形成 AI 承担理性创作任务与人类专注非理性超越的赛博格共生体，达成技术赋能与艺术主导的互补。③在公共事务处理上，GPT 技术还可以通过数据整合，进行趋势预测与决策支持，辅助如疫情舆情分析等公告事务中的政策制定。④此外，如布劳德利用 ChatGPT 插件在 DoNotPay 程序上自动取消健身房会员资格、处理个人财务包括取消无用订阅、协商退款和账单折扣等，还有用户借助 GPT-4 完成投资、创建 3D 游戏等，智能体在多个领域都有着强大的实用价值。⑤而未来文明的核心命题，将是驾驭智能体风险的同时，守护人之为人的价值锚点与意义主权。

---

① 陈昌凤：《智能平台兴起与智能体涌现：大模型将变革社会与文明》，载《新闻界》，2024(02)。

② 杨保军、孙新：《智能体：主体与客体相统一的“中介体”——兼论智能体在新闻生产中的地位和作用》，载《全球传媒学刊》，2024(03)。

③ 林义超：《驱逐、寄生还是共生：人工智能语境下音乐人的“存在”研究》，载《现代传播(中国传媒大学学报)》，2025(02)。

④ 高奇琦：《GPT 技术下的深度媒介化、知识秩序与政治秩序》，载《现代出版》，2023(03)。

⑤ 陈昌凤：《智能平台兴起与智能体涌现：大模型将变革社会与文明》，载《新闻界》，2024(02)。

4. 文化交往的范式突破与创新

大模型成为跨文化传播、艺术创新与文明对话的核心媒介，重构文化生产与传播的底层逻辑。

以Sora生成传统文化内容如中国龙庆典为例，通过提示词驱动的多模态生成技术复现传统视觉符号，结合历史情境化空间与时间延展双重维度重构实现文化遗产的动态叙事转型，其技术本质是“时空压缩块”对静态文化元素的解构与重组，推动静态文物向动态叙事转型。①此外，生成式AI还可以通过符号认知处理文化元素，借助提示工程实现符号重组与场景再造，以弥合语言鸿沟激活如方言、非遗等小众文化的“暗知识”，推动文化多样性从人脑储存转向数字化多模态存续。

此外，大模型的应用还可以促进国际传播与文化交往的去壁垒化。学者张爱军指出，类Sora技术通过多语种生成、虚拟场景重建以及跨文化叙事，可以突破语言与地理壁垒，例如在国际新闻报道中，AI实时生成多语种视频并嵌入当地文化符号，减少“文化折扣”——CGTN利用AI生成多语种动画《千秋诗颂》，在日本、韩国、德国等60余国播出，触达全球11亿人次，有效消弭文化差异，为全球南方构筑新对话空间。②

二、价值对齐：大模型的跨越、仿真与表演性实践

价值对齐作为生成式人工智能良序发展的基础，是关涉人类社会生存安全的重大现实问题，其必要性体现在多个方面：从技术风险看，大语言模型能力伴随风险涌现，若价值对齐失败，可能引发偏见、虚假、欺瞒等内容泛滥，甚至带来威胁人类社会的存在性风险，且这种失败具有难以回溯的不可逆性；从人机协作角度，价值对齐是人机协作团队的必要前提，能确保智能系统与人类在更高层次的价值层面保持一致，避免出现类似“迈达斯国王问题”中能力与目标背离的困境；从社会治理角度，价值对齐是构建负责任的人工智能的根基，关乎技术与社会的良性互动，只有实现智能系统与人类价值观的协同，才能确保人工智能始终朝着有利于人类文明进步的方向发

① 徐帅、陈昌凤：《生成的真实感：Sora的拟真特征与视听逻辑转向》，载《现代传播》，2024(12)。

② 张爱军、唐欣雨：《从“负能”到“赋能”：文生视频驱动下的国际传播格局迭代与价值追问》，载《全球传媒学刊》，2025(01)。

展，为全球人工智能治理提供基础。①有关价值对齐主要从价值鸿沟、价值仿真、价值展演等衍生问题的角度进行探讨。

1. 价值鸿沟

大模型的“价值鸿沟”是基于不同文明文化、社会背景等，经技术环节使模型对特定主题内容的内隐式认知理解和外显式输出表达存显著差异，从内隐式认知理解看，价值鸿沟源于文明根基差异，文明根基的信仰、愿景、价值观借模因传播；外显式输出表达上，大模型价值以设计者价值为核心呈现在地化。因此，其价值塑造技术结构相似但价值训练根基不同。②

共情能力是人工智能跨越“价值鸿沟”的关键支点。当前的大模型与通用人工智能之间存在着情感与伦理参与度的差距，这使得 AI 在道德判断、价值选择中仍局限于工具角色。共情的引入不仅为 AI 建立可信度、增强人机互动的自主性提供了情感基础，也使其有能力在多样化的文化与社会情境中进行公正、适应性的回应。通过弥合价值鸿沟，AI 可以突破工具化局限，在伦理主体性和通用化能力上实现跃升，从而构建更平等、互信的人机关系。③

2. 价值仿真

价值仿真是人机对齐过程中人工智能在价值层面进行模塑与投射的重要环节，其核心在于 AI 如何在设计与使用情境中模拟、重构并外化人类的价值认知。在大模型的价值仿真方面，大模型作为模拟跨文化对话的技术中介，为价值融合、价值冲突的“价值仿真”实验提供了可能，为多边关系的发展推演提供指导，将开启依托数据科学的跨文化“计算社交”“计算外交”的时代。④ 技术价值来源于人类的意识外化与社会属性嵌入，大模型及其生成内容不仅是效率工具，更是人类价值取向的外延体现。在价值仿真过程中，AI 并非被动地“复制”人类价值，而是在与人类、观念、情境等多元行动者的交互中，通过持续的翻译(translation)过程，对价值进行动态再现与重构。⑤

---

① 胡正荣、闫佳琦：《生成式人工智能的价值对齐比较研究——基于 2012—2023 年十大国际新闻生成评论的实验》，载《新闻大学》，2024(03)。

② 胡正荣、闫佳琦：《生成式人工智能的价值对齐比较研究——基于 2012—2023 年十大国际新闻生成评论的实验》，载《新闻大学》，2024(03)。

③ 崔中良：《共情作为人机价值对齐基础的哲学探索》，载《自然辩证法研究》，2025(04)。

④ 胡正荣、闫佳琦：《生成式人工智能的价值对齐比较研究——基于 2012—2023 年十大国际新闻生成评论的实验》，载《新闻大学》，2024(03)。

⑤ 袁雨晴、陈昌凤：《道德物化：大模型人机价值对齐的技术伦理进路》，载《南京社会科学》，2024(06)。

这种动态过程使得AI生成的价值呈现既带有客观计算的痕迹，又折射出特定社会与文化脉络下的人类价值取向，从而在一定程度上弥合或重构人机之间的价值差异。

3. 价值展演

大模型与提示词交互时存在价值展演现象，大模型依据提示词、基于字词概率统计规律，在脱离价值对齐内核本质要求下，借话语部署模仿特定价值观。价值展演强调AI在与人类及环境的多模态互动(视觉、语言、行为等)中不断调整和表现自身的价值取向，并在具体社会情境中优化其响应方式。① 其展演能力在道德层面能生成对应道德偏见文本，在政治政治因语料库等嵌入政治偏见，基于价值展演的对齐使人工智能具欺骗性，易被滥用于散布误导信息、实施社会控制等，危害社会信任。②

随着未来模型训练数据需求扩张，若不干预，智能合成数据量或趋于无限，人类原生数据占比失调，人类价值观被稀释弱化，大模型原本价值偏向经多合成语料被强化，形成双螺旋结构的“智能体价值”，一侧是承载人类价值的语料数据，另一侧是智能体自学习的合成式语料数据。当下智能体价值形成过程正在创造新的意义空间，因此，未来大模型的发展聚焦更应以人为本，跨越内容层面，防范下一阶段思想价值问题，警惕“价值幻觉”。③

三、伦理挑战：生成式人工智能的多维风险

智能平台背景下人类也将面临许多新挑战：人机信任与隐私保护需保障，用户需向智能体开放数据但信任机制待完善；伦理与价值观层面存在困境，如智能平台存在虚假、偏见等问题，山寨应用程序风险凸显；人类可能对智能体产生依赖，导致主观能动性减弱、交往模式改变，冲击原有社会结构；技术与文化适配存在难题，文化滞后可能阻碍技术变迁，且多智能体系统需共享价值体系，但达成共识难度大。④具体表现为以下5个方面。

① 李思雯：《人工智能价值对齐的路径探析》，载《伦理学研究》，2024(05)。

② 胡正荣、闫佳琦：《生成式人工智能的价值对齐比较研究——基于2012—2023年十大国际新闻生成评论的实验》，载《新闻大学》，2024(03)。

③ 胡正荣、闫佳琦：《生成式人工智能的价值对齐比较研究——基于2012—2023年十大国际新闻生成评论的实验》，载《新闻大学》，2024(03)。

④ 陈昌凤：《智能平台兴起与智能体涌现：大模型将变革社会与文明》，载《新闻界》，2024(02)。

1. 隐私泄露与数据主权危机

生成式人工智能对隐私的威胁贯穿数据采集、训练到应用全链条。智能设备通过物联网传感器实时抓取用户行为数据如智能家居记录作息习惯、可穿戴设备监测生理指标，形成“媒介化的可见性”，个体在主动使用中无感暴露私密生活细节，导致私人空间沦为“祛私密感的展演场域”。①而智能出版平台因算法黑箱特性难以预测数据使用风险，且缺乏强制化算法过滤机制，导致用户在内容输入环节可能无意识暴露敏感信息，引发版权侵权风险。②此外，AI 训练中的非表达性数据挖掘面临合理使用认定困境，因现行版权法对海量训练数据的权利边界界定模糊，导致权利人在算法训练环节难以追溯版权侵权责任。③聚焦到在行业实践层面，新闻机构利用 AI 训练模型时未经许可复制受版权保护的新闻作品如文章、图片，可能引发著作权人市场利益与 AI 技术创新公共利益的冲突。④

2. 算法偏见与认知操纵风险

算法的数据依赖性使其成为社会偏见的放大器。研究表明，ChatGPT 在回答种族与性别议题时呈现对白人和男性的系统性偏好，根源在于训练数据集中主流语料的声量优势及标注人员的文化背景影响，导致非主流视角被边缘化。⑤恶意主体可利用生成式人工智能制造深度伪造内容，通过重复传播虚假信息污染训练数据池，使算法在自我迭代中持续放大偏见，而传统治理体系因响应滞后性难以应对异质性信息的分钟级裂变扩散。⑥如像英伟达对华芯片禁售这种算力资源的地缘垄断，将加剧技术鸿沟，使发展中国家面临自主创新困境；同时，由西方主导的算法设计和数据集建构隐含文化偏见，导致 AI 输出再现不平等权力结构。⑦

① 范海潮、顾理平：《私密感的剥夺：智能传播时代隐私困境之时空视角解读》，载《现代传播(中国传媒大学学报)》，2024(02)。

② 简川、刘皓阳：《智能出版平台版权侵权治理困境及应对机制》，载《现代传播(中国传媒大学学报)》，2025(01)。

③ 朱鸿军、李辛扬：《ChatGPT 语境下版权正当性的再反思》，载《国际新闻界》，2024(09)。

④ 袁锋：《新闻生产中人工智能训练数据的著作权定性及其合理使用研究》，载《新闻大学》，2025(02)。

⑤ 谢梅、王世龙：《ChatGPT 出圈后人工智能生成内容的风险类型及其治理》，载《新闻界》，2023(08)。

⑥ 张文祥、沈天健、孙熙遥：《从失序到再序：生成式人工智能下的信息秩序变局与治理》，载《新闻界》，2023(10)。

⑦ 姬德强、蒋效妹：《人工智能不平等的社会技术想象——从“元想象”到“不平等的预演”》，载《新闻界》，2024(10)。

3. 真实性危机与“AI幻觉”的技术失控

生成式AI的内容生成逻辑颠覆了事实与表达的传统链条。研究表明，文生视频模型Sora在生成东京场景时出现樱花盛开与降雪并存的违背自然规律的错误，反映出其基于统计概率生成内容的技术本质，缺乏对现实逻辑的真实理解。①在新闻行业应用上，机器人新闻依赖数据拼贴生成报道时，因数据体量巨大且逻辑链条不明晰，可能导致如机械抓取引发断章取义的内容歪曲，侵犯作品完整权，而验证数据来源的困难使得侵权风险排查面临挑战，需通过区块链溯源等技术手段应对。②学者卢家银指出，“AI幻觉”本质是算法黑箱与数据偏差引发的认知失真现象，需通过可解释性模型实现决策透明化，并部署伦理强化学习框架以重建内容可信度。③

4. 主体性危机与人机认知倒置

人机交互的深度化引发人类认知能力与存在方式的重构。AI深度嵌入人类创作实践时，人机关系呈现为一种它异关系，AI的使用可能会重塑博主创作逻辑，使其思维方式向AI靠拢，出现思维异化；过度使用也会导致博主想象力和审美力异化，使人丧失对美的感知、洞察与创造能力；部分博主将大部分创作环节交给AI，虽表面解放生产力，长期却会面临主体性丧失风险，引发人类劳动过程异化。④ 也有研究表明过度依赖AI将导致文献综述能力退化，表现为对知识脉络的把握停留在表面概括，丧失对原始文本断裂、张力及深层褶皱的感知能力，其根源在于效率逻辑驱使下的“绕行性认知”。⑤此外，学者张洪忠也提出，用户对大模型的拟人化投射易引发情感依赖，而算法决策的不可解释性可能导致虚假信息风险，技术黑箱的不确定性更是加剧了用户对内容可靠性的担忧。⑥

---

① 方兴东、钟祥铭：《DeepSeek与智能时代的平台治理》，载《现代出版》，2025(03)。

② 文远竹、沈颖仪：《人机共存的困惑：机器人新闻的著作权归属与侵权危机探析》，载《现代传播(中国传媒大学学报)》，2023(09)。

③ 卢家银：《美德与规范的内在主义协同：生成式人工智能的传播伦理进路》，载《新闻界》，2024(08)。

④ 丁方舟、张多：《“AI只是你的工具吗?”——智能传播生态下短视频博主与AI的人机关系研究》，新闻大学，2025(01)。

⑤ 梁兴洲、王迎春：《人机交互中的认知迷失与沉沦危机》，载《现代传播(中国传媒大学学报)》，2025(02)。

⑥ 张洪忠、任吴炯：《超越“第二自我”的人机对话——基于AI大模型应用的信任关系探讨》，载《新闻大学》，2024(03)。

5. 数字鸿沟的技术分层与社会排斥

生成式 AI 的普及加剧了技术红利分配的结构性失衡，形成了技术精英主导—普通群体边缘的全球与代际双重分化格局。

在国际层面，发达国家及顶尖科技公司通过垄断算力资源与标注数据集主导全球人工智能生态，形成“技术殖民地”风险，发展中国家因数据资源匮乏与技术依赖，被迫使用嵌入西方文化价值观的 AI 服务，在新闻生产和公共治理中面临本土叙事被边缘化的系统性风险。①

在代际与群体层面，大模型作为“超级节点”依赖海量数据训练，其算法可能偏向主流群体观点②；并且在信息接受上，知识精英更关注 AI 的技术原理与治理框架，保留如伦理风险、人机关系，而普通用户对“AI 是否具备情感”等拟人化议题的讨论热度高 340%，这种认知差异可能形成技术素养鸿沟，阻碍技术的社会普惠进程。更甚者，若大模型设计忽视弱势群体的语言习惯差异与信息需求，可能导致算法采纳多数群体观点而牺牲少数群体声音，将进一步强化数字排斥。③

① 姬德强、蒋效妹：《人工智能不平等的社会技术想象——从“元想象”到“不平等的预演”》，载《新闻界》，2024(10)。

② 张洪忠、王彦博、任吴炯、刘绍强：《乌合之众的超级节点？AI 大模型使用的人机网络结构分析》，载《新闻界》，2023(10)。

③ 林爱珺、常云帆：《人工智能大模型价值对齐的人文主义思考》，载《新闻界》，2024(08)。

后　记

最近一些年会常会遇到一个讨论问题：传播学的学科边界在哪里？在我看来，传播学是关注信息流的特征、规律、对社会影响及规制等问题的学科。简而言之，信息流在哪里，传播学就在哪里。

在传统媒体、PC 互联网时代，信息的流通与人工智能技术还没有建立直接的联系，但从 2012 年伴随着移动互联网的普及应用，智能传播开始成为信息流动的重要组成部分。从 2012—2014 年，我团队当时基于 PC 互联网流量做大数据项目“腾讯汽车指数”，明显感觉到 PC 互联网的流量有明显下降，信息流结构发生了巨大变化，以至于到 2014 年年初我们无法继续基于 PC 互联网数据开展研究。2012 年进入移动互联网时代，推荐算法直接影响信息分发，进而建立在推荐算法之上的应用在短视频、电商等平台被广泛使用。也就是说，流量转向了基于智能技术的移动端。可以说，2012 年是我国智能传播的真正开始之年。

跟随信息流的变化，智能传播也成为我学术研究的一个主要关注点，学术活动也随信息流转向这个领域。在 2014—2015 年，我在北京师范大学举办了 30 多场“移动互联网与大数据”沙龙，大家的分享话题逐渐集中到智能传播技术领域。2015 年，我接到有关部门委托写一份关于人工智能技术对媒体行业影响的报告，团队开始较系统地介入智能传播研究领域。2017 年，北京师范大学新闻传播学院和微软亚洲工程研究院联合成立“人工智能与未来媒体实验室”，实验室的一项工作就是联合举办“人工智能与未来媒体大讲堂”，邀请智能传播领域的专家进行分享。同时，我团队的 6 六位硕士和博士同学以实习生身份直接进入微软和工程师团队一起工作，从产品设计角度，参与了微软“小冰”的机器写作项目。2018 年 7 月，微软发布了”小冰白盒写作辅助工具”。当时这个机器写作项目对我启发很大。

2018 年夏天，在哈尔滨工业大学举办的中文信息学会社会媒体处理专委会（SMP）年会上，刘挺教授邀请我做了一个特邀报告，主题是关于社交机器人与舆论干预内容。会后，刘挺教授建议我牵头在 SMP 下成立社交机器人专业小组，小组包括在自然语言处理领域非常前沿的清华大学计算机专业的黄民烈老师和哈尔滨工业大学新锐的计算机领域学者张伟男老师。我们三人在接下来的三四年里，举办了 4 场关于社交机器人的论坛以及 3 届社交机器人的群聊比赛等活动。

今天，社交机器人、数字虚拟人、智能剪辑等在信息传播领域的应用已经是常态，智能传播也成为传播学研究的一个重要关注点。北京师范大学新闻传播学院专门开设了“智能传播”课程，2021 年春季学期我给博士生上智能传播课，我按照大纲设计了课程内容和具体讨论的知识点，每个知识点包含每项技术应用的含义、技术原理、研究模式和分析观点，一学期下来，积累了大量的课程资料，在此基础上，我和王袁欣一起进行整理和书写。参与课程的博士生是：王競一、范氏兰香、付东晗、刘蓓、刘頔、刘彧晗、牛星慧 、解晴晴 、闫玲玲、闫巧妹、颜世健、张如坤、张小凡。赵蓓博士、斗维红博士也参与了课程讨论工作。这本书包含了各位参与课程同学的付出！

我一直很喜欢丹尼斯 · 麦奎尔的《大众传播模式论》一书，把传播学的众多研究简练集纳，用框架图来清晰表达，这是我学习传播学过程中反复看、反复得到启发的一本书。我在写作这本教材的时候也想用简练的关系图来表达内容，但限于眼界做不到麦奎尔的水平，只在研究模式部分进行浅层次的研究归纳。我的研究生刘绍强、林润、姚俊臣、夏以柠、任吴炯等帮助做了研究框架图，在此谢谢各位同学！

本教程的出版恰逢人工智能技术进入大模型的迭代时间点，大模型的快速发展正在改变智能传播的一些原有模式，由于是一个新现象，研究还较少，本书中只有一点提及。我们会继续关注这一变化，后续会抓紧更新教材内容。

另外，还有两点需要请求大家帮助：一是对教材内容多提一些意见给我们，帮助我们更好丰富和完善内容；二是本教材引用了大量其他学者的研究成果，写作过程中稿件反复修改，我们两位作者之间也采用修订格式完善，如果引用地方有些挂一漏万，还望指出和包涵，后续版本及时完善。

张洪忠　于北京慧忠北里

2023 年 11 月 12 日第一次印刷前成稿

2022 年 11 月 30 日 ChatGPT 的发布标志人工智能进入新的大模型阶段。我们团队也迅速跟进并关注这一新技术对传播的影响，从 2023 年 2 月开始开展了关于大模型研究的系列探讨，发布了基于传播学的应用系统“大模型驱动多模态文本分析系统（XBL507）”，组织了“京师大模型媒体应用工作坊”等活动。短短两三年时间里，我们明显感受到传播学界对大模型的讨论呈现出从无到热的变化，现已成为研究的重要话题。

北京师范大学出版社的编辑老师在本书出版半年后就催促做第二次印刷。袁欣和我商量借这个机会把大模型的内容增加上，以适应最新的技术发展趋势。期待我们的整理能对读者有所帮助。

张洪忠　于北京慧忠北里

2025 年 8 月 11 日第二次印刷前修订

说　　明

本书配有相关立体化数字教学展示资源，请有需要的教师、学生发送您的需求到以下邮箱进行咨询。

联系邮箱：897032415@ qq. com

联系人：李编辑